마을만들기 길라잡이

실천편

살기 좋은 농촌
마을만들기
길라잡이

충남연구원 충남마을만들기지원센터 엮음

마을의 실천, 우리 모두가 꿈꾸는 희망

마을공동체농업 마을공동체복지 농촌마을교통

마을의 미래, 새로운 주체와 조직 만들기

마을교육공동체 마을의 후계자 읍면과 행정리

마을의 계획, 마을은 우리 모두가 만들어 가는 공간

마을회관 마을건축 마을경관 마을계획

 그물코

이 책을 지혜롭게 활용하는 방법

마을만들기는 무엇보다 함께 공부하는 일이 출발입니다

▷ 마을만들기를 실천하는 길에 '정답'은 없습니다. 평생학습이 출발점입니다.

▷ 이 책에는 길을 찾아가는 방법이 있을 뿐 내용 자체는 모두 논쟁적입니다.

▷ 비판적으로 읽고 우리 마을에 맞도록 스스로 길을 찾아 보시길 바랍니다.

▷ 질문이 있으면 필자에게도 연락하시길 바랍니다(304~309쪽 저자 소개 참고).

『마을만들기 길라잡이: 기본편』과 함께 읽기 바랍니다

▷ 마을만들기는 '기본'과 '기초'가 튼튼해야 오래갈 수 있습니다.

▷ 『기본편』을 함께 읽으면서 이 책의 주제에 맞춰 직접 실천해 봅니다.

▷ 실천해 본 경험을 바탕으로 자치규약을 마을 실정에 맞도록 수정바랍니다.

마을 실정에 비추어 당장 관심이 가는 주제부터 읽어 보세요

▷ 처음부터 읽지 않아도 됩니다. 관심 가는 부분부터 읽으셔도 충분합니다.

▷ 마을에서 당장 도움이 될 만한 부분부터 읽으셔도 좋습니다.

▷ 글을 쓴 필자를 아신다면 그 부분을 먼저 읽어도 좋습니다.

▷ 주제별로 부족한 부분은 주변에 도움받을 기관이나 단체를 찾아보세요.

혼자 읽기 심심하니 마을에서 독서모임을 만들어 보세요

▷ 주변에서 비슷한 관심을 가진 분을 찾아 함께 읽고 토론하기를 권합니다.

▷ 독서모임을 만들어 주제별로 계속하여 이야기 나눈다면 더욱 좋습니다.

▷ 인원수는 적어도 됩니다. 처음에는 두 사람으로 시작할 수도 있습니다.

▷ 마을회의가 있을 때 "함께 읽고 토론해보자"고 조심스럽게 제안해 보세요.

가까이에서 도움을 구할 만한 기관이나 단체를 찾아보세요

▷ 여러분이 사는 읍면의 주민자치(위원)회에 학습모임을 제안해 보세요.

▷ 여러분 지자체의 마을만들기 중간지원조직을 통해 협조를 요청해 보세요.

▷ 행정 사업을 지원받고 있을 때는 컨설팅 회사도 적극 활용해 보세요.

▷ 마을에서 책을 읽고 주민들과 행정 담당 부서를 찾아가 상담해 보세요.

여러분이 공부하고 토론하고 실천한 경험을 함께 정리해 보세요

▷ 여러분의 소중한 경험이 널리 공유될 수 있도록 정리해 보시기 바랍니다.

▷ 글로 정리하여 『마을독본』에 다시 투고하면 모두에게 큰 자극이 됩니다.

▷ 글이 아니라도 사진이나 동영상으로 찍어 공유해도 큰 도움이 됩니다.

▷ 널리 공유할수록 여러분 마을의 응원군이 늘어납니다. 자신감을 가지세요.

결국 여러분 스스로가 전국 최초의 성공 사례를 만들어 갑니다

▷ 마을마다 여건과 사정이 다르기에 모든 실천은 하나뿐인 사례입니다.

▷ "우리가 성공하면 전국 최초"라는 도전 정신도 큰 힘이 됩니다.

▷ 적어도 5년 앞을 내다보고 실천하면 그다음은 쉽게 풀릴 수 있습니다.

▷ 좋은 사례를 만들어가는 과정 자체가 즐거울 수 있도록 도전해 보세요.

펴내는 글 009
들어가며 011

1부 마을의 실천, 우리 모두가 꿈꾸는 희망

1장 마을공동체농업: 초고령화 시대의 농업 방향
마을공동체농업의 가능성과 경로 제안 **구자인** 020
일본 마을영농과 시사점: 한국적 시도의 방향 **유정규** 031
마을농업을 이어 갈 청년 농민이 있을까? 협동조합 젊은협업농장의 실험 **정민철** 040

2장 마을공동체복지: 요람에서 무덤까지
공동체복지, 시장복지, 국가복지: 어느 길을 선택할 것인가? **김영란** 050
주민이 주도하는 주민자치형 농촌복지: 마을리더에게 제안하다 **조미형** 057
스스로를 살피고, 서로를 보살피는 건강한 마을공동체:홍성우리마을의료조합
　　최문철 063
보건진료소, 오지 마을의 복지와 문화 구심점 청양군 청남면 왕진보건진료소 사례
　　인터뷰 **복권승** 073

3장 농촌마을교통: 우리에게도 이동할 권리가 있다
아무리 기다려도 버스가 안 와요 **김정섭** 080
농촌중심지활성화사업과 배후마을 주민의 이동권 **김정연** 086
면 거점 활성화와 무상 순환버스에 대한 고찰 옥천군 안남면 사례를 참고하여
　　황민호 092

2부 마을의 미래, 새로운 주체와 조직 만들기

4장 마을교육공동체: 학교와 마을은 어떻게 만날까?

　　마을 안에 있는 학교, 학교 밖에 있는 마을 **김정섭** 110

　　마을이 학교이어야 합니다 **양도길** 116

　　작은 학교의 추억 역사 속으로 사라진 대치초등학교 **박영혜** 123

5장 마을의 후계자: 누가 마을을 이어 갈 것인가?

　　마을 후계자 양성의 실천 환경과 다양한 경로 **구자인** 132

　　귀농운동과 마을 그리고 후계 **이진천** 145

　　마을이 스스로 후계자를 키워야 한다 **정민철** 151

　　젊은 귀향인이 농촌에서 살 수 있는 힘 청양군 남양면 구룡1리 권대원 이장을 만나다

　　　복권승 162

6장 읍면과 행정리: 주민자치회 전환과 직접민주주의

　　행정리 마을을 넘어 읍면 마을로 행진 **서정민** 170

　　농촌 마을의 위기와 청양군의 대응 방안 **노승복** 178

　　홍동마을의 주민자치를 위하여 **이창신** 184

3부 마을의 계획, 마을은 우리 모두가 만들어 가는 공간

7장 마을회관: 농촌공동체 복지의 중심 공간

농촌공동체를 위한 마을회관, 어떻게 운영되어야 할까 **김광선 196**

마을회관에서 노인정으로, 이젠 무엇으로 쓸 것인가 **김영우 208**

마을회관 안에 화장실을 설치한다니 성주4리 먹방마을 마을회관 신축 이야기 **서광수 213**

8장 마을경관: 자연과 더불어 살아가는 주민들의 약속

농촌 경관, 마을 사람들이 가꾸는 삶의 무늬 **김정섭 220**

농촌 경관의 변화사와 공간 주권 **복권승 226**

빈집의 사회학, 농촌 주거 환경과 빈집 문제 **최령 232**

9장 마을건축: 마을공동체의 삶을 담는 그릇

마을과 농촌 건축은 모두의 것이다 **김승근 240**

농촌 건축과 주민 참여: 내 집은 내 손으로 **최성재 248**

다시 보자, 마을회관 사회적 공간으로서의 마을회관 **김옥선 258**

농촌 건축을 바라보는 세 개의 입장 정민철, 안현경, **이윤정 262**

10장 마을계획: 10년 앞을 내다보는 실천

마을계획과 주민 주도 마을만들기에 대한 회고 서정민 280

읍면 주민자치회 전환과 발전계획 수립 그리고 주민총회 **박현미 286**

농촌현장포럼, 마을만들기의 디딤돌 하종중 293

자치 분권 시대의 농촌현장포럼과 마을 발전 계획 수립 청양군 중간지원조직 입장에서

바라본 개선 방향 **노승복 298**

필자 소개 304

살아 보고 싶은 농촌 마을을 꿈꾸며

유동훈 충남연구원 원장

2021년 한 해도 코로나19 감염증의 영향으로 마스크 착용이나 비대면 접촉과 같은 새로운 변화가 일상으로 자리 잡고 있습니다. 이러한 어려운 환경 속에서도 마을 발전을 위해 노력하는 마을 리더와 주민분들의 열정이야말로 '살아 보고 싶은 마을'을 만드는 원동력이라 생각합니다.

충남연구원 충남마을만들기지원센터에서는 마을을 위해 노력하는 리더와 주민분들을 위한 학습 자료로『마을독본』을 발간하고 있습니다.『마을독본』은 마을에서 일어나는 다양한 문제를 주민 스스로 확인하고 주체적으로 해결할 수 있도록 돕기 위한 학습 잡지입니다.

이번 단행본은 작년에 발간한『마을만들기 길라잡이: 기본편』에 이은 시리즈로『마을만들기 길라잡이: 실천편』입니다. 앞서『기본편』에서 마을조직, 마을재산, 마을규약, 마을회의와 기록을 바탕으로 마을만들기의 기본을 살펴봤습니다.

『실천편』은 마을만들기의 기초를 닦은 마을들이 실제로 실천해볼 수 있을 만한 주제들을 담고 있는 것이 특징입니다. 특히 마을 스스로 마을 발전을 위해 여러 사업을 진행하실 때 도움이 될 수 있을 것입니다.

'살아 보고 싶은 마을', '꿈과 희망을 갖는 마을'을 만드는 마을 주민들은 물론 중간지원조직도 함께 응원해 주실 것을 독자 여러분께 요청드립니다. 아울러 마을만들기를 실천하는 노력에도 동참해 주실 것을 부탁드리고 싶습니다.

마을만들기의 실천 주제들을 다룬 이 책이 널리 읽히면서 함께 학습하며 실천하는 마을이 만들어지기를 희망하고 기대합니다.

실천을 통해 한 걸음씩 전진하는 마을만들기

구자인 마을연구소 일소공도협동조합 소장

'더불어 사는 마을공동체', 그 꿈을 잃지 맙시다

　　　　　　　　　　　　　　　대한민국에서 '마을'이란 말은 20세기에 잃어버린 가장 큰 보물입니다. 일제강점기와 한국전쟁, 독재시대를 거치며 주민들의 공동체 활동은 오랫동안 탄압을 받았습니다. 근대화와 도시화의 물결 속에 '적자생존'만을 강요하는 사회에 살다 보니 바로 옆에 사는 이웃도 경쟁 상대로 바뀌었습니다. 행정의 각종 보조사업이 오히려 마을공동체를 파괴하는 부작용도 많았습니다. 마을 주민들과 함께 노력하다 실패했던 아픈 경험이 쌓여 협동에 대한 두려움도 커졌습니다. 이렇게 우리는 '함께 더불어 사는 마을공동체'의 소중한 경험을 오랫동안 잊고 살게 되었습니다.

　　2002년부터 농촌에는 체험마을 바람이 불었습니다. 농업과 농촌의 공익적(다원적) 가치를 내세우며 도농교류 체험을 통해 (농업 외)소득을 높이자는 취지도 붙어 있었습니다. 살기 좋은 마을을 만들자면서 전국적으로 여러 새로운 시도들이 있었지만, 오히려 실패했던 경험이 더 많이 쌓였습니다. 한때 성공했던 사례들도 오래가지 못했습니다. 행정이나 중간지원조직(지원센터)의 체계적인 도움도 없었고, 마을과 마을의 연대와 협력도 많이 미흡했습니다. 여러 시행착오를 겪으면서 이를 반복하는 오류도 적지 않았습니다.

2년간의 코로나19 팬데믹 시대를 겪으며, 또 기후 위기 시대를 사는 우리는 다시 한번 '근본'이 무엇인지 생각해야 할 때가 되었습니다. 우리가 꿈꾸는 세상이 무엇인지, 어떤 마을에 살기를 바라는지, 또 무엇을 어떻게 풀어가야 할지. 우리는 모두가 '함께 더불어 사는 행복한 마을공동체'를 꿈꾸고 있습니다. 이러한 꿈과 희망을 가로막는 것은 결국 우리 자신의 이기심이고, 협력하지 않는 게으름이며, 현실과 동떨어진 법과 제도입니다. 바로 눈앞의 어려움 때문에 각자도생하는 방식이 아니라 이제는 "나의 어려움은 바로 우리 이웃의 어려움"이고, "우리 마을의 어려움은 다른 모든 마을의 어려움"이기도 하다는 깨달음이 필요합니다. 오랫동안 억눌려왔던 '오래된 미래'이기도 하기에 더더욱 함께 한 걸음씩 전진해야 지치지 않을 것입니다.

이제 농촌 정책이 크게 변해야 합니다

마을만들기를 실천하고, 농촌 정책에도 관여하면서 몇 가지 깨달은 점이 있습니다. 지극히 상식적인 것인데 잘 지켜지지 않는 부분입니다.

첫째, 마을 현장의 모든 문제는 연결되어 있다는 점입니다. 문제 자체는 금방 보이지만 그 원인을 진단해 보면 복잡하게 얽혀 있습니다. 그래서 단기간에 쉽게 풀리는 문제는 없습니다. 모든 칸막이를 극복해야 가능합니다. 행정과 민간이 협력해야 풀리기 시작합니다. 주민들의 단합된 힘이 무엇보다 중요합니다.

둘째, 실천 자체는 당사자인 마을 주민이 한다는 점입니다. 행정이나 중간지원

조직은 어디까지나 지원하는 조직일 뿐입니다. 주민들이 스스로 실천하고, 문제점을 해결해 갈 때 지원조직의 역할도 효과를 발휘할 수 있습니다. 행정은 예산을 확보하여 지원할 뿐 현장에서 직접 실천하는 존재가 아닙니다. 중간지원조직도 조력자 이상이 아닙니다. 주민이 주도하도록 지원해야 성과를 낼 수 있습니다.

셋째, 마을 문제도 복잡하고 자치 역량도 성장해야 하니 모든 과제는 길게 보면서 접근해야 한다는 점입니다. 단기간에 성과를 낼 수 없고, 5년, 10년 앞을 내다보며 실천해야 손에 잡히기 시작한다는 점입니다. 하지만 중장기 계획이 현실에서 작동되지 못하는 이유는 아주 많습니다. 농촌사회를 길게 보며 문제를 풀어가려는 집단적 역량이 중요합니다. 공동학습과 토론, 합의의 민주주의 역량을 키워야 합니다. 좋은 아이디어만으로는 절대 풀리지 않습니다.

넷째, 작은 실천의 성과를 쌓아가며 더 큰 희망을 꿈꿔야 한다는 점입니다. 기후 위기 같은 거시적인 문제도 작게 실천하고 작은 성공의 열매를 맛보며 더 큰 실천으로 나아갈 수 있습니다. "전 지구적으로 생각하고 지역적으로 실천"하는 관점이 중요합니다. 마을 현장 가까이에서 실천 성과가 하나하나 축적될 수 있는 기획이 필요합니다. 주민들이 공동으로 실천하는 마을만들기에서는 이런 작은 실천, 작은 성과가 더 큰 꿈을 꾸게 하는 원동력입니다.

다섯째, 정책의 변화가 빠른 시대일수록 현장 가까이에서 활동하는 '사람과 조직'을 중시해야 한다는 점입니다. 우리는 항상 변화가 빠른 시대를 살아왔습니다. 농촌 정책에도 많은 예산이 투자되었습니다. 하지만 마을에 같이 살며 생활운동으로써 마을만들기를 실천할 수 있는 활동가와 조직은 너무 부족합니다. 아무리 좋은 취지의 정책사업이 도입되더라도 실패를 반복하는 까닭은 이 점을 놓쳤기 때문입니다.

이제 농촌 정책도 크게 변해야 합니다. 지금까지의 방식에 대해 큰 반성이 필요합니다. 다행스럽게도 충남에서는 이런 반성을 전제로 새로운 시도가 많이 이루어졌습니다. 전북에서 이루어진 실천 경험을 체계적으로 학습하면서 새로운 정책 모델을 발전시켜 왔습니다. 마을 활동의 경험도 축적되고, 제도적 정비도 빠르게 진행되었습니다. 물론 지방 소멸이 논의될 정도로 농촌 문제가 심각한 상황에서 사회 구조적 문제를 극복할 정도는 결코 아닙니다.

중앙 정부는 하루 빨리 정책 칸막이를 극복하고 민간 주도성을 존중하며 민관 협치의 제도적 시스템을 정비해야 합니다. 행정의 정책 전문성과 계획 관리 역량도 빨리 향상해야 합니다. 그래야 '더불어 사는 마을공동체'의 꿈도 실현됩니다. 주민들 '탓'을 하는 것은 공직자의 책임 있는 자세가 아닙니다. 여전히 마을 리더들은 좋은 세상을 꿈꾸고 희망의 끈을 놓지 않고 있습니다. 실패를 반복하지 않는 지혜를 현장에서 배워야 합니다.

이 책이 마을만들기 실천을 위한 디딤돌로 널리 읽히기를 바랍니다

마을만들기는 행정이 지원하는 '마을 사업' 자체보다 주민 스스로 마을을 자치적으로 관리하는 '기본과 기초'가 중요합니다. 이런 차원에서 충남연구원 마을만들기지원센터가 2020년 12월에 발간한 『마을만들기 길라잡이: 기본편』은 그동안의 실천 경험을 정리한 매우 중요한 단행본입니다. 『마을독본』 통권 1~4호의 특집 주제로 다룬 주민조직, 공동재산 관리, 마을자치규약, 마을회의와 기록 관리 등을 담고 있습니다.

이번 단행본은 그 후속편에 해당합니다. 마을에서 주민들과 함께 공동으로 실천할 때 참고해야 할 주제편에 해당합니다. 마을공동체농업과 공동체복지, 마을교통, 마을교육공동체, 마을 후계자, 농촌 읍면 등 주제별로 분류하여 제공하고 있습니다. 『마을독본』의 통권 5~14호까지 특집 주제로 다루었고, 또 마을만들기

대화마당에서 쟁점 토론도 거친 내용입니다. 이런 공동 활동의 성과물에 해당합니다. 『기본편』과 함께 읽어야 크게 도움이 됩니다.

이번 기회에 마을마다 독서모임도 만들고, 이웃들과 공동으로 실천해 보시기 바랍니다. 단순히 읽는 것에 그친다면 이 책을 출판하는 의미가 퇴색될 수 있습니다. 마을마다 여건과 사정이 다르기에 이 책은 어디까지나 참고용일 수밖에 없습니다. 그래서 이 책을 비판적으로 읽으며 오류를 발견하고, 더 나은 대안을 여러분이 직접 만들어 주시면 고맙겠습니다. 읽을거리가 여전히 부족한 현실에서 조금이나마 도움이 되기를 기대합니다.

이 책에는 여러 사람의 땀과 눈물, 실천 경험이 담겨 있습니다. 귀한 글을 투고해 주신 필자 여러분, 그리고 독자들이 읽기 쉽도록 교정해 주신 그물코출판사 관계자들께 깊은 감사를 드립니다. 2022년 하반기에는 『마을만들기 길라잡이: 제도편(가칭)』 발간을 준비하고 있습니다. 농촌마을 정책에서 핵심적인 부분의 하나로 '민관협치의 제도적 시스템'을 다루는 내용입니다. 행정의 지원 체계 정비, 민간 네트워크 구축과 법인 설립, 중간지원조직의 설치 및 운영 등입니다. 3부작의 완성편이라 할 수도 있습니다. 기대하여 주시기 바랍니다.

1부

마을의 실천,
우리 모두가 꿈꾸는
희망

마을공동체농업

마을공동체복지

농촌마을교통

1부

마을의 실천, 우리 모두가 꿈꾸는 희망

마을공동체농업 초고령화 시대의 농업 방향

마을공동체복지 요람에서 무덤까지

농촌마을교통 우리에게도 이동할 권리가 있다

마을공동체농업의 가능성과 경로 제안

구자인 마을연구소 일소공도협동조합 소장

마을을 떠나지 않고 계속 사는 것은 주민 기본권

농촌 마을을 다니며 주민들에게 물어봅니다. "마을에 살기 가장 힘든 이유는 무엇입니까?" 마을마다 상황이 다르니 돌아오는 대답도 조금씩 다릅니다. "노후 생활이 걱정이다, 말동무가 없어 너무 외롭다, 읍내 나가기가 너무 불편하다, 마을에 갈등이 심하다." 등등. 하지만 무엇보다 가장 많이 듣는 말씀은 "무슨 작목을 심어야 할지 모르겠다, 용돈벌이가 없다, 판로가 없다." 등으로 '먹고사는' 문제와 관련됩니다. 이보다 강력한 애로사항은 없겠죠.

일본 농촌 조사를 하면 농민들이 판로 걱정을 거의 하지 않는다는 사실에 놀랍니다. 물론 대규모 농사를 짓는 사람이야 이런 걱정이 있지만 마을 대다수를 차지하는 소농과 고령농들은 판로 걱정이 없습니다. 전국에 8만 개나 있다는 농민장터(무인 판매장 포함)와 학교급식망에서 대부분 해결되기 때문입니다. 이미 오랫동안 경험이 축적되다 보니 무슨 작목을 어느 정도 생산하면 연중 내 소득이 어느 정도 될지를 예상할 수 있습니다. 일본 농민들은 모두 '떼돈' 벌겠다는 것이 아니라면, 크게 욕심 부리지 않는다면, 또는 천재지변이 일어나지 않는다면 기본적인 소득은 확보되는 셈입니다.

농민이 농촌에 살면서 행복한 길은 무엇일까요? 매년 무슨 작목을 심어야 할지 정해져 있고, 판로가 안정되어 있으며, 연말에 들어올 소득이 어느 정도 보장되어 있다면 이보다 명확한 해답은 없을 것입니다. 농사를 천직으로 알고 살아온 분들이고, 한국의 근대화와 고도 경제 성장을 뒷받침해 온 분들에게 이만한 보답이 있을까요?

국민의 기본권이 중시되는 시대에 농민들이 "농촌을 지키며 계속 살 수 있도록 해달라"는 주장은 사치일까요? 국민의 한 사람으로서 농민(농촌 주민)의 당연한 기본권이 아닐까요? 이제는 농촌 마을을 지키며 자연과 더불어, 이웃과 더불어 열심히 노력하며 살아가는 생활 자체가 주민 기본권으로 당연히 보장되도록 해야 합니다.

그렇다면 어떤 경로로 이러한 문제를 해결할 수 있을까요? 마을만들기도 여기에 분명한 답을 가지고 있어야겠습니다. 이런 점에서 이 글은 '생각만 있었지 아직 해보지 않은 길', 그렇지만 '농촌 마을 발전에서 반드시 가야만 할 길'을 제안하는 주장입니다. 앞으로 좋은 토론 자료로 활용되기를 바라며 제안해 봅니다.

어려운 길만 강조하는 농촌마을정책

한국 농촌에는 21세기 들어 녹색농촌체험마을, 전통테마마을, 산촌휴양마을, 정보화마을 등등의 이름으로 체험마을 바람이 불었습니다. 또 교육(체험)농장이나 6차 산업화 정책이 도입되었고, 최근에는 사회적농업이란 새로운 용어도 유행입니다. 이름은 다르지만 모두 농업과 농촌이 지닌 다양한 기능을 강조하고, 생산, 가공, 유통, 여기에 교육, 문화, 복지 등을 연계하는 것이 중요하다는 발상입니다. 사실 농업 자체가 그랬던 것처럼 농촌 마을도 원래 이런 기능들이 잘 결합되어 있었습니다.

하지만 이런 정책들이 성공했다는 사례는 좀처럼 듣기 어렵습니다. 이런 활동을 통해 소득이 높아진 경우보다 실패의 경험이 훨씬 많을 뿐입니다. 소득 보전 효과는 미미하고, 마을 갈등은 더 많아졌으며, 어려운 교육만 시킨다는 볼멘소리가 커지고 있습니다. 심지어 농민들에게 도시 소비자들 '종노릇' 강요한다는 비판도 있습니다. 농촌 현실과는 거리가 떨어진 정책이라고 지적합니다.

농촌은 어디까지나 농업이 가장 기반 산업인 공간입니다. 농업 생산을 계속하는 가운데 가족 생계도 일자리도 문화 예술도 발현됩니다. 그저 농사만 열심히 지으면서 행복할 수 있는 길은 없을까요? 농업을 빼고 다른 길이 있을 리 없고, 있다 해도 너무나 익숙하지 않은 길이겠죠. 농촌마을정책도 이런 기본을 무시하고 자꾸 어려운 길을 강요한다면 문제가 됩니다. 농업을 무시하고는 실패할 수밖에 없습니다.

아무래도 그 원인은 행정의 칸막이 정책과 낮은 주민 역량에서 찾을 수 있습니다. 농업 정책과 마을 정책의 담당 부서가 완전히 분리되어 있고, 그래서 상호 연계 협력하는 사례가 아직도 나타나지 않습니다. 광역과 기초 자치단체 행정이 중앙정부 정책을 그대로 전달하는 역할에 익숙하기 때문입니다. 행정 공무원 조직 체계가 직렬별로 갖추어진 점도 문제입니다.

지방자치의 역사가 짧은 가운데 주민자치 의식이 낮은 것도 사실입니다. 하지만 그렇다는 이유로 주민자치 경험을 쌓을 수 있는 기회조차 제대로 주어진 적이 없다고도 할 수 있습니다. 주민자치 역량이 낮다면서 행정 권한이 제대로 이양되지 못하고, 실천 연습을 할 수 있는 기회도 주어지지 않았던 셈입니다. '주민 주도, 상향식'이란 이름뿐인 정책이 반복되었을 뿐입니다.

이런 시행착오를 지금까지 반복하는 가운데 농촌 마을의 초고령화는 예상 이상으로 빨라지고 있습니다. 주민 구성원도 매우 다양해져 귀촌인과 다문화 가정, 조손 가정, 1인 가구 등이 대폭 늘었습니다. 청년 농업인이나 대농은 아주 소수에 불과해졌습니다. '아이 우는 소리'는 이제 마을을 넘어 면 단위에서도 잘 들을 수 없습니다. 이처럼 달라지는 사회 구조에 정책이 근본적으로 대응하지 못하고 과거 정책을 답습한다는 점이 큰 문제입니다.

결국 마을 주민 탓을 하면 안 됩니다. 농민들은 과거에도 그랬고 지금도 열심히 일하고 있습니다. 다만 정책이 시대 변화에 제대로 대응하지 못하고 있을 뿐입니다. '정책 실패'에 대해 전문가도 공무원도 반성하는 것이 전제되어야 합니다. 구조적 문제에 근본적인 대응책을 찾아야 합니다.

농촌마을정책에서 가장 중요하면서 쉬운 점은 마을에서 농업을 지속하고 농업으로 생계를 꾸릴 수 있는 길을 제시하는 일입니다. 이런 방향에서 마을공동체농업이 대안이 될 수 있습니다. 총인구 감소와 초고령화 시대를 맞이하여 '개별 농가 단위의 농업 방식을 고집하는 것이 아니라, 마을 주민이 합의해서 공동체적으로 생산, 가공, 유통, 체험 등을 종합적으로 연계하는 것'이 마을공동체농업입니다. 물론 이들을 동시에, 전면적으로 실현하기는 쉽지 않습니다. 결국 주민들의 마을만들기 역량과 비례하여 공동체농업의 방향이나 범위는 확장될 것입니다.

농지의 공동관리, 마을공동체농업의 근본 문제

일본의 경험이지만, 농촌 마을만들기 활동의 가장 기본은 농지를 공동으로 잘 관리하는 일입니다. 매년 봄이 되어 눈이 녹으면 수원지(水源池)의 물길을 정비해 논물을 잘 댈 수 있도록 하는 공동작업을 시작합니다. 농지는 외지인에게 넘어가지 않도록 농지관리위원회에서 철저하게 관리합니다. 경자유전(耕者有田) 원칙이 철저하기에 귀농귀촌인이라 해도 주민들의 검증 과정을 거쳐 농지 소유를 인정할 정도입니다. 경지 정리도 주민들의 철저한 합의 과정을 거치고, 직불제와 연동해 마을발전계획으로 이어집니다. 모내기와 수확할 때는 지금도 주민들의 공동작업이 중요합니다. 마을 주민조직이나 자치규약은 이러한 기본 활동을 잘 유지하기 위해 발달되어 왔습니다.

하지만 한국 농촌은 농지 관리의 왜곡이 매우 심합니다. 여기에는 철저하지 못했던 농지 개혁 문제도 있고, 가족 모두가 도시로 이주하는 거가이촌(擧家離村)형 도시화 경향도 강했으며, 토지 투기가 극심한 현상도 반영되어 있습니다. 헌법의 경자유전 원칙은 여러 예외 조항 때문에 무너지고 있습니다. 그래서 정확한 통계는 없지만 산골 마을조차도 농지 소유자의 절반 이상이 이미 외지인이 되었을 정도입니다. 눈으로 보기에는 마을 농지여도 사실상 외지인 소유가 더 많습니다. 그래서 마을 공동으로 친환경농업을 하고 싶어도 외지인 '알박기'가 너무 많고, 정부 사업으로 문화복지센터를 짓고 싶어도 좋은 땅을 찾기 힘듭니다. 빈집 정비조차도 합의를 이루어 내기 쉽지 않은 상황입니다.

이런 여건이니 마을공동체농업의 길은 처음부터 쉽지 않습니다. 농지 소유 실태 조사를 정확하게 하자는 주장에는 정치적 장벽이 먼저 가로막고 있을 정도입니다. 이제는 너무 고령화되어 농사지을 사람도 별로 없고, 있다 해도 산골짜기 농사짓기 힘든 땅만 돌아올 뿐입니다. 마을에서 농지를 모아 젊은 사람에게 몰아주려 해도 '땅값 오르기만 기다리는 외지 도시민'이 쉽게 합의해 주지 않습니다.

마을공동체농업은 생산 기반인 농지를 재정비하고, 생산 수단인 농기계와 인력을 공유(공동소유 혹은 공동이용)하며, 수확물을 공동으로 가공, 판매하는 것이 기본 전략입니다. 일본의 마을영농 논의에는 이론이나 실천 사례가 어느 정도 쌓여 있습니다. 한국의 경상북도에서도 시범사업을 운영하고 있습니다. 또 단편적이고 부분적이지만 들녘별공동체 육성, 6차산업화, 일반농산어촌개발사업 등 정부 정책에도 반영되어 있습니다.

하지만 농지 소유 문제나 공동관리 측면에서 왜곡되어 있다 보니 한걸음 더 나아가기가 어렵습니다. 농지를 농업 생산 목적만이 아닌 가격 상승이란 투기적 발상으로 접근하는 양상이 밑바닥에 깔려 있다 보니 5년, 10년 앞을 내다보는 합의를 끌어내기가 어렵습니다. 그래서 마을의 농지 관리가 매우 중요한 근본 문제라는 점을 강조하고 싶습니다. 『마을독본』준비 1호(통권 1호)에서 소개한 것처럼, 주민조직에 '농지관리위원회' 같은 것을 두고, 자치규약에도 명시해야 합니다.

이런 문제와 과제에 대해 마을 주민들이 모여 토론하고 위기의식을 공유하기를 먼저 권합니다. 외지인에게 넘어간 땅은 어떻게든 되돌려 마을 주민들이 소유해야 합니다. 또 마을에서 땅을 팔 일이 있으면 이장이나 위원장에게 반드시 알리는 관행을 만들어 실제 사는(또는 살고자 하는) 주민에게 넘어가도록 해야 합니다. 또 농지법 6조 단서 조항에 마을이 농지를 소유할 수 있는 권한을 인정하도록 개정해야 합니다. 이처럼 농촌 마을 주민들이 가장 잘 할 수 있는 농업 생산 자체의 질적 변화가 일어나도록 농지 관리를 명확히 해야 마을공동체농업은 진전될 수 있습니다.

생산수단의 공동이용 확대, 마을공동체농업의 현실적 선택

농지의 공동관리가 중요하다는 점에 덧붙여 공동이용을 확대하는 방향이 마을공동체농업에서는 중요합니다. 마을에서 공동의 소득 작목을 찾고 합의가 이루어진다면 '논 농업의 타작물 전환'을 계획적으로 검토해야 합니다. 친환경농업으로 전환도 마을 공동으로 모색할 수 있습니다. 물론 소득 효과란 경제성이 분명해야겠지만, 피할 수 없는 방향이기는 합니다. 지금 시대에 소득 작목을 개별 농가가 찾아서 각자 대응하는 방식으로는 어렵습니다. 학교급식이나 생협 같이 안정된 유통망을 확보하고 계획 생산을 한다면 어느 정도 쉽게 합의할 수 있을 것입니다.

마을에 경지정리사업이 들어온다면 이런 공동이용을 검토할 수 있는 좋은 계기가 됩니다. 이미 경지정리가 이루어진 곳이라면 어쩔 수 없지만, 새롭게 경지정리를 하거나 관정을 확대하고, 수로를 정비하는 등 농지 정비가 이루어질 때를 잘 활용해야 합니다. 마을 주민들이 모여 이런 방향에 대해 논의할 수 있는 심도 깊은 연속 좌담회를 기획하고, 향후 방향에 대해 합의를 끌어낼 수 있다면, 그 자체가 매우 훌륭한 마을만들기 활동입니다.

그리고 생산 수단인 농기계를 공동으로 소유하거나 이용하는 것도 꼭 필요한 길입니다. 누구나 인정하듯이, 일 년에 몇 번 쓰지 않는 농기계를 모든 농가가 각자 가지는 것은 바람직하지 않습니다. 행정 보조사업이기에 조금의 자부담만 있으면 된다 하여 마구 구입하고 방치하는 것은 농민의 자존심을 구기는 일입니다. 마을에 농기계조합을 만들어 공동으로 소유, 관리한다면 매우 효율적입니다. 하지만 경험적으로 우리 모두는 '조금의 불편함' 때문에 이 길을 너무 쉽게 포기해 왔다는 점을 잘 압니다. 그렇다고 이대로 계속 가야 할까요?

결국 마을공동체농업은 주민 합의의 문제로 돌아갑니다. 얼마나 잘 모이느냐, 또 토론을 통해 미래 방향을 합의할 수 있느냐, 그리고 합의 사항을 잘 지킬 수 있느냐가 핵심입니다. 이런 과정 자체가 마을만들기이고, 토론과 합의의 역량이 마을 발전의 지름길입니다. 농업 생산 수단의 공동이용을 확대하면서 마을 공동 소득을 확보하는 방향이야말로 바로 살기 좋은 마을만들기와 직결됩니다. 우리가 마을만들기의 주민 역량 강화를 강조하는 이유도 바로 이런 농업 문제까지 공동체적으로 해결하자는 취지 때문입니다.

마을 단위 6차산업화, 어렵지만 공동체적으로 접근해야 할 경로

마을공동체농업이 성공하기 위해서는 농지나 생산 수단을 공유하려는 노력도 필요하고, 여기에 농산물 가공이나 직거래 유통, 체험 등이 체계적으로 연계되어야 합니다. 그래야 소득 효과도 높고, 고령자들의 일자리도 확보되며, 각종 정책사업도 효과적으로 활용할 수 있습니다. 이런 점에서 마을공동체농업은 마을 단위의 6차산업화인 셈이고, 어렵지만 공동체적으로 접근하면서 해결 방향을 찾아야 합니다.

하지만 지금의 농업 6차산업화 정책은 개별 농가에게 지나친 역량을 요구한다는 점에서 비판을 받습니다. 2대, 3대가 함께 살지 않기에 노동력이 부족하고 역할 분담도 어렵습니다. 그렇기 때문에 한 농가가 1, 2, 3차 산업을 동시에 추진하기란 무리입니다. 물론 마을이나 읍면 단위로 확대한다고 해서 쉬우리라는 주장은 아닙니다. 현장에 밀착하여 지원할 수 있는 외부 시스템과 정책 환경이 미흡하기 때문입니다. 몇 가지 전제 조건이 결합되어야 가능한 길입니다.

먼저, 개별 농가나 농장은 농사 규모를 줄이고 농법을 전환한다는 전제가 필요합니다. 기존의 농사 규모와 농법을 유지하면서 6차산업화를 시도하는 것은 노동력 측면에서 무리일 뿐만 아니라, 시장 경쟁력 측면에서도 위기에 취약합니다. 적절한 농사 규모는 작목이나 노동력 상황에 맞추어 결정되겠지만 가공과 체험, 직거래 유통까지 직접 하는 것은 위기에 쉽게 노출될 수밖에 없습니다. 그렇다고 외부 노동력(특히 외국인)까지 고용하여 6차산업을 추진하는 것은 농업 보조금의 왜곡을 일으킬 뿐입니다. 게다가 마을공동체와도 계속적인 갈등 관계를 심화시킬 뿐입니다. 적절한 규모와 범위를 선택하고 나머지는 마을공동체와 연계해 협력하는 차원에서 찾아야 합니다.

둘째, 마을 단위의 6차산업화는 어떻게 가능할까요? 지금까지의 각종 체험마을 사업에서 내용으로는 이런 6차산업화를 강조했습니다. 하지만 마을이라는 생활공동체와 소득 사업을 중심으로 한 경제공동체 사이의 관계 설정이 늘 문제였습니다. 마을에는 교육농장, 체험농장, 펜션, 가든 같은 개별 경제 주체도 있고, 작목반, 영농조합법인, 농업회사법인 유형의 경제공동체 조직도 있습니다. 『마을만들기 길라잡이: 기본편』 1장 '마을조직'에서 강조했듯이, 생활공동체와 경제공동체 사이의 적절한 역할 분담과 강력한 협력 체계 속에서 마을공동체농업도 발전할 수 있습니다. 다시 말해 토론과 합의를 통해 주민조직도를 만들고, 마을자치규약을 정하며, 합의 사항을 잘 지키는 훈련이 중요합니다.

셋째, 여기에 읍면 단위로(나아가 시군 단위로) 보완하는 지원 시스템이 필요합니다. 당장은 지역 농민회 같은 단체와 협력하여 친환경농업과 사회적농업, 거점가공센터, 로컬푸드, 푸드플랜 등 새로운 정책 동향을 공부할 수 있는 조직이 필요합니다. 읍면 규모에서 새로운 공동체농업 방식을 시도하고 정책적으로 요구할 수 있는 기본 조직인 셈입니다. 또 읍면 소재지에 로컬푸드 직매장과 학교(공공)급식 같은 안정된 유통망을 확보해야 합니다. 가까이에 있는 관광지 식당과도 식재료 공급 관련 협약을 체결할 수 있도록 행정과 농협이 나서야 합니다. 읍면 규모에 따라 다르겠지만 거점가공센터도 반드시 세워야 합니다. 또 농가공법인과도 협력하여 소규모 농산물이나 자투리(비급, 못난이) 농산물을 가공할 수 있는 경로를 가져야 합니다. 여기에 최근 주민자치위원회에서 전환되고 있는 주민자치회 산하에 지역농업(농업경제) 분과를 신설하고 이런 전체 시스템에 대한 논의 성과를 모아 자치 계획에 반영하면서 예산 확보 방안도 찾아야 합니다.

이런 모든 과정에는 다양한 자주적 학습 조직이 기반이 됩니다. 마을 단위로 공동학습 활동을 강화하면서 개별 농가의 변화도 만들고, 읍면과 시군 단위의 정책 변화도 요구해야 합니다. 지역 농협의 체질도 전환해야 하고, 요즘 유행하는 푸드플랜(로컬푸드) 계획도 세워야 합니다. 이처럼 다양한 주체의 연대와 협력을 통해 지역농업 시스템을 만들고, 우호적인 정책 환경을 조성할 때 6차산업화도 마을공동체농업도 성공할 수 있습니다. 주민자치위원회가 주민자치회로 전환되고, 중심지활성화(기초생활거점육성) 사업이 도입되는 등의 정책 환경을 적극 활용한다면 성공 가능성은 더욱 높아집니다.

마을만들기 실천을 통해 공동체농업의 가능성을 확장해야

결국 마을만들기는 앞에서 말한 여러 영역까지 관심을 넓히고 실천할 때 진정한 의미의 '살기 좋은' 마을을 만들어 갈 수 있습니다. 마을은 서로 힘을 합칠 때 큰 힘을 발휘합니다. 마을공동체농업은 마을 내부만이 아니라 외부 주체와 연대와 협력을 전제로 해야 성공할 수 있습니다. 물론 중앙정부와 광역 행정은 이런 방향을 적극 지지하는 방향으로 정책을 펼치고, 또 그런 과정에 전문 인력이 밀착해야만 성공 사례를 만들 수 있습니다. 우리가 '농촌마을정책의 민관협치 시스템'을 강조하고, 시군마다 마을만들기 중간지원조직 설치에 집중하는 까닭도 이런 이유 때문입니다.

당장 실천할 수 있는 몇 가지 과제를 제안하면서 글을 맺고자 합니다.

첫째, 시군마다 마을만들기의 위원장들이 모여 협의회를 구성하고 '마을공동체농업' 분과를 만들어 공동 학습을 시작합시다. 마을 주민 모두가 안고 있는 핵심 과제이지만 한국 사례가 거의 없기에 다양한 토론이 필요합니다. 필자를 초청하여 강의를 들을 수도 있고, 드물지만 몇 군데 견학도 갈 수 있습니다. 마을만들기 중간지원조직이 이런 기획을 해볼 수도 있겠죠.

둘째, 마을 단위로 생산자(농민)를 조직해 작목반이나 영농조합법인 등 경제공동체 조직을 만듭시다. 지역의 학교급식(푸드플랜) 계획과 연계하여 농산물의 작부 체계 조정과 근거리 유통망 확보 등 계획 생산 시스템을 담당하기 위한 조직입니다. 논의를 확장하면 농기계 공동이용을 위한 조합으로 발전할 수 있습니다. 학교급식 전담 부서를 찾아가면 크게 환영받을 것입니다.

셋째, 가까이에서 연대할 수 있는 조직을 찾고 협력 관계를 구축합시다. 읍면 단위로 지역 농업을 조직화한다는 관점에서 단위 농협과 읍면 사무소(행정복지센터, 농민상담소), 주민자치(위원)회 등에 토론회나 학습회를 제안하는 것이 출발점일 수 있습니다. 농촌 중심지활성화나 기초생활거점육성 등 농식품부 정책 사업과 적극 연계하여 교육 강좌를 열고, 하드웨어 기반을 갖추는 것도 가능합니다. 충남도에서 추진하는 '농협과 함께하는 지역혁신 모델', '충남형 주민자치회' 등의 공모사업도 활용할 수 있습니다.

이처럼 공동학습과 조직화가 가장 기본입니다. 그래야 농업과 농촌을 둘러싼 구조적 문제에 근본적으로 대응하고, '칸막이' 의식에 빠지거나 '우물 안 개구리'가 되지 않습니다. 마을 단위의 초고령화, 사회적·경제적 양극화에 대한 근본적 대응 방향은 마을 스스로의 노력(학습 조직 구성, 후계자 확보, 마을 합의 등)이 우선이고, 그 위에 행정의 정책 지원과 중간지원조직의 역할이 도움이 될 것입니다.

마을공동체농업은 이제 논의를 시작하는 단계입니다. 마을만들기 협의회나 중간지원조직에서 이 논의에 불을 붙이고, 농업 정책과 마을 정책이 연계와 협력을 강화하면서 새로운 농업 모델을 만들어야 합니다. 주민 스스로의 노력을 우선하고 다양한 협력 관계를 통해 시장경제와 일정한 거리를 두고 지역(순환)농업으로 재조직화 하는 일이 시급합니다. 이것이 초고령화 시대에 당면한 농업 문제를 극복하는 공동체적 대응 방식입니다. 가락동 농산물시장만 쳐다보지 말고, 우리 마을에는 노인뿐이라며 신세 한탄만 하지 맙시다. 농업 자체를 포기하기에는 아직 이르지 않은가요?

일본 마을영농과 시사점
한국적 시도의 방향

유정규 의성군 이웃사촌지원센터장

일본 마을영농의 추진 배경과 현황

마을영농은 '마을을 단위로, 농업 생산 과정의 전부 또는 일부를 구성원들이 합의해서 이루는 영농'을 말합니다. 개별 농가를 넘어 마을 단위에서 농업 생산 요소를 합리적으로 이용함으로써 농업 생산성을 높이기 위한 '지역농업 시스템'이죠. 이러한 마을영농을 추진하는 목적은 크게 세 가지입니다.

첫째, 효율적인 생산 체계 확립입니다. 토지를 기반으로 하는 생산 방식에서 기계와 시설의 과잉 투자를 해소하고 마을 단위에서 농지 이용의 합리화, 기계와 시설의 공동 이용, 농작업의 협동화를 통해 농업 생산비를 줄이기 위함입니다.

둘째, 농지의 이용 증진입니다. 여성이나 고령자도 역할을 분담해 마을 단위로 대처하거나 유통과 가공 분야 등의 영농 활동을 지원함으로써 효율적인 농업 생산 활동은 물론 농지 이용을 증진하고 유휴 농지 해소에도 기여하기 위함입니다.

셋째, 농촌 지역의 활성화입니다. 마을영농을 통해 마을 주민의 상호 이해와 유대감을 강화하고, 농촌 문화를 계승하며, 농촌 경관 보전으로 마을 공동체를 활성화하는 데 도움이 되기 위함입니다.

일본에서 마을영농을 추진한 배경은 다음 세 가지로 볼 수 있습니다. 첫째, 시장 개방의 확대로 개별 경영체로는 농업 여건 변화에 대응하기 어려워진 점, 둘째, 농업 경영주의 고령화와 휴경지 증가 등 농업 자원의 유휴화가 급속히 진행됨으로써 지역농업 유지가 의문시됐다는 점, 셋째, 농업 후계자 확보가 어려워지면서 마을 자체를 유지하는 게 곤란해졌다는 점입니다. 이러한 농업 여건 변화에 대응하기 위해 마을 단위로 개별 농가 경영의 조직화를 추진한 것입니다.

일본의 마을영농은 농업 자원을 합리적이고 효율적으로 이용하기 위한 노력의 산물로서, 각 지역의 영농 여건에 따라 다양한 방식과 형태로 발전해 왔습니다. 정책적으로 마을영농 추진을 시작한 때는 1992년 '새로운 식료 · 농업 · 농촌 정책의 방향(신농정)' 이후부터라고 할 수 있습니다. 2000년 이후에도 쌀값 하락, 고령화와 과소화가 심화되어 경작을 포기하는 곳이 늘고 후계자 문제는 더욱 심각해졌습니다.

이에 따라 개별 농가 차원에서 영농 후계자를 충원하는 것만으로는 지역농업을 유지하기 어려워졌고, 마을 단위에서 농업 자원을 합리적으로 이용하기 위한 마을영농을 본격적으로 추진하게 되었습니다. 특히 2013년 '농지중간관리사업 추진에 관한 법률' 제정과 시행으로 '농지중간관리기구(농지 관리 중간지원조직)'를 통해 농지 집적을 유도함으로써 마을영농은 더욱 확대되었습니다.

2018년 2월 기준, 일본의 마을영농(체)은 1만 5,111개인데, 이 가운데 법인 경영체가 5,106개로 전체의 33.8%를 차지합니다. 이는 2010년(15.0%)에 비해 두 배 이상 늘어난 숫자입니다. 마을영농에 참여하는 농지 면적은 48.2만 헥타르로 일본 전체 농지의 약 10%에 해당합니다. 일본 전체 농지의 10분의 1이 소유 형태는 사적 소유지만 경영 형태는 집단적이고 대규모로 이뤄지고 있다는 의미입니다. 그러나 마을영농체 개소당 경영 규모를 보면 10헥타르 미만이 전체의 27.4%로 가장 많고, 10~20헥타르가 23.1%, 20~30헥타르가 17.3%, 30~50헥타르가 17.2%, 50~100헥타르가 10.6%, 100헥타르 이상이 4.4% 순으로, 경영체당 농지 집적 규모가 50헥타르 미만이 대부분을 차지하고 있습니다.

일본 마을영농의 성과와 시사점

마을영농은 개별 영농에 비해 대형 농기계를 도입해 농작업량을 줄일 수 있고, 농기계나 시설을 공동 이용해 농업 생산비를 절감함으로써 소득을 높일 수 있습니다. 또 마을에 살면서 농기계를 전문적으로 다룰 줄 아는 오퍼레이터(전문 작업자)를 활용해 농작업을 함으로써 농가 사이의 질적 차이를 없애고 농업 기술의 개인차를 해소함으로써 단위당 수확을 늘리고 품질도 높일 수 있습니다. 나아가 마을 단위의 농업 후계자를 확보함으로써 지역농업의 지속가능성을 높이고, 논농사의 노동력 절감으로 다양한 복합 경영이 가능하며, 경작 포기지의 영농으로 새로운 작물을 도입해 경지 이용률을 높일 수 있다는 장점도 있습니다.

이러한 결과로 나타나는 마을영농의 경제적 이익은 통계적으로도 확인됩니다. 마을영농의 호당 평균 조 수익은 개별 영농과 비슷하지만, 호당 평균 농업 경영비(81만 9,000엔)는 개별 경영(110만 9,000엔)에 비해 26% 정도 비용 절감 효과가 있고, 농업 노동 시간은 약 76% 절감 효과가 있는 것으로 나타났습니다. 반면에 농업 노동 시간당 농업 소득은 마을영농이 1,849엔으로 개별 영농 8엔의 231.1배에 이릅니다(여기에 인용한 수치의 출처는 「농업경영통계조사」(농림수산성, 2013, 박문호 외)입니다.)

최근의 마을영농은 단순히 농업 생산 자원의 합리적 이용과 지역농업 조직화의 주체 양성이라는 개념을 넘어, 마을 간의 연합과 연대로 규모화와 광역화를 이뤄 이윤 창출의 주체로 발전하고 있습니다. 또 노동력이 없는 고령 농가도 '평생 현역'을 보장하는 안심 조직으로서 '건강한 농업'과 '활력 있는 지역사회'를 양립시키는 지역 주체로 진화하고 있습니다.

그렇다면 이러한 일본의 마을영농(정책)이 한국 농정에 주는 시사점은 무엇일까요. 정리하자면 다음과 같습니다.

첫째, 일본의 마을영농이 생산 요소를 조직화해 생산성 향상에 집중할 수 있었던 까닭은 유통을 전담하는 농협이 존재했기 때문입니다. 따라서 우리도 마을영농을 통한 지역농업 조직화를 위해서는 제대로 된 농협의 역할이 필요합니다.

둘째, '경지정리사업'이 주민들에게 마을영농에 관심을 갖도록 만드는 계기가 되었습니다. 경지정리를 통해 농지 여건이 달라졌기 때문에 이에 알맞은 새로운 방식의 영농을 고민했고, 고민의 결과 개별 경영의 새로운 발전 형태로서 마을영농을 추진했습니다. 그동안 해 온 경지정리사업 정책에 대한 반성과 개선이 필요한 대목입니다.

셋째, 마을영농을 촉진하는 가장 주요한 요인은 지역농업의 지속성에 대한 위협, 즉 개별 농가로는 지역농업을 지속해 나갈 수 있는 후계 주체의 조달이 어려워졌다는 위기의식입니다. 한국도 농가 인구(2017년)의 고령화율이 42.5%이고, 농업 경영주 평균 연령이 67세, 70세 이상 농업 경영주가 전체 농가의 41.9%(43.6만 가구)에 이르는 상황에서 영농 승계자 확보 비율이 10%에도 못 미치는 실정입니다. 그런데도 여전히 전업농 육성에 목매고 있는 현재의 후계 인력 육성 정책은 수정되지 않으면 안 됩니다.

넷째, 마을영농은 지역 단위에서 농업 생산 요소의 합리적인 이용을 추구하기 때문에 마을영농을 성공적으로 추진하면 기존 농업 자원의 유휴화가 생깁니다. 마을영농이 성공하려면 조직화로 인해 유휴화되는 농업 자원(노동력)을 흡수할 수 있는 곳이 필요합니다. 즉, 지역농업 조직화 정책과 6차 산업화 등의 연계 추진이 필요하다는 것입니다.

다섯째, 마을영농 조직을 영농 주체로 인정하고, 이를 지원하는 관련 제도를 정비해야 합니다. '농어업 · 농어촌 식품산업기본법' 및 '농어업 경영체 육성 및 지원에 관한 법률'에 마을영농 관련 조항을 신설해서 마을영농 육성과 지원을 위한 법적 근거를 확보하고, '농지법'과 '농업 소득의 보전에 관한 법률'에도 관련 조항을 신설해 쌀 농업 직불금의 수급 대상에 마을영농체를 포함시켜야 합니다.

여섯째, 최근 일본의 마을영농은 농업 부문을 뛰어넘어 지역사회와의 연대를 중시하고 지역사회로 영역을 확대해 가는, 이른바 '지역사회농업'의 주체로 진화하고 있습니다. 마을영농이 단순히 농업 생산 측면에서만 활동하지 않고 지역사회의 주요한 주체로 영역을 넓혀 나가고 있다는 것인데, 고령화와 과소화가 심화되고 있는 우리나라도 이러한 흐름에 주목해야만 합니다.

한국 경북도의 마을영농 추진 사례와 과제

경북도에서는 일본의 마을영농을 벤치마킹해 2013년부터 이른바 '경북형 마을영농'을 추진하고 있습니다. 경북도는 마을영농을 "마을 단위 농지를 하나의 농장으로 간주해 구성원(법인체)에 의해 사업 계획 단계부터 공동생산(직영 또는 위수탁) 중심으로 제조 · 가공 · 유통 등 체계적인 농업 경영을 하는 행위"라고 정의합니다. 그리고 "농업 경영 시스템을 기존의 개별 농가에서 마을 단위로 전환해 마을 구성원의 소득 증대와 일자리 창출, 공동체 기능 회복 등으로 지속적인 농업과 농촌 유지를 목적으로 하는 경북

농업·농촌의 새로운 비즈니스 모델(경북형 마을영농)"로 보고 있습니다. 이러한 관점에서 2013년부터 2016년까지 경북도 내 15개 마을을 대상으로 시행해 왔습니다.

그동안은 경영 주체에 따라 마을 주도형, 농협 참여형, 기업 주도형, 혼합형 등으로 분류하고, 선정된 마을에 대해 각각 3억 원까지 지원했습니다. 지원금은 마을영농에 필요한 농기계 구입, 농기계 창고, 저장 시설, 생산성 향상을 위한 농로 개설과 수로 정비 등 기반 정비나 교육비 등의 경상비로 쓸 수 있으며, 향후 마을 단위 소득 확충을 위한 각종 연계 사업 추진 때 우선 지원토록 하고 있습니다.

선정 대상이 된 마을들의 특징은 다음과 같았습니다. ① 마을 단위 협업 체계 수준이 높은 지역(참여 농가 비율이 높은 마을), ② 농지 집적화·공동이용이 상대적으로 유리한 마을(참여 농지 비율이 높은 마을), ③ 고령농·소농 등 개별 농가의 소득이 상대적으로 떨어지는 마을, ④ 마을영농으로 주민 소득 향상 등 효과가 큰 마을, ⑤ 마을영농 사업에 대한 주민 이해도가 높은 마을(마을 단위 공동생산 체계), ⑥ 행정(시군, 기술센터)·농협·관련 기업 등과의 상호 보완과 협력 수준이 높은 마을 또는 법인, 그리고 ⑦ 경북형 마을영농 CEO 교육 과정을 수료한 주민이 있는 마을 등입니다.

경북도는 2021년까지 '도내 선도 모델 50개소 조성 후 확산'이라는 장기 목표를 이루기 위해 일정 수준의 요건을 갖춘 잠재적 사업 대상군을 조기에 발굴해 교육과 컨설팅, 모니터링 등을 통해 역량을 강화시켜 나간다는 방침이었습니다. 하지만 처음 정책을 준비하고 추진한 지난 5년간 15개소 시행에 불과하기 때문에 향후 5년간 35개소를 시행하는 것이 가능할지 의문입니다. 또 내년부터는 기존의 마을영농에 청년의 참여를 기본 조건으로 하는 '청년농부 참여형 마을영농사업'을 추진할 계획이어서 그동안 추진해 오던 마을영농육성사업은 정책 우선순위에서 밀리거나 수정될 가능성이 커 보입니다.

뿐만 아니라 일본의 사례를 보면, 마을영농이 성공하려면 조직화로 인해 생기는 유휴 자원(노동력)을 흡수할 수 있는 고용 기회가 있어야 하고, 농가 소득에서 차지하는 농업 소득의 비중이 매우 낮아야 하는 등 농업 외적인 조건이 갖추어져야 합니다. 하지만 경북에서 시행하는 마을영농육성사업은 이러한 부분에 대한 고려를 간과하고 있어 얼마나 성공할 수 있을지 의문입니다. 이러한 조건이 갖춰지지 않으면 정책 지원으로 이루어진 마을영농 사업은 언제라도 멈출 가능성이 크기 때문입니다. 좀 더 치밀한 정책 보완이 필요합니다.

마을영농은 마을만들기의 지속성을 보장하는 경제적 토대

마을영농은 농지나 농기계 등 지역의 농업 자원을 효율적으로 쓰자는 것이기 때문에 마을 구성원의 토론과 합의가 반드시 필요합니다. 그러므로 마을영농의 발전은 곧 해당 마을 구성원의 토론 문화를 활성화시키고 합의 도출 능력을 높입니다. 뿐만 아니라, 마을영농은 개별 농가가 농기계를 갖기 보다는 마을 농지 전체를 대상으로 하는 대형 농기계를 도입함으로써 농업 노동 시간을 줄입니다. 이때 절감되는 노동력을 다른 곳에 활용할 수 있기 때문에 농업인의 여유로운 생활도 가능케 해 줍니다.

나아가 마을영농은 마을 구성원의 친밀도를 높이고 단합을 이끎으로써 자연스럽게 지역의 전통문화를 계승하고, 개개인의 취미 활동을 촉진시키는 데도 기여합니다. 이처럼 지역 주민의 역량을 모아 농업 생산을 효율화하는 것으로 출발한 마을영농이 최근에는 농업 생산, 가공, 유통을 넘어 지역 재생과 활성화에 기여하는 지역 경영의 주체로 발전하고 있습니다.

일본의 마을영농 사례를 바탕으로 한국의 추진 과정을 다섯 단계로 제안하자면 다음과 같습니다.

첫 번째 단계에서는 마을영농의 현황을 파악해야 합니다. 마을 사람들이 마을영농의 필요성을 공유하고, 마을의 과제를 정량적으로 정리하면서 농업인들의 의견을 듣고 각자의 역할을 확인하는 단계입니다.

두 번째 단계에서는 마을영농의 추진 조직을 만들어야 합니다. 이를 위해 먼저 시군 단위에서 각 주체들이 참여하는 지원 모임을 만들고, 읍면 단위에서 마을영농 추진 협의회를 결성하며, 마을 단위에서는 마을영농 추진 조직을 만듭니다.

세 번째 단계에서는 마을영농의 비전을 세워야 합니다. 10년 뒤 지역농업의 모습을 전망하면서 마을의 농지 활용, 농작업 방식, 농기계와 시설 운영, 농업 담당 주체의 역할 등을 명확히 하는 과정을 거쳐야 합니다. 설문조사 등을 통해 구성원들의 의견을 수렴하고, 선진지 견학으로 마을농업의 나침반이 될 비전을 설정합니다.

네 번째 단계에서는 마을영농 조직(=영농조합)을 결성해야 합니다. 마을영농 조직 설립 준비 위원회를 구성하고, 마을의 실정과 특성을 고려해 적합한 마을영농 유형을 결정한 뒤에 농기계나 시설 도입 계획을 세우고 규약이나 정관을 만들어 영농 조직 활동을 시작합니다.

마지막 다섯 번째는 마을영농 조직을 보다 업그레이드해 나가는 단계입니다. 영농 조직의 발전 방향을 명확히 하고, 장부 정리와 경영 기장을 착실히 하는 등 경영 능력을 제고함으로써 부가가치형 영농 조직으로 발전시켜 나갑니다.

이러한 마을영농 추진 과정은 결국 마을만들기와 긴밀하게 연결됩니다. 즉, 마을영농은 마을만들기의 지속성을 확보할 수 있는 경제적 토대 구축의 유용한 수단이 된다는 것입니다. 마을영농의 성공 요건 중 외적 여건도 중요하지만, 가장 중요한 점은 마을 사람들의 합의 형성 능력이라고 할 수 있습니다.

따라서 주민들의 합의로 마을만들기 사업을 효과적으로 추진하는 마을일수록 위에서 열거한 마을영농 다섯 단계를 성공적으로 추진할 수 있는 가능성도 더 클 것입니다. 이는 결국 마을만들기와 마을영농이 별개가 아님을 뜻합니다. 마을 주민들도 지역농업 발전과 지역사회 활성화, 지속가능성을 높이기 위해 마을영농에 더 많은 관심을 갖고 노력을 기울여야 합니다.

마을농업을 이어 갈 청년 농민이 있을까?
협동조합 젊은협업농장의 실험

정민철 협동조합 젊은협업농장 이사

농업 이어 갈 청년 농민을 키우자

농민의 고령화 문제는 너무 흔하게 듣다 보니 이제 당연한 사실이 되었습니다. '농업'이라는 단어에서는 어르신들이 고되게 일하는 모습이 자연히 떠오르죠. 농업을 이어 갈 사람이 없는 현실도 문제지만, 농업에 대한 이미지가 고정되는 것이 어쩌면 더 심각한 걱정입니다.

젊은협업농장에 교육을 받으러 온 청소년들은 자기 나이보다 고작 몇 살 많은 형이나 누나가 농업을 하는 모습을 보고 "나도 농사를 지을 수 있겠다"라고 생각합니다. 여럿이 어울려 재미있고 여유롭게 일하고 나면 "농사일이 꼭 힘들지만은 않겠구나" 알게 됩니다. 일을 마치고 오후에 마을 사람들이 함께 모여 공부하는 모습을 보면서는 "농촌이 농사만 하는 곳은 아니구나" 새롭게 발견합니다. 이런 이야기를 들을 때마다 지금의 농업과 농촌의 모습을 누가 만들어 왔고, 앞으로 어떻게 만들어 가야 할지 고민하게 됩니다.

농촌 고령화 대책을 논의할 때 대개 두 가지 방식으로 접근합니다.

하나는 농민의 고령화는 눈앞의 현실이니 이에 맞춰 마을의 농업 활동 방식을 바꿔야 한다는 주장입니다. 마을의 청년과 중년 몇몇이 기계화 영농단을 조직해 고령화된 어르신들의 논밭 작업을 대신하자는 것입니다. 이러한 활동은 마을의 어르신 농민에 대한 배려에서 진행됩니다. 하지만 전체 인구의 5%에 불과한 농민이 더 줄어들더라도 농산물 생산량은 유지해야 한다거나, 규모를 확장해 경쟁력을 가져야 한다는 생산주의 정책에 의해서도 지지받는 방식입니다. 비슷하게 어르신들이 할 수 있는 작물을 선택하고 이를 쉽게 판매할 수 있는 유통 방법이나 조직을 만드는 등(완주의 로컬푸드 활동이 대표 사례입니다. 소량 다품목의 생산 방식으로 어르신들이 농산물을 생산하도록 조직화하고 이를 원활하게 판매할 수 있는 유통 방식까지 체계화한 사례입니다) 현재 상황에 맞춰 마을 농업 활동 방식을 바꿔 가자고도 합니다.

또 다른 접근 방식은 농업을 이어 갈 청년 농민을 키워야 한다는 주장입니다. 몇 해 전 마을에서 90세 할아버지가 돌아가셨습니다. 할아버지는 돌아가시기 며칠 전까지 논일을 하셨어요. 마을에서 농사를 배우던 청년들이 할아버지의 상여를 멨습니다. 할아버지가 사시던 집에는 새로 마을에 들어와 집이 없는 청년들이 들어갔습니다. 그리고 할아버지가 평생 짓던 논 역시 청년들이 이어받았습니다.

이 두 가지 방식 가운데 하나만을 선택하는 것이 아니라 결국 동시에 진행돼야 합니다. 둘 다 쉽지 않겠지만, 이 글에서는 주로 후자의 방법에 대해 이야기하려 합니다. 이를 위해서는 먼저 "농업을 시작하려는 청년, 농촌에서 살고자 하는 청년(청년의 기준은 다양하지만 여기서는 만 19세부터 39세까지로 하겠습니다)이 과연 있는가?"라는 질문이 나올 수밖에 없습니다. 청년이라고 뭉뚱그려서 말하지만, 최근 '눈에 잘 띄는 청년'은 부모님의 농지를 이어받는 농업 후계자들입니다. 대부분 영농 규모가 크죠(농산물 매출을 기준으로 하면 연간 3천만 원 이상, 상위 14%(5

천만 원 이상이 7%)에 해당하는 경우가 대부분일 듯합니다. 전체 농민 중 67%는 연간 매출 1천만 원 미만입니다.(황수철, 2015)).

하지만 현장에서 '눈에 잘 띄지 않는 청년'은 이들과 달리 이어받을 농지가 없는 도시 출신들입니다. 이런 청년들이 나타나기 시작한 때는 2000년대 중반부터입니다. 왜 이들이 농촌에 오려고 하는가의 논의는 잠시 뒤로 미루고, 이러한 청년들의 등장은 단지 우리나라만이 아니라 다른 나라에서도 유사하게 나타나고 있는 현상이라는 점을 말하고 싶습니다. 농촌에서 살아 본 적 없고, 농업을 경험해본 적도 없는 청년들이 농업과 농촌에 큰 관심을 가진다는 사실입니다. 물론 이 청년들이 생각하는 농업과 농촌의 모습은 현실과 거리가 무척 멀 수밖에 없습니다. 이 거리를 어떻게 좁힐 수 있을까요? 그 역할은 누가 맡아야 할까요? 이에 대해 젊은협업농장이 하나의 사례가 될 수 있을 듯합니다.

이어받을 농지가 없는 청년들은 농지를 구입할 돈도 없습니다. 그리고 도시 출신이기 때문에 농업을 전혀 경험해 보지 않았습니다. 이러한 청년들이 어떻게 농업과 농촌에 정착할 수 있을까요? 이런 고민과 대책을 정부는 2017년부터 본격적으로 시작했지만, 청년들이 실제 등장한 때는 약 10년 전부터입니다. 2012년에 시작한 젊은협업농장은 이런 고민을 먼저 했고, 지금은 어떻게 정착해야 농업과 농촌에 긍정적일까 하는 고민으로 확장되고 있습니다.

청년 농업, 독립 위해서는 사회적 자본 키워야

젊은협업농장은 이름처럼 1차 농산물을 '협업'으로 생산하는 농장입니다. 쌈 채소 시설 하우스 1,500평과 논 3,000평에서 유기농업을 합니다. 농업을 처음 접하는 청년들이 실제 농업이 어떠한지, 또 자기에게 맞는지를 농장에서 직접 배우고 경험합니다. 농장에서 청년 몇 명이 모여 농사짓는 것보다 더 중요한 점은, 이들이 배우고 경험한 뒤에 가까운 곳으로 독립한다는 사실입니다. 즉, 스스로 농장을 만들어 이웃 마을로 독립해 나갑니다.

한 농장에서 청년들이 모여 농사짓고 생활해 나갈 때는 어떻게 화합할 수 있을지가 첫 번째 고민입니다. 한두 해 함께 생활한 뒤에 그들이 독립해 나갈 때는 또 다른 어려움에 맞닥뜨립니다. 다시 말하지만, 이러한 청년 세대들은 '경제 자본', 즉 모아 놓은 돈도 없고 부모님께 물려받을 농지도 없기 때문에 어떻게 농장을 만들어서 독립할 수 있을까 하는 고민입니다. 이들에게 전문 농업 기술 교육 기관에서 신 농업 기술을 배우거나 사업에 참여할 수 있는 교육 시간을 이수하면, 3억을 융자(연리 2%, 15년 상환)해 줘서 땅과 농기계를 구입할 수 있게 하는 지원 방안이 있습니다. 또는 스마트팜 시설을 제공해 독립시키겠다는, 이른바 '4차 산업 신영농 생산주의' 방법도 제안합니다. 이와는 대조적으로, 농업에 대한 애정과 굳은 의지로 전문 농가에서 몇 년간 고생하며 머슴살이를 하다 보면 다 독립할 수 있다는, "예전에 우리도 그랬어" 하는 방식도 있습니다. 이도저도 아니면 아예 농업으로 독립은 불가능하니 농업은 조금만 하고 지역 사회에서 다른 일을 찾아 보라는 주장도 합니다. 또 '멸종위기종'인 귀한 청년이 농촌으로 왔으니 정부에서 먹여 살려야 한다는 '보호주의' 방식도 있습니다. 이처럼 다양한 방안을 제시하고는 있지만, 당사자인 청년들은 그저 막막하기만 할 뿐입니다.

한 농장에서 청년 여럿이 모여 일하고 있으니 여기저기에서 연락이 자주 옵니다. 파종하거나 모심을 때, 무거운 것을 옮기거나 상여를 멜 때처럼 여러 사람이 필요할 때 농장으로 연락을 합니다. 농촌 일이 바쁠 때는 서로 겹치기 마련이어서 농장 일도 덩달아 많을 수밖에 없습니다. 당장 농장 일이 밀려 있는데 다른 농가의 일을 도우러 가게 하는 상황은 도시에서 살아 온 청년들로서는 이해하기 어려운 일입니다.

여럿이 있으니 한두 명쯤 빼 줄 수 있지 않을까 생각할 수도 있지만, 청년들 입장에서는 그 한두 명이 같이 하면 일을 빨리 마칠 수 있으니까 아쉬워하기 마련입니다. 또 이런 일들은 미리 약속하거나 돈을 받고 하는 게 아니라 늘 급하게 요청이 오는 경우가 대부분입니다. 그렇다 보니 도시의 교환 관계만 경험한 청년은 그 과정에서 대체 무엇을 주고받는지, 남는 게 무엇인지 의문을 가질 수밖에 없죠.

이 지점이 중요한 이유는 여전히 농촌에 미약하게나마 공동체가 남아 있다는 사실을 볼 수 있기 때문입니다. 농촌 공동체는 유형의 교환이 아니라 마을이라는 사회적 관계에 의해 일이 만들어지고 진행되기 때문에 신뢰와 협력, 지지와 연대가 반드시 필요합니다. 이러한 관계 활동이 활발할수록 농촌 마을의 공동체성은 더욱 강화됩니다. 이를 다른 말로 하면 '사회적 자본'이라고 할 수 있죠. 그런데 이 부분이 청년들에게는 가장 힘듭니다. 대부분의 일을 개인이 책임지고, 업무나 일의 관계로 돈을 통한 교환 방식에 익숙하던 이들에게 '마을'이란 사회는 쉽게 이해하기 어렵기 때문입니다.

단지 농촌이기 때문에 무조건 공동체를 만들어야 한다거나 전통을 이어야 한다는 주장이 아닙니다. 현실적으로 '경제 자본'을 가지지 못한, 앞으로도 가질 가능성이 별로 없는 청년 세대가 협업농장을 독립해 나갈 수 있는 길은 '사회적 자본'을 키우는 수밖에 없습니다. 그렇기 때문에 마을의 여러 사람들과 관계를 맺어야 합니다. 청년을 필요로 하는 농촌 마을은 청년이 가지지 못한 '경제 자본'을 나눌 여지가 아직은 있기 때문입니다. 이와 더불어 청년들이 '사회적 자본'을 이해하고 진입해야 농촌이 도시와 달리 공동체성이 살아 있는 마을로 유지되고 발전할 수 있기 때문입니다.

농촌 마을, 청년 농민을 받아들일 준비해야

농촌(민)은 그런 청년이 어디 있냐고 질문할 것입니다. 또 청년은 그런 일이 가능하냐고 되물을 것입니다. 농촌(민)은 청년들의 '일머리 없음'과 서투름을 타박하고, 청년들은 자기들이 늘 이용만 당하고 손해 보는 게 아닌지 의심하기 쉽습니다. 그래서 청년들에게 필요한 무언가를 만들어 주자고 마을에서 어르신들을 설득하기가 어렵습니다. 하지만 청년들에게 농업 기술 교육이나 보조 사업비를 받는 것보다 농촌 사회와 관계를 많이 그리고 다양하게 맺을수록 농장을 독립할 가능성이 더 크다는 사실을 이해시키는 게 더 어렵습니다. 어르신과 청년 세대 간의 문화 차이, 도시와 농촌의 생활 방식 차이도 있고, 도시의 인간관계가 힘들어서 농업과 농촌을 택한 청년들도 많기 때문에 그 충돌이 더욱 자주 일어나고 서로에게 상처를 주게 됩니다.

그래서 협업농장에서는 비록 농장 일이 뒤로 밀리고 생산성이 떨어지더라도 이 청년들이 주민들과 함께 일할 수 있는 기회, 마을과 관계 맺는 과정을 많이 가지려고 노력합니다. 사람들과 관계 맺기를 경험해 보지 못한 청년들에게 다양한 교육을 제공합니다. 이런 교육은 학교나 농업기술센터 같은 전문 교육 기관에서는 할 수 없습니다. 오히려 농촌 마을이나 마을에 있는 농장에서 가능한 방식입니다. 이제 농촌에서 마을의 청년들을 밖(도시)으로 나가라고 내몰던 시대는 지났습니다. 농촌 마을이 우리 마을로 들어(돌아)올 청년을 교육하고 받아들일 수 있는 교육 기능을 스스로 갖춰야 합니다.

이런 과정을 반복하며 청년들은 마을 어르신들과 함께 일하고, 그 만남을 통해 작은 규모의 농지라도 얻을 수 있습니다. 후계자가 없는 마을의 농업을 이을 수 있는 청년 농민들이 나타나게 됩니다. 농촌 마을에 필요한 농민은 자기 농장의 이윤을 극대화하느라 마을 대소사나 관계 맺기에 관심을 가질 여유가 없는 전문 농업인이 아닙니다. 적절한 양과 낮은 가격으로 농산물을 공급받아야 하는 도시의 입장에서는 일정 수준 이상의 수입을 보장받는 생산성 있는 농민이 많아지기를 바라겠지만 말입니다.

물론 농업이 소득 기반인 농촌 마을에서는 농업을 전혀 알지 못하거나 농민을 이해하지 못하는 청년들이 많아지는 것 또한 바라지 않을 것입니다. 농촌에 필요한 청년은 마을 사람들과의 관계 맺기를 통해 마을의 농업과 더불어 농촌을 살릴 농민입니다. 그렇다면 이런 농민을 기르는 일은 대체 어디서 누가 할 수 있을까요? 이 물음에 대한 답은 힘든 현실 속에서도 농업을 지속하고 있는 농민, 고령임에도 마을을 이끌어 가고 있는 농촌 주민들에게 기대할 수밖에 없다는 생각을 해 봅니다.

청년이 돌아오는 농촌, 마을만들기의 시작

이러한 교육 기능을 살리는 일이 농촌 마을만들기의 시작일 수 있습니다. 이미 고령화된 주민의 역량을 강화하는 방법과 새로운 활동 주체를 키우는 방법이 있다면 주로 후자에 해당하는 이야기입니다. 농촌에 오는 도시 청년들은 다양한 재주를 가지고 있습니다. 이들은 농업을 새로 배우고 싶어 하지만, 유통이나 디자인, 교육, 연구, 기계, 요리 등에 재주가 있습니다. 예전 농촌에는 꼭 있었지만 인구가 줄고 고령화되면서 사라져 버린, 하지만 사람이 살아가는 데 필요한 다양한 일(업종)을 도시에서 경험하고 재주를 익힌 것입니다. 그 재주들은 농촌 사람들에게 필요하지 않아서 사라진 것이 아니라, 필요하긴 하지만 이용이 적어 사라져 버린 일들입니다. 그 때문에 농촌 주민들은 도시 사람들이 당연하게 누리는 기본적인 혜택을 받기 위해 읍내나 인근 대도시로 가야만 하는 상황이 되었습니다. 그 시간이 오래 쌓이면서 농촌 작은 마을의 결핍은 당연한 것이 되어 버렸습니다.

'청년 농민'이 농업으로 독립하지 못한다고 해서 농촌에서 실패한 것은 아닙니다. 농업을 배우는 과정에서 농업 기술뿐만 아니라 농촌 사회를 배울 수 있다면 마을에서 필요로 하는 일과 청년이 지닌 능력이 연결될 수 있습니다. 새로운 일, 아니 농촌에서 사라져 버린 어떤 일이 마을에서 다시 살아날 수도 있습니다. 어쩌면 이러한 '농촌 청년'이 농촌 마을에 더 필요할지도 모릅니다.

얼마 전, 우리 동네 밀/메밀 작목반 회의에서 생산만 할 게 아니라 생산한 밀과 메밀로 국수집을 만들어 보자는 이야기가 나왔습니다. 작목반 총무 일을 하는 농장 청년에게 식당은 마을에서 차려 줄 터이니 국수집을 운영할 생각이 없냐는 제안이 들어왔습니다. 그런 재주가 있는 청년이 들어오기를, 아니면 이런 일을 하고 싶어 하는 청년이 있다면 다른 곳에 보내 교육을 받게 해 주자는 이야기로도 연결되고 있습니다.

다양한 농촌 개발 사업들이 '마을의 필요'로 이어지지 못하는 까닭은 결국 사람의 문제에 있습니다. 협동이 잘 되는 마을에서 일을 도모하는 쉬운 길이 아니라, 일을 도모하면서 협동을 배우고 이를 마을의 힘으로 쌓으려면 그 지난한 시간을 함께 보낼 수 있는 청년 세대가 필요합니다. 그런 농촌 청년들이 농업을 경험하고 농민의 삶을 이해할 때 농업과 농촌이 함께 발전할 수 있습니다. 신뢰와 협력, 지지와 연대는 단지 농촌 마을에만 유효하지 않습니다. 도시의 청년들도 배우고 경험해야 합니다. 이를 지식이 아니라 몸으로 익힐 수 있는 곳이 바로 농촌입니다. 농촌이 이러한 교육을 위해 반드시 필요한 공간으로 다시 태어나는 것이 바로 마을만들기의 시작이 아닐까요.

1부

마을의 실천, 우리 모두가 꿈꾸는 희망

마을공동체농업 초고령화 시대의 농업 방향

마을공동체복지 요람에서 무덤까지

농촌마을교통 우리에게도 이동할 권리가 있다

공동체복지, 시장복지, 국가복지
: 어느 길을 선택할 것인가?

김영란 목포대학교 사회복지학과 교수

한국인 대부분은 행복하지 않다! 2018~2020년 평균 국가 행복지수는 10점 만점에 5.85점으로, 전체 조사 대상 149개 나라 중 62위, OECD 37개 나라 가운데 35위에 해당합니다. 비록 서구 나라들에 비하면 늦었지만 한국 사회에서 사회복지는 교육 정책이나 경제 정책처럼 하나의 국가 제도로서 위상을 차지하고 있는데, 왜 행복지수는 하위에 머무는 것일까요?

1601년 빈민법을 제정하고 1942년 베버리지 보고서로 복지국가의 길을 선택하기까지 300년간의 사회적 논쟁과 약속을 경험한 영국 같은 국가가 아니기 때문일까요? 혹은 1889년 18살의 나이에 룬드대학에 진학하여 마르크스로부터 줄기 내린 사회주의를 접한 후 여러 이론가와 정치인과의 논쟁과 대결을 거치면서 '계급'에서 '민중 일반'으로 복지를 넓히는 일로 평생을 바쳐 결국 '국민의 집'을 완성한 스웨덴의 비그포르스 같은 인물이 없기 때문일까요?

여타의 사정을 짧게 말하면, 사회 문제를 토론하고 조사하고 해결하려는 사회가 존재하든지 자기의 사상을 현실화하려는 불굴의 의지를 가진 한 사람의 인물이 존재하든지 둘 중 하나는 있어야 했는데, 우리는 오직 압축적 경제성장을 지향하는 과열된 자본주의 사회와 그 성장의 열매로 사욕을 챙긴 일부 정치인과 기업인이 국가 일의 주도자였던 역사적 경험에 익숙합니다. 이런 상황에서 국민이 행복한 복지가 국가의 몫인지, 시장의 몫인지, 아니면 공동체의 몫인지를 공론화할 기회가 없었습니다.

사실, 복지국가로 가는 길은 국가, 시장, 공동체를 통과해야 합니다. 복지는 삼발이처럼 국가, 시장, 공동체(시민) 영역이 균형 있게 서로를 받치고 있을 때 비로소 완성되는 사회적 약속의 결정체입니다. 그러나 그것은 도달하기 어려운, 거의 유토피아에 가까운 균형입니다.

이제 본론으로 들어가서 국가복지, 시장복지, 공동체복지를 살펴보겠습니다. 이 세 가지는 복지 제공의 주체가 누구인가에 따라 구분됩니다. 국가복지는 전적으로 국가가 정부 행정 체계를 근간으로 전문가를 통해 복지를 전달하는 방식으로, 국민은 복지의 대상자가 됩니다. 국가에 따라 대상자는 전 국민이 될 수 있고, 소득, 재산, 능력 등의 기준을 정해 그에 합당하다고 판단되는 선별된 일부의 국민이 될 수 있습니다.

국가복지의 문제는 국민을 대상화하고 전문가와 수혜자로 이분화한다는 점, 정부가 국민 개개인의 사정을 충분히 알 수 없고, 각각의 다른 사정에 적합한 제도나 서비스를 다양하고 세심하게 계획하고 관리하기 어렵다는 점입니다. 더군다나 대상자를 선별해야 한다면, 어떤 이는 서비스를 받아야 할 만큼 사정이 좋지 않고, 어떤 이는 서비스를 받지 않아도 될 만큼 사정이 좋은 축에 끼게 되어 사회는 양분됩니다. 여기서 끝나지 않고 서비스를 받는 사람은 실패하거나 낙오한 사람 등으로 이미지화되면서 복지=낙인이 되기 쉽습니다.

시장복지는 국가복지보다 명료합니다. 시장의 목적은 이윤 추구이므로, 예를 들어 빵값은 빵을 만든 사람이 이익이 남을 정도에서 결정되고, 가난해도 부자여도 그 값을 지불해야 살 수 있습니다. 가난하니 반값만 내라는 것은 시장 원리에 맞지 않아서 그것은 더 이상 시장이라고 할 수 없겠죠. 이런 시장 원리에서는 모두 혹은 가난한 이를 위한 복지제도가 작동하기 어렵습니다.

한마디로 영리를 목적으로 하는 시장복지는 복지를 상품화하고 그 상품을 구매할 만한 여력이 있는 사람들에게만 제공되므로 시장복지로는 모두의 행복 추구, 불평등 해소, 빈곤 해결 등 복지 본연의 목표를 이룰 수 없습니다. 그러니 '시장'과 '복지'가 한 단어로 합쳐진다는 것은 어불성설에 가깝습니다.

이상의 문제들로 복지국가에서는 시장보다는 국가를, 국가 중에서도 지방자치단체가 주도하는 지역 중심의 서비스 전달 방식을 중요시합니다. 그러나 지방자치단체 역시 규모만 다를 뿐 '관료제적 위계와 분업'이라는 행정 시스템에 의존합니다. 그렇기 때문에 여전히 지역 주민을 서비스의 대상으로 인식하면서 전문가주의에 의존하여 문제가 되는 증상을 없애는 데 초점을 맞출 뿐, 주민이 그러한 문제에 대항하여 역량을 기르도록 하는 데는 한계가 있습니다.

공동체복지는 사회복지학에서 쓰는 정식 개념은 아닙니다. 사회복지학에 '지역복지'라는 주요 분야가 있지만, 필자가 보기에 공동체복지와 정확히 일치하지 않습니다. 지역에 비해 공동체는 지향하는 이상을 공유하고 이를 향해 결집된 삶을 함께 영위한다는 의미가 강해서 정신적 구성물이자 강한 소속감의 결집체입니다. 이런 공동체에서 제공하는 복지는 공동체가 복지 공급 기능을 하는 동시에 복지의 수혜자가 된다는 점에서 국가와 시장이 제공하는 복지와 다릅니다.

한마디로 공동체복지는 복지 제공자와 수혜자 구분 없이 공동체에 내재된 상호 의존 체계에 기반합니다. 국가나 지방자치단체가 기획하고 제공하는 복지 공급 체계에 비해 공동체복지는 서비스 전달 거리가 짧고, 서비스 내용도 구체화될 수 있습니다. 또한 공동체복지는 누가 대상자이고 누가 공급자인지가 사안에 따라 달라지기 때문에 누구도 대상자와 공급자가 될 수 있어 이분화된 구조에서 벗어날 수 있습니다. 더군다나 이러한 상호 의존을 통해 서로의 역량을 강화하고 성장하는 기회를 갖게 됩니다.

최근 대도시 서울에서조차도 '마을만들기'가 유행합니다. 이는 앞에서 말한 공동체를 마을 단위로 이루어 보겠다는 취지입니다. 왜 그럴까요?

끼니를 잇지 못해 죽거나 지병이 악화되어 죽거나 스스로 목숨을 끊는 사람들, 그렇게 홀로 죽어 몇 달씩 방치된 시신 냄새를 맡고 그 죽음을 알게 된 이웃들, 같은 동네에 살면서도 폭언과 폭력으로 또래를 괴롭히는 십대들, 정신요양시설이나 장애인시설, 하다못해 대학 기숙사가 동네에 들어오면 집값 떨어진다고 시위하는 주택 소유자들 등…. 왜 이런 일이 벌어지는지 파고들면 누구의 잘잘못을 꼬집어내기도 어려울 만큼 불행의 더미 속에 살고 있는데 국가도 시장도 이를 해결하지 못하고 있습니다. 이에 더해 농민은 아예 생계 자체를 위협받을 뿐 아니라 농촌에는 소멸의 위기감이 돌고 있지만 속수무책입니다.

이는 국가와 시장의 탓만은 아닙니다. 원래 특정 제도는 그 제도를 설계하던 당시의 사회경제적 맥락에서만 유효하기 때문에 그 맥락이 급격히 변한 현재로서는 영국뿐 아니라 그 어느 국가의 복지 제도도 대응 능력을 잃을 수밖에 없습니다. 그러니 국가복지도 시장복지도 아닌 어떤 복지로의 시도는 필연입니다. 그렇다고 해서 지금의 '마을만들기' 사업이 해결책을 제공하지는 않습니다. 공동체 구성원의 정신(이를테면 상호 의존 패러다임)이 모여서 복지를 이루는 것이 아니라, 복지를 이루기 위해 구성원의 정신을 모으려는 것은 자칫 '새마을운동'의 복제판이 될 소지가 있기 때문입니다.

공동체복지를 단순히 사회복지 공급의 대안, 즉 국가복지나 시장복지가 지닌 한계의 해결로 삼아서는 안 됩니다. 인간의 정체성을 복지의 공급자나 수급자로만 상정하는 국가복지나 시장복지는 "지속가능한 인간 발전(모든 사람이 인간다운 삶을 누릴 수 있도록 경제적, 사회적 및 환경적 지속가능성이 실현되는 상태)"을 가져오기 어렵습니다.

공동체복지는 공동체 안의 '살이'를 통해 복지공동체를 만들고, 이를 통해 공동체의 지속가능한 상태를 실현하는 방법입니다. 수직적인 복지 정책과 전달 체계로 개개인에게 제공되는 단순한 서비스와 급여가 아닙니다. 이웃의 관심과 연대로 공동체의 자치, 자주, 자립을 키우는 복지는 인간 사회가 유지해왔던 원래의 방식에 가장 적합하며, 앞으로도 지속가능할 수 있습니다.

이 방식은 사회복지뿐 아니라 정치철학에서 중요한 이념적 토대를 구성하는 생태 담론으로부터 나옵니다. 생태계에서 생명체들이 공동체를 형성하는 방식과 인간 사회의 구성 원리를 함축하는 개념인 상호 의존은 생태 담론의 요체입니다. 상호 의존 패러다임에서 복지 체제는 제도와 서비스에 대한 인간의 욕구에 초점을 맞추기보다는 인간의 능력과 보살핌의 의지를 강조합니다. 이는 국가복지도 시장복지도 이룰 수 없는, 공동체복지만의 특별한 점입니다.

사적 영역에서 호혜적 관계를 통해 교환하는 서비스가 화폐 경제로 편입되면, 개인과 개인의 관계는 그것이 비록 가족 간의 관계라 할지라도, 더 이상 상호 의존적이지 않습니다. 또한 화폐를 임금 노동으로 얻을 때, 그러한 서비스를 구매하기 위해 다시 노동 시장으로 내몰려야 한다면 상호 의존 패러다임을 작동시키기 어렵습니다. 더군다나 평범한 시민에게 불평등하고, 불안전하며, 불안정한 신자유주의 글로벌 경제 시장은 결코 복지-고용-성장의 선순환[1]을 가능케하지 않습

---

1 복지-고용-성장이 선순환하리라는 것은 '고용'에 대한 순진한 논리입니다. 자본주의 체제에서 고용은, 일

니다. 결국 '고용 있는 성장 가능 공동체'를 이루는 것은 '고용 없는 탈성장 가능 공동체'를 이루는 것만큼 (혹은 보다) 어려운 실정입니다. 이러할 때 우리에게 남은 길은 공동체복지뿐입니다.

그렇다면 과연 공동체복지는 어떤 사례로 소개할 수 있을까요? 현재 공동체복지가 이루어지는 이렇다할 만한 사례를 소개하기는 어렵습니다. 지금은 국가복지의 실패에 따른 대안으로 공동체복지의 가능성을 모색하는 단계라고 할 수 있습니다(그러나 강조하건데, 국가복지와 공동체복지는 근본 원리와 가치가 다르기 때문에 서로 대체될 수 없는 '다른 길'입니다. 다만 서로의 다른 점을 보완한다는 차원에서 양립 가능합니다). 마을만들기, 지역화폐운동, 협동조합운동 등에서 공동체복지의 모습을 찾을 수 있습니다. 최근에 일고 있는 사회적 농업도 공동체복지의 특성을 지니고 있지만 아직은 어수선한 상태를 정리할 시간이 필요합니다.

그럼에도 불구하고, 모든 인류 문명에서 국가 이전에 공동체가 존재했다는 사실을 기억해야 합니다. 이는 공동체복지가 새로운 길이 아니라, 재확인하고 회복하는 방식으로 이룰 수 있다는 가능성을 뜻합니다. 특히 농촌은 공동체가 작동할 수 있는 여지를 품은 공간입니다. 시장 착취 구조의 입장권마저도 갖지 못하는 농촌 사람들에게 이는 오히려 축복입니다. 그들은 공동체를 통해 지속가능한 미래

일찍이 아담 스미스가 주장한 것처럼(그러나 후대에 와서 감추어진 감이 있는) 개인의 도덕적 양심이 바탕이 되는 경제 활동이 아니라면, 마르크스의 주장처럼 자본가에 의한 착취 구조에서 벗어날 수 없습니다. 다시 말해 고용 시장에 대한 국가의 강한 개입(도덕적 양심을 위한 제도화) 없이는 고용을 통한 시장 진입을 진작시키는 복지는 착취 구조로 들어가는 '입장권'을 준 것이나 다름없습니다. 이때 성장은 자본가의 몫이지 복지 수혜자의 몫이 아닙니다. 그런 의미에서 강력한 친노동자 고용 제도가 없는 복지-고용-성장은 '선순환'이기보다는 오히려 '악순환'으로 귀결될 수 있습니다.

를 약속받을 수 있는 '가능성의 사람들'이기 때문입니다.

　많은 사람들이 청년이 없는 농촌에 미래가 없다고 말하지만 오히려 필자는, 거창 적화마을 어르신들이 주축이 되어 폐교된 모교에 마을문화센터를 만들어 운영하고 '적화마을역사연구회'를 조직해 마을 역사책을 출판하는 등의 공동체 활동이 공동체복지로 가는 길목이고, 거기에 바로 농촌의 미래가 있다고 봅니다.

주민이 주도하는 주민자치형 농촌복지
: 마을리더에게 제안하다

조미형 협동조합 함께하는연구 연구자

지금까지 사회복지서비스는 지역사회 기관에서 소위 전문가들이 제공해 왔습니다. 정부에서는 경제적으로 어려운 사람에게 현금이나 현물을 지원합니다. 주민은 주변에 어려운 이웃이 있으면 걱정도 하고, 반찬도 나누고, 때로는 읍면동 주민센터 등에 찾아가 이웃의 사정을 알리기도 합니다. 하지만 정부 지원이나 사회복지서비스를 받지 않는 주민들에게 복지는 내 일이 아닌, 남의 일로 생각될 것입니다.

정부나 전문 기관에서 하는 '복지'를, 내 일이라기보다는 남의 일로 생각하던 '복지'를 최근 들어 주민이 주도해야 한다고 합니다. 생소하기도 하고 무엇을 어떻게 해야 할지 그려지지 않습니다. 사회복지 현장에서도 "주민이 주도해야 한다"는 당위는 알지만, 주민과 함께하기보다는 주민에게 서비스를 주는 일에 익숙해진 관성을 바꾸기가 쉽지 않은 듯합니다.

'복지'란 무엇일까요?

복지는 흔히 쓰는 익숙한 말이지만, 각자 생각하는 정의는 다를 것입니다. '어려운 사람을 돕는 것'이 '사회'복지의 전부가 아닙니다. 사회 구성원으로서 인간다운 삶을 살고자 하는 우리 모두의 권리로 봐야 합니다. 그냥 복지가 아니라 '사회'복지인 까닭은 인간이 혼자 살 수 없는 사회적 존재이기 때문입니다. 사람들과 관계를 맺고 살아야 하는 것이죠. 그것이 연대이고 나눔입니다.

예전에 주말이면 보육원에 가던 때가 떠오릅니다. 그때 저는 그냥 아이들이 보고 싶어서 일요일 아침이면 집을 나섰습니다. 아이들과 함께 밥을 먹고 숙제도 하고 놀다가 오곤 했습니다. 무엇을 사 가지고 간 적은 없었습니다. 오히려 주시는 밥을 얻어먹고 왔습니다. 지금 생각해 보면, 내 안에서 도움을 주는 사람과 받는 사람의 관계가 아니라, 나누는 관계를 설정하기 위함이었는지 모릅니다. 내가 누군가를 일방적으로 돕는 게 아니라, 아이들과 함께한 것입니다.

사회복지사가 주민을 만난다는 것은, 현장에서 실천한다는 것은, "어떤 사람이 지난 세월을 어떻게 살아왔고, 그래서 지금은 이렇게 지내고 있는데, 인간답게 지내려면 어떤 것들이 필요하겠다"를 파악하고, 이러한 필요를 충족시키기 위해 소위 서비스 연계라는 것을 하게 됩니다. 한 사람 한 사람의 삶이 다르고, 누군가에게 필요한 것이 또 다른 누군가에게는 필요하지 않을 수도 있습니다. 인간에 대한 존중이 바탕에 깔려 있는 것입니다.

복지를 주민이 주도해야 하는 이유

일상생활에서 혼자 해결하기 어려운 문제를 함께 해결하는 것이 사회복지입니다. 나의 문제가 아니라, 우리의 문제인 것입니다. 우리 마을, 우리 지역의 문제인 것이죠. 예전에는 가정에서 해결되던 문제들이 더 이상 혼자 감당하기 어려운 상황이 되었습니다. 대표적인 예가 아이 돌봄이나 어르신 돌봄입니다. 어렸을 때부터 한 마을에서 살아왔기 때문에, 직접적으로 내 문제가 아닐지라도 주변의 이해와 도움이 필요한 이웃을 내버려두는 일은 우리 마음을 불편하게 합니다. 함께 살아가는 이웃의 도리가 아니라고 생각하죠. 또 안전이나 환경 등 새롭게 떠오르는 지역의 문제들로 일상생활에서 불편이 생기기도 합니다.

우리 문제를 우리가 말해야 합니다. 마을마다 안고 있는 어려움이 다르고, 같은 문제도 해결 방안이 다를 수 있습니다. 주민의 주도한다는 것은 주는 서비스를 받는 수혜자 입장에서 필요를 말할 수 있는 입장으로 바뀌는 것입니다.

우리 삶은 정부나 기관에서 제공하는 서비스 영역처럼 그렇게 단순하지 않습니다. 예를 들어, 마음이 아픈 아이에게 필요한 도움은 교육, 보건, 주거, 문화, 여가, 경제 지원 등 여러 분야가 복합적으로 어우러져 있습니다. 학교에서, 보건소에서, 읍·면·동 주민센터에서, 복지관에서는 각각 줄 수 있는 서비스를 최대한 제공하고 있습니다. 그러나 만약 아이의 학습 능력이 학교 교육을 따라가기 어려운 상태라면 학교 교육만으로는 충분하지 않고, 성장 중인 아이에게 장애 등급 판정은 최대한 유보하다 보니 장애 등급이 있는 아이에게만 제공되는 서비스를 이 아이는 이용할 수 없게 됩니다.

국가가 제공하는 서비스에서 노인장기요양서비스를 예로 들면, 서비스 자격 요건에 따라 등급을 주고 등급별로 이용 시간과 지원 금액 등이 달라집니다. 하지만 옆집에 사는 치매를 앓는 김 할머니, 할머니가 돌아가시고 혼자 계신 거동이 불편한 박 할아버지 등 어르신마다 처한 상황이 다 다릅니다. 1등급 노인, 2등급 노인으로 제공되는 표준화된 서비스로는 한계가 있습니다.

그래서 사회복지서비스는 점점 늘어난다는데, 마을 주민이 보기에는 소위 사각지대라는 것이 사라지지 않고 계속 생겨납니다. 정부나 기관에서는 이러한 지점을 없애는 게 불가능합니다. 주민이 주도해야만 촘촘한 안전망을 실현할 수 있습니다.

주민이 주도하는 복지는 어떻게 해야 할까요?

복지 이슈에 접근할 때, 마을 단독으로 하기에 앞서, 읍면동 주민센터에서부터 다양한 관련 기관, 예를 들어 복지관, 보건소/보건지소/보건진료소, 지역자활센터, 자원봉사센터 등에 문의하고 협조를 요청해 마을의 고민을 공유했으면 합니다. 이미 제공되고 있는 서비스가 다양하고, 몰라서 이용하지 못하는 서비스도 많을 수 있습니다. 관련 기관을 활용하여 충분한 정보를 얻기 바랍니다.

정부의 제도나 서비스를 이해하고, 기존 인식을 개선할 수 있는 주민 복지 역량 강화 교육을 하는 것도 필요합니다. 교육을 통해 우리 마을의 문제가 현재 이용 가능한 국가나 시장의 서비스로 해결되지 않는 문제인지 파악할 수 있습니다. 그 문제가 마을의 복지 의제가 될 것입니다.

'주민자치형 공공서비스 구축사업'은 주민자치 활성화와 읍면동 중심의 찾아가는 보건복지서비스를 구현해 나가고 있습니다. 읍면동 단위에서 자체적으로 해결할 수 있는 소규모 의제에 대한 마을복지 계획을 세우고, 읍면동 지역사회보장협의체를 중심으로 계획이 실행되도록 행정 기관이 지원하게 됩니다.

이미 주민자치회나 읍면동 지역사회보장협의체에서 활동하는 마을 리더들도 있을 것입니다. 우리 마을의 문제를 공론의 장에서 제안하고 주변 마을의 활동 가운데 우리 마을에 적용할 부분을 도입할 수도 있습니다.

주민이 주도하는 복지는 단순한 불우이웃돕기 같은 행사성 사업을 넘어섰으면 합니다. 어려운 사람을 돌보는 일차적 책임은 국가에 있습니다. 주민은 국가의 역할을 보충하기보다는 국가가 책임을 다할 수 있도록 제도나 서비스를 충분히 사용하고, 부족한 부분을 요구해야 합니다.

내가 살고 있는 마을이 어떤 마을이 되면 좋겠다는 바람을 주민 스스로 그려 보고, 실현해 가자는 것입니다. 마을마다 역사와 문화적 특징이 있고, 현재 살아가는 사람들의 모습이 다릅니다. 우리 마을에는 어떤 사람들이 살고 있는가? 이 사람들의 일상생활에서 불편한 점은 무엇인가? 불편함이 개개인의 상황에서 비롯되는 것인가, 아니면 지역 주민 모두에게 공통된 문제인가? 개인의 특수한 상황으로 생기는 문제가 아니라 누구나 겪는 상황이라는 공감대가 형성되면, 함께 이 사안을 놓고 논의할 수 있습니다. 주민이 주도하는 복지 이슈가 될 것입니다. 해결하는 방법은 다양합니다. 정부에 요구할 수도 있고, 주민 스스로 협동조합 같은 조직을 만들 수도 있고, 공동으로 서비스를 구매할 수도 있습니다. 함께 논의할 사안을 도출했다는 데 의미가 있습니다.

그동안의 농촌은 마을만들기 사업을 비롯하여 다양한 마을 단위 사업 경험을 갖고 있습니다. 그 사업의 내용이 체험관광, 6차산업 등 소득 창출을 위한 내용이었다면, 그 자리에 복지 문제를 넣어 보는 것입니다. 도움을 줄 사람을 찾고, 도움을 받을 사람을 정하는 것이 아니라, 지금 마을에서 생활하는데 불편한 무엇, 살기 좋은 마을이 되기 위해 필요한 무엇, 그 무엇을 주민 스스로 찾아내는 일이 시작입니다.

공통의 문제 가운데 마을 스스로 풀어볼 만한 작은 의제를 정해 사업을 추진해 보는 경험도 중요합니다. 최근 읍면동을 중심으로 추진하는 주민 주도 마을복지 계획 수립과 실행을 활용할 수 있습니다. 각종 공모 사업에 지원해 볼 수도 있습니다.

　마을 단위로 외부 공모 사업을 지원할 때 처음에는 가까운 곳에 있는 복지관, 보건진료소, 다양한 중간지원조직 등으로부터 도움을 받는 방안을 고려할 수 있습니다. 기관을 통해 기준을 충족시킬 수 있는 방안을 마련하고, 행정 처리 등의 도움을 받는 것입니다. 처음부터 사업을 운영하기 어렵다면, 일단 시작하면서 차근차근 단계별로 스스로 할 수 있는 역할을 넓혀 가면 됩니다. 중요한 것은 주민이 주도해서 공공기관이나 정부 보조금으로 운영하는 기관 등을 적극적으로 활용해야 한다는 점입니다. 마을사업에서 주민은 단순한 서비스 이용자가 아닙니다. 마을 차원에서 기획 단계에서부터 의견을 내고, 실제 이용 과정에서 아쉬운 점이 없는지 살피며, 서비스 제공자와 함께 개선해 나가는 구조를 만들어야 할 것입니다.

스스로를 살피고, 서로를 보살피는
건강한 마을공동체: 홍성우리마을의료조합

최문철 홍성우리마을의료조합 사무국장

의료조합이란, 마을 주민과 의료인이 협동하여 우리 가족과 이웃의 건강, 생활의 문제를 함께 해결해나가는 협동조합입니다. 마을 주민들이 협동하여 의료기관을 운영하고, 다양한 보건 예방 활동, 건강증진 활동, 소모임 활동 등을 통해 건강한 주민 공동체를 지향하는 자율적인 주민자치조직입니다.

홍성우리마을의료조합은 이름처럼 충남 홍성군 홍동면 금평리에 작은 의원을 사업소로 두고, 홍성읍과 홍동면, 장곡면 일대에 사는 조합원들과 건강한 마을공동체를 꾸려가고 있는 의료협동조합입니다. 처음 시작은 '생활의학배움터'라는 학습 모임이었어요. 당시 홍성군 보건소 공중보건의로 온 (현재 우리동네의원 원장인) 의사와 동네 주민들이 모여 '응급 처치와 병원 이용'에 대한 이야기를 나누고, 〈우리 의사 선생님〉이라는 영화를 함께 보고, 『면역력슈퍼처방전』을 함께 읽는 모임이었습니다.

생활의학배움터를 시작한 2011년 늦겨울부터 2015년 5월 의료조합 창립 총회까지 만 4년 동안 10번의 열린 모임과 34번의 크고 작은 건강 모임, 71번의 준비 모임을 가졌습니다. 지나고 보니 그간의 활동들은, 숨어 있던 필요를 꺼내 이야기하고, 흩어져 있던 염원들을 모아 내는 시간이었습니다. 긴 시간 동안 차근차근 쌓인 배움과 관계들 덕분에, 그동안 간절하게 필요했지만 작은 면 단위에서 감히 상상하지 못하던 의료조합을 만들고 동네의원을 여는 꿈을 실현할 수 있었습니다.

2012, 의료조합을 꿈꾸다

2012년에는 4개월간 주말마다 건강상담소를 열었습니다. '협동으로 건강마을 만들기, 우리 마을에 의료생협이 생긴다면'이라는 주제로 농민의원으로 유명한 안성의료생협(지금은 안성의료사협)의 사례를 듣는 시간도 가졌습니다.

2013년에는 의료생협연합회(지금은 의료사협연합회)의 도움을 받아 건강공동체 '의료생협 이야기', '우리가 원하는 의료생협은?' 주제로 열린 모임을 여러 차례 가졌습니다. EBS 다큐프라임 〈행복의 조건, 복지국가를 가다 -의료편〉을 함께 보면서, 의사가 온천에서 쉬라는 휴양 처방을 내릴 수 있는 구조를 보며 크게 부러워한 기억이 납니다. 봄에는 건강한 다이어트 모임 〈건.살.구 8주 프로젝트〉를 진행하고, 장곡면과 홍동면 주민들과 간담회를 가지고, 『우리 아이의 몸에, 아주 천천히 독이 쌓이고 있다』는 책을 함께 읽으며 공부했습니다.

2014년에는 건강한 겨울나기 프로젝트로 '더 이상 작심삼일은 없다. 건강실천단'을 꾸려 겨울 동안 집중적으로 건강 증진 활동을 함께하는 시도를 했습니다. 『한약채식여행』을 쓴 이현주 한약사를 모시고 '제철 채식이 보약입니다'라는 제목의 건강 강연도 열었습니다.

의료조합을 여는 과정은 크게 보면, 건강 증진을 도모하는 활동과 협동조합 창립을 병행하는 활동이었습니다. 2013년부터는 본격적으로 조합 창립 준비를 시작했습니다. 연구 실행 모임을 꾸려 다른 의료조합 사례를 살펴보고, 설립을 위한 자료를 챙기고, 청사진을 그리며 창립 계획을 세워 나갔습니다. 주민 설명회를 준비하고 진행하는 과정에서 '돌봄의 순환이 이루어지는 지역건강공동체'의 모습을 상상하고, "농촌형 의료조합, 몸+마음+관계의 건강, 아픈 사람과 관계가 마을의 중심"이라는 중요한 열쇳말들을 발견했습니다.

의원을 어디에 열고, 조직의 모양을 어떻게 가지고 갈 것인지가 중요한 고민이었습니다. 사업성을 생각하면 읍이 낫고, 개원 과정의 편리성을 생각하면 개인 사업자로 의원을 열고 지역 조직이 뒷받침하는 관계를 갖는 방법이 수월했습니다. 의원의 위치는 우리가 원하는 가치를 실현하고, 감당할 수 있는 비용을 고려하여 읍이 아니라 면소재지에 열기로 했습니다. 의료진이 자리를 비우게 되더라도 모든 것이 한꺼번에 사라지지 않으려면, 개인 의원보다 조합 방식이 낫다고 판단했습니다. 진료 이외에 다양한 건강 증진 사업과 돌봄 사업을 시도하기 위해서도 개인 의원보다는 조합이 낫다고 판단하여 협동조합으로 매듭지었습니다.

오랜 논의와 모임을 거쳐 2014년 4월, 발기인 30명이 모여 발기인 대회를 열었습니다. 채승병, 박완, 주형로, 주정민 4인의 공동 대표가 세워지고 실무팀이 만들어졌습니다. 당시 실무를 준비하던 강영실, 최문철은 채승병 공동 대표와 함께 53년 역사를 지닌 일본 미나미의료생협에 견학을 다녀왔습니다. 7만 3천 조합원과 7층짜리 종합병원 규모에 놀라고, 지역사회와 밀착한 모습에 크게 놀랐습니다.

어르신, 장애인, 지역 주민을 위한 크고 작은 다기능 복합 돌봄 시설들을 돌아보면서 '모두가 달라서 모두가 좋다'는 가치와 '한 사람 한 사람이 빛나는' 의료조합을 만들겠다는 의지가 사업소 곳곳에 고스란히 배어 있어 놀라웠습니다. 연수를 마치면서 "협동이면 못하는 게 없구나. 이렇게 할 수 있는 것은 협동뿐이구나! 조합원이 원하는 것을 하기 때문에 가능한 것이구나. 우리도 할 수 있겠구나"라고 소회를 밝힌 채승병 공동 대표는 이후 홍성우리마을의료조합 이사장이 되었습니다.

2015, 의료조합이 문을 열다

발기인 대회를 하고 1년의 준비를 거친 후 2015년 5월, 드디어 의료조합 창립 총회를 열었습니다. 소비자생활협동조합 설립 요건을 충족하는 325명 조합원에 4,100만 원 출자금으로 출발했습니다. (6년이 지난 최근 2021년 8월에는 조합원 569명에 출자금 1억 623만 원이 되었습니다.) 이사진은 농민과 주부로 구성되었습니다. 조합 설립을 위해 오랜 준비 기간을 다져 온 덕분에 동네의원은 3개월이라는 비교적 빠른 시간에 열 수 있었습니다. 물론 이사들이 (실제로) 팔을 걷어 부치고 의원 공사에 나선 덕분이었습니다.

같은 해 8월, 가정의학과 전문의가 진료와 약을 담당하고, 물리치료사와 간호사가 상주하는 우리동네의원이 금평리 마을회관 앞에 문을 열었습니다. 이쯤에서 조합원들이 공들여 다듬고, 창립 총회에서 함께 낭독한 조합 정관 전문을 함께 살펴보면 좋겠습니다. 의료조합을 만든 이유와 지속해야 할 정신이 고스란히 담겨 있기 때문입니다.

충남 홍성의 작은 면을 중심으로 생활하고 있는 우리들은 일찍부터 협동의 방식으로 지속가능한 농업을 고민하였고, 아이들을 올바르게 교육하기 위해 노력하였다. 농촌 고령화와 공동화는 건강하고 지속가능한 지역사회의 큰 걸림돌이다. 전문가, 자본 중심의 기존 의료 체계로는 이를 해결할 수 없다. 건강한 삶은 누군가에 의해 주어지는 것이 아니라, 지역 주민이 주체가 되어 함께 만들어 가는 것이다.

홍성우리마을의료조합은 우리 지역 주민의 삶을 존중하며, 더불어 사는 마을의 가치를 중요하게 생각합니다. 질병의 치료를 넘어 몸, 마음, 관계의 평안을 돕겠습니다.
아픈 곳이 몸의 중심인 것처럼, 돌봄이 필요한 사람을 우선하겠습니다.

의료조합 창립을 축하하는 자리에서 마을의 어른 홍순명 선생님은, "예전부터 한 마을이 잘 되려면 교사와 농민과 의사가 있어야 한다"는 이야기를 하셨습니다. 전문가가 필요하다는 의미라기보다는, 생활의 바탕이 되는 농업과 새로운 세대를 기르는 교육에 더불어 전 세대를 보듬는 의료가 지속가능한 마을에 꼭 필요한 요소라는 말씀일 것입니다. 돌아보면 홍동과 장곡의 지역 주민들은 농업과 교육의 난제들을 협동으로 풀어 낸 크고 작은 경험을 가지고 있었습니다. 그런 경험들 덕분에 남아 있던 큰 숙제인 의료와 복지 문제도 협동으로 풀어 낼 수 있으리라는 믿음을 가지고 도전할 수 있었다고 생각합니다.

2016~2021, 의료조합이 자란다

조합을 설립하고 의원을 연 이듬해인 2016년의 목표는 '천 명이 모이는 조합'과 '천 명을 돌보는 의원'이었습니다. 의원 차트 번호 천 번을 넘겨 보자, 이사회와 건강 교실, 조합원 소모임의 누적 인원을 다 더해 1년 동안 1,000명이 모이는 조합을 만들어 보자는 목표였습니다. 도시 기준으로 보면 매우 소박한 목표겠지만, 농촌에서 천 명이 모이고, 천 명을 돌보는 일은 결코 쉽지 않았습니다. 실제로 조합 모임 누적 인원 975명, 동네의원 차트 번호 1122번으로 겨우 목표를 이룰 수 있었습니다. 참고로 당시 홍동면 인구는 3,500여 명으로 기억합니다.

2017년 목표는 '두 바퀴로 가는 의료조합'이었습니다. 자발적이고 적극적으로 활동하는 조합과 마을 주치의라는 기본에 충실한 의원이 되고 싶었습니다. 2018년 목표는 '우리의 내일을 준비하는 의료조합, 주치의로 한 걸음 다가가는 동네 의원'이었습니다. 이를 위해 노인 돌봄 프로그램을 열고, 마을복지위원회를 새로 만들었습니다. 봄에는 (동네마실방 뜰에서 맥주를 마실 때마다 적립되는) 마을 기금의 도움을 받고, 가을에는 공익활동지원센터의 지원을 받아 '어르신 문화 교실'을 열었습니다. 여기에 다양한 재능을 가진 마을 주민들과 공간들을 연결해 어르신들을 위한 낮 돌봄 프로그램을 시범적으로 운영했습니다.

마을복지위원회에서는 농촌 복지에 대한 다양한 보고서와 연구 자료, 책, 기사들을 살펴보는 공부를 시작했습니다. 관련 연구자를 초청해 강연을 듣고, 지역 복지 관계자와 면담을 했습니다. 중앙정부와 지자체가 다양한 복지 정책을 펼치고 있지만 소중한 예산이 적재적소에 연결되어 활용되고 있는지, 불필요한 낭비와 사각지대는 없는지 의문이 들었습니다.

의료조합이 우리 지역의 의료 복지 문제를 모두 해결할 수는 없겠지만, 적어도 지역 주민의 필요를 자세하게 살피고, 다양한 자원을 적절하게 연결하며, 정책과 시장에서 소외되는 부분을 챙겨야 한다는 중요한 실마리들을 발견할 수 있었습니다. 그 실천의 하나로 어르신 주민들의 필요를 살펴볼 수 있는 질문지를 만들고, 겨울 농한기 동안 지역 조사를 진행하기도 했습니다.

2019년의 목표는 '단단한 조합과 활발한 참여'였습니다. 의료조합 설립 최소 기준에 따라 외양은 조합원 500명이 넘는 비교적 규모 있는 협동조합이었지만, 조합의 내실을 단단하게 다지는 일과 조합원이 활발하게 참여하는 협동조합을 만드는 과제에 힘을 모으지 않을 수 없었습니다. 어려운 여건이었지만, 임직원과 조합원이 하나같이 애쓴 덕분에 의원 바로 앞에 돌봄 공간 부지를 마련하고, 사회적기업 인증을 받고, 누적 적자를 해결하고, 의료복지사회적협동조합으로 조직을 변경할 수 있는 조건까지 모두 갖출 수 있었습니다. 마지막 관문으로 2020년 총회를 열어 전체 조합원의 3분의 2가 한자리에 모여 조직 변경을 승인해야 했는데, 안타깝게도 코로나19 때문에 대면 총회가 무산되었고 조직 변경은 다음으로 미룰 수밖에 없었습니다.

조직 변경을 준비하면서, 의료복지사회적협동조합에 걸맞게 '스스로를 살피고 서로를 보살피는 건강한 마을공동체'를 우리가 도달하고자 하는 모습(비전)으로, ① 적극적인 지역사회 참여 ② 신뢰와 실력을 갖춘 일차 의료 ③ 돌봄이 필요한 사람을 우선하는 농촌 복지 ④ 살핌을 촉진하고 보살핌을 연결하는 ⑤ 건강한 협동조합 만들기 다섯 가지를 우리 조합의 주요 역할(미션)로 삼았습니다. 외투는 아직 의료생협이지만, 몸은 이미 의료복지사회적협동조합으로 체질을 바꾸기 시작했습니다.

2020년은 재정립한 비전과 미션, 전략에 따라 단위 사업을 계획하고 진행한 첫해였습니다. 조합의 슬로건도 '모든 조합원이 일 년에 한 번 이상, 동네의원을 이용하고, 조합 재정을 지원하고, 건강 증진에 참여하고, 조합 사업에 기여하자!'고 매우 구체적으로 잡았습니다. 코로나19가 예상보다 길어지면서 너도 나도 많이 힘들었지만, '우리가 바라는 돌봄의 여덟 가지 모습'을 함께 정리해 내기도 했습니다.

우리가 바라는 만들어 갈 돌봄은, (공감)

홍성우리마을의료조합 조합원들의 필요와 염원을 한데 모아 8가지 모습으로 정리하였습니다.

1 오래된 관계가 끊기지 않는	3 다양한 사람들과 교류하는
2 농촌의 일상이 지속되는	4 이웃과 함께 건강을 도모하는
5 당사자가 존중 받는	7 서로에게 기여할 수 있는
6 주체적으로 살아가는	8 함께 돌봄을 실천하는

2021년 슬로건은 '우리에게 필요한 돌봄을 우리 힘으로 마련하자'입니다. 여전히 코로나19는 기승을 부리고 있습니다. 농촌의 인구 감소와 열악한 교통 여건과 같은 구조적인 문제 때문에 삶의 질이 나아질 희망은 도무지 찾기가 어렵습니다. 그렇다고 가만히 앉아서 기다린들 저절로 좋아질 리 없으니, 스스로 나서서 한걸음이라도 나아가는 수밖에요.

동네의원과 의료조합의 의미

"신은 모든 곳에 있을 수 없기에 어머니를 만들었다"는 말이 있습니다. 대학병원 전문의를 어렵지 않게 만날 수 있는 세상이지만, 가까이 지내는 동네주치의가 있다면 보다 전인적인 진찰과 치료를 받을 수 있습니다. 비싸고 어려운 검사를 받기 전에, 일상을 살펴서 무엇이 문제인지 밝혀 낼 수 있다면 더 없이 좋겠죠. 마찬가지로 일상을 보살펴서 지속적인 치료를 이어나가기 위해서라도 1차 의료는 매우 중요합니다. 동네주치의를 통하면 과잉 진료

대신 적정 진료를 받을 수 있고, 그 과정에서 불필요한 비용과 에너지 낭비를 줄일 수 있습니다.

적정 진료, 가까운 진료만큼 중요한 것이 평소에 건강을 증진하고 예방하는 활동입니다. 아무리 유능한 의사라도 혼자서는 사방팔방의 일을 다 해결할 수 없습니다. 하지만 서로를 돌보는 조합원들의 협동이 있다면 그만큼의 빈자리를 메꿀 수 있습니다. 몸과 마음과 관계를 건강하게 돌보기 위해서는 반드시 주치의와 좋은 이웃의 협력이 필요합니다.

2014년부터 시작한 허리건강실천단이 좋은 예입니다. 우리동네의원 물리치료사와 동네 할머니들이 일주일에 두 번씩 여성농업인센터에서 만나 허리 운동을 하는 모임입니다. "혼자서는 안 돼. 운동은 무조건 같이 모여서 해야 혀~"라고 말씀하시는 할머니들은 함께 운동을 하면서 서로의 몸과 마음을 튼튼하게 다지는 관계를 꾸준히 이어가고 있습니다.

아무리 큰 돈을 주어도 살 수 없는 것들이 있습니다. 돈으로 헤아릴 수 없는 것들이 마을공동체 안에서 활발하게 공유되던 좋은 시절의 이야기를 종종 듣습니다. 그런 일들이 다시 일어난다면 아마도 자조자립과 상부상조의 정신이 살아 있는 협동조합 안에서 일어날 가능성이 가장 크지 않을까요?

농촌의 내일과 의료조합

우리 사회에서 '지속가능한 마을'이 점점 더 큰 화두가 되어 가는 것은, 실은 우리의 마을들이 지속가능하지 못하다는 반증이라고 생각합니다. 마을은 실제로 소멸의 과정을 달리고 있습니다. 홍동면은 비교적 귀농귀촌이 많은 지역임에도 불구하고 인구가 점점 줄고 있습니다. 초등학교와 중학교가 혁신하면서 학생 수가 부쩍 늘어난 것처럼 보이지만, 실제론 인근 지역에서 통학하는 아이들 비율이 적지 않은 상황입니다.

고령 인구의 양극화, 빈곤율, 자살률은 어떨까요? 젊어서 가난한 이는 나이가 들어서도 가난합니다. 2016년 전체 빈곤율은 16%인데, 65세 이상 어르신의 빈곤율은 46.9%입니다. 충남의 어르신 자살률은 몇 년째 1위인지도 모를 만큼 오래되었습니다.

고령화는 어떤가요? 65세 이상이 전체의 7%가 넘으면 고령화 사회, 14% 이상이면 고령 사회, 20% 이상이면 초고령 사회라고 합니다. 2017년 기준 홍동면의 고령화율은 36%이고, 장곡면은 46%입니다.

지역 주민들의 힘을 모아 의료조합을 만들었지만, 쓰러져 가는 농촌을 살리기엔 역부족이라고 생각합니다. 좀 더 거대한 협동이 필요합니다. 지역 주민들의 소소한 협동에 부응해서 지역 사회와 지자체가 칸막이를 허물고 협동하지 않으면 농촌 공동체가 아니라 농촌 공동화를 맞이하게 될 것입니다.

어르신과 장애인이 살기 좋은 마을은 여성과 아이는 물론이고 젊은이를 비롯한 모든 주민들에게도 살기 좋은 마을입니다. 살기 좋은 마을이란 어떤 마을일까요? 의료, 교육, 문화, 복지, 생산과 소비가 맞물려 있는 물통에서, 삶의 질이라는 수위는 최소의 법칙에 따라 가장 낮은 영역이 결정합니다. 창립 총회에서 낭독한 "아픈 곳이 몸의 중심인 것처럼, 돌봄이 필요한 사람을 우선하겠습니다."라는 정관 전문의 마지막 문장을 기억합니다. 홍성우리마을의료조합이 지속가능한 마을을 담보하는 만능 키가 될 수는 없겠지만, 사람이 살만한 마을을 유지하기 위해 가장 낮은 수위를 높여 주고 보살피는 일을 계속 해보려고 합니다. 가까운 이웃들에게는 협동과 참여의 손길을, 멀리 있는 이웃들에게는 응원과 지지의 손길을 부탁합니다.

보건진료소, 오지 마을의 복지와 문화 구심점
청양군 청남면 왕진보건진료소 사례 인터뷰

복권승 사회적협동조합 공동체세움 이사

인터뷰 복권승, 이다현(공주대학교 교육나눔)

참석자 황경애(왕진보건진료소장), 지역 주민 곽덕근(전 이장), 조광석(주민),

윤종설(옆 마을 주민), 이영택(금강환경지킴이)

장　소 충남 청양군 청남면 왕진보건진료소

일　시 2019년 6월 28일

* 2021년 황경애 소장은 40여 년간 지켜 온 보건진료소에서 정년 퇴임했습니다. 인터뷰 당시와 지금의

상황은 다를 수 있음을 밝혀 둡니다.

　　병의원이 없는 농촌 지역, 그것도 공중보건의가 파견되는 면소재지의 보건지소에서도 더 멀리 떨어진 곳. 공중보건의조차 파견이 어려운 오지 마을들을 묶어 시설을 두고 보건의료(간호) 자격을 갖춘 소장 한 사람을 파견하는 곳이 보건진료소입니다. 인터뷰를 위해 찾은 곳은 충남 청양군 청남면 왕진리의 왕진보건진료소입니다. 이곳을 방문한다는 필자의 말을 듣고 바쁜 가운데 공주대학교 교육나눔의 이다현 선생이 동행해 주었습니다.

　　왕진보건진료소 문을 열고 들어서는 사람은 누구나 느끼는 분위기가 있습니

다. 여느 병원이나 보건소 등에서 보이는 어설픈 병원 이미지가 아닌, 마치 분위기 좋은 카페에 들어선 듯 기분 좋은 꽃향기와 아름다운 인테리어가 눈에 띕니다. 우리를 반갑게 맞이해 주신 소장님께서 내어 오신 꽃차를 마시며, 인터뷰를 시작했습니다.

복권승 왕진보건진료소를 운영하는 지역의 특성과 상황을 듣고 싶습니다.

황경애 현재 왕진1리와 왕진2리, 인양리 3개 행정리를 합쳐 185가구가 살고 있습니다. 이 중 혼자 사는 어르신 가구가 75곳으로, 노령의 만성 질환자가 많습니다.

복권승 진료소는 소장 단독으로 운영하는 방식이 아니라고 들었습니다. 마을에 진료소와 관련한 주민조직이 있다면 알려 주십시오.

황경애 왕진보건진료소는 주민들이 함께 합의하는 보건진료소 운영위원회를 두고, 운영위원장이 민간 대표로 진료소장과 함께 운영합니다. 2013년까지는 운영위원회가 진료소의 진료 수익을 가지고 마을을 위해 활용하는 자체 예산을 운영했습니다. 운영위원회는 진료소 운영과 관련한 전반을 함께 협의하는 구조였고, 지금도 주민과 진료소가 함께 마을의 보건의료서비스 관련 내용을 논의하고 결정합니다.

또 하나의 조직으로 건강회가 있었습니다. 건강회는 여성을 중심으로 진료소와 함께 지역 주민들의 보건 의료를 위한 봉사 활동 조직이었습니다. 회원을 건강원이라 불렀죠. 운영위원회가 일종의 심의 운영 기구라면, 건강회는 실행 조직이라 볼 수 있습니다. 건강원 제도는 다양한 주민 봉사 조직이 활성화되면서 그 역할을 나누어 드리고 지금은 운영하지 않고 있습니다.

복권승 환자들에게 친절하고 진료소 공간도 편안해서 매일 30-40명 이상 몰렸다는 신문기사를 읽었습니다. 진료소는 언제 문을 열었는지요?

황경애 1985년, 방앗간 맞은편 구멍가게 옆에 있는 허름한 가옥에서 진료소 문을 열었습니다. 기자님이 좋게 써 주셔서 고맙기는 한데, 인근 주민들까지 찾아오다 보니 그랬습니다. 바쁜 일상이었죠. 지금은 그 정도까지는 아닙니다(하지만 인터뷰 중에도 수시로 환자들의 방문이 이어져 진료를 마친 후에 짬짬이로 인터뷰가 진행되었다).

이다현 며칠 전, 진료소 2층에서 열린 국화 음악회에 들렀습니다. 2층을 가득 메운 주민들의 호응과 참석자들에게 국화 화분을 선물로 주는 모습에 감동받았어요. 그래서 오늘 또 찾아 뵙게 되었습니다. 진료소 2층에서 다양한 문화 및 평생교육 콘텐츠와 흡사한 프로그램들을 진행해 왔다고 들었습니다. 어떻게 이런 다채로운 모습이 되었는지요?

곽덕근 2001년, 청양군에서 농림부의 문화마을사업을 제안했습니다. 컨설팅을 받고 마을회관을 복지회관으로 건립하는 방식으로 기획했습니다. 당시 문화마을은 대부분 복지회관을 지어 공간을 만드는 게 가장 중요한 내용이었다고 기억합니다. 처음에는 왕진2리가 신청했는데, 전통적으로 한마을로 여기고 공동체 의식이 있던 왕진1리에서 함께하고 싶다고 했습니다. 그래서 대상지를 확대해 두 마을이 되면서 서로 더 자주 회의를 했습니다. 이 과정에서 다른 곳의 문화마을 사업이 진행된 사례를 공부했습니다. 여기 계신 조광석 씨와 함께 일일이 캠코더로 다른 마을들을 찍어와 회의 때 같이 봤습니다.

조광석 복지와 문화를 주제로 활성화한 곳들이 있을까? 선례들을 통해 배워야겠다고 생각했습니다. 그래서 먼저 사업을 한 곳들의 사례를 캠코더 동영상으로 촬영해 마을 주민들에게 보여 주었습니다. 그런데 찾은 마을들 대부분이 복지회관에는 거미줄이 쳐 있고 제대로 활용하지 못하는 모습이었습니다. 그 동영상을 함께 보며 회의를 한 것이 "어떻게 하면 건물을 잘 활용할 수 있을까?" 생각하는 계기가 된 것 같습니다.

곽덕근 크고 작은 모임과 회의를 합하면 100여 회가 넘습니다. 많은 대화를 나누면서 낡은 진료소 시설이 눈에 들어왔고, 이 사업으로 짓는 복지회관은 날마다 많은 분들이 찾는 진료소와 함께할 때 활용도가 높겠다고 생각했습니다. 어렵사리 기존 계획서를 고친 수정안을 충남도와 농림부에 제출했습니다. 변경 설득을 하느라 애를 먹었는데, 열심히 쫓아다니며 취지를 충분히 설명하고 회의 과정을 말씀드렸습니다. 다행히 우리 마을 상황을 이해하고 관계 기관들이 협조해 주었습니다.

복권승 문화마을사업으로 짓는 복지회관에 진료소를 입주시킨 구조가 '신의 한 수' 같습니다. 마을 주민들이 가장 많이 이용하는 시설을 결합하니, 다른 마을들처럼 덩그러니 건물만 있고 거미줄을 칠 이유가 없어진 것 아닌가요? 이후부터 지금까지의 활동과 연혁이 궁금합니다.

황경애 2002년에 어느 정도 틀거리만 완성된 왕진보건진료소와 복지회관은 2005년 청양군의 추가 사업 지원을 더하고 운영위원회 자금으로 리모델링을 완성했습니다. 지금 2층의 인테리어는 그 당시 리모델링 가운데 운영위원회 지출과 주민들의 협의로 꾸며진 부분이 많습니다. 총 5,300만 원(군비 1,000만 원, 자비 4,300만 원)으로 지난 2002년 건립된 2층 시설을 주민들의 용도에 맞도록 좀 더 아기자기하고 친숙한 공간으로 꾸미는 데 활용했습니다. 이제 2층 공간은 주민들을 위한 문화 행사나 건강보건 예방 활동, 기타 다양한 활동 등을 하는 커뮤니티 공간으로 활용됩니다.

복권승 왕진보건진료소 운영위원회는 고령화 사회의 농촌에서 보건의료에 대한
수요 증가를 주민들이 주도하고 행정 기관이 협력한 사례로 보입니다. 농
촌 오지 마을이 진료소를 중심으로 뭉치고, 또 다양한 프로그램들을 진료
소와 함께 하는 모습이 충분히 모델화되어야 할 영역 아닐까요?

황경애 다른 지역에 일반화할 수는 없을 것입니다. 우리 지역만의 특수성이 있었
기 때문이죠. 진료소마다 처한 환경이 다르고, 마을마다의 특성에 맞게 진
행되어야 할 일입니다.

진료소가 있는 마을이라면, 건강보험공단 사업으로 파견하는 요양보호사와 유
료 방문간호 서비스, 그리고 보건진료소의 역할 등 다양한 부문에서 서비스 간 조
정이 필요합니다. 또 고령화가 심각한 시골 마을의 특성상 어르신과 여성, 청소년
등 교통 약자들을 배려하고, 문화 프로그램과 보건복지 등 다양한 영역 간 협력도
필요하죠.

왕진보건진료소는 마을의 복지회관 건물을 진료소가 관리하고, 주민들의 건
강관리센터를 함께 운영합니다. 그 공간 안에서 보건 서비스, 문화 프로그램, 학
습 동아리, 스포츠 동아리 등을 연계해 지역 주민들의 필요를 만족시키고 있습니
다. 전반적인 운영은 주민들이 참여하는 보건진료소 운영위원회가 주축이 됩니
다. 이처럼 주민들 스스로 필요한 보건복지 서비스를 기획하고 효과적으로 풀어
가는 모습이 보기 좋았습니다.

1부

마을의 실천, 우리 모두가 꿈꾸는 희망

마을공동체농업 초고령화 시대의 농업 방향

마을공동체복지 요람에서 무덤까지

농촌마을교통 우리에게도 이동할 권리가 있다

아무리 기다려도 버스가 안 와요

김정섭 한국농촌경제연구원 선임연구위원

30년 전 자동차가 별로 없던 시절에, 30리쯤 되는 길을 몇 시간 걸려 수시로 걸어 다닐 수는 없는 노릇이었습니다. 상점, 학교, 약국 등 생활에 필요한 재화와 서비스를 제공하는 장소들이 밀집한 읍내 거리를 무시로 드나들 수 있는 사람은 시골에 그리 많지 않았습니다. 그러니 물건을 팔겠다는 사람들과 사겠다는 사람들이 만나려면 날짜를 정하는 것이 효과적일 수밖에요. 농촌의 오일장은 그렇게 생겨났습니다. '가는 날이 장날'이라는 속담도 그렇게 생겨났죠. 아무튼 이곳에서 저곳으로 이동하는 능력은 한때 특권이었습니다. 그런데 대중교통의 시대가 열린 지금은 '이동'은 특권이 아니라 당연한 권리가 되었습니다. 대중교통이 열악한 농촌은 빼고 말입니다.

농촌 대중교통 관련 통계

몇 가지 지표들이 농촌의 부실한 대중교통 여건을 고스란히 보여 줍니다. 2015년 농업총조사 지역조사편 자료에는 전국 3만 6,792개 행정리에 버스가 하루에 몇 회 운행하는지 조사한 결과가 있습니다. 농촌 지역의 거의 유일한 대중교통인 버스의 하루 평균 운행 횟수는 6.1회였습니다. 버스 회사가 하루 12시간 영업을 한다고 가정하면, 평균 배차 간격은 두 시간이 넘는 셈입니다. 평균이 그렇다는 이야기입니다. 아예 버스가 들어가지 않는 행정리가 2,349개로 6.4%를 차지합니다. 버스가 운행하지 않는 곳을 포함해 1일 3회 이하로 운행하는 행정리는 무려 6,739곳으로 전국 농촌 마을(리)의 24.7%에 이릅니다. 한국농촌경제연구원 조사 결과에 따르면, 도시라 할 수 있는 지역 중 400m 반경에서 대중교통을 이용할 수 없는 지역은 9.3%에 불과하지만, 농촌 지역인 '리'에서 1,000m 반경에서 대중교통을 이용할 수 없는 곳의 비율은 45.7%나 됩니다.

서울 같은 대도시에 사람들이 끼이고 부딪히는 '교통 밀집 지옥'이 있다면, 농촌에는 '교통 없는 지옥'이 있습니다. 이 불편한 상황은 특히 고령층의 일상생활을 크게 제약합니다. 농촌 주민 중 70세 미만 연령층 사이에서는 주로 이용하는 교통수단이 승용차라고 응답한 사람의 비율이 약 65%인데, 70세 이상 연령층 사이에서는 버스가 주된 교통수단이라는 응답률이 61.1%에 달했습니다.

그런데 농촌에서는 아무리 기다려도 버스가 잘 오지 않습니다. 게다가 농촌의 대중교통서비스 공급 기반은 갈수록 침식되고 있으니, 심각한 문제입니다. 2002년에는 농촌지역에서 버스를 운행하는 사업체가 99개였고, 총 2,041대의 버스를 운행했습니다. 그런데 2017년에는 86개 사업체, 1,842개 버스로 그 수가 줄었습니다. 국민의 권리는 세월이 흐르면서 확장되기 마련이라고들 생각하지만, 농촌에서 대중교통을 이용할 권리는 거꾸로 축소되고 있습니다.

웃지 못할 이야기

사정이 이렇다 보니, 농촌에서는 교통 문제와 관련해 차마 웃지 못할 이야기들이 생겨납니다. 앞에서 말한 숫자로는 체감하기 어려운 현실을 보여 주는 이야기 몇 가지를 소개합니다.

10여 년 전 이야기입니다. 어느 산촌 마을 주민들이 회관에 모였습니다. 회의 안건은 '버스 타는 당번 정하기'였습니다. 아침에 한 번, 저녁에 한 번 마을을 들르던 버스가 끊기자 군청을 찾아가 탄원하고 시위했습니다. 몇 달 동안 끈질기게 싸워 버스 노선을 되살렸지만, 걱정이 완전히 끝나지 않았습니다. 며칠 사이에 버스가 빈 차로 나가는 날이 있었습니다. 버스가 또 끊기는 건 시간 문제였죠. 그래서 궁리해 낸 게 '버스 타기 당번제'입니다. 운행 중단의 빌미를 주지 않으려면, 날마다 누군가 한 사람은 버스를 타고 마을을 드나들어야 한다는 것이었습니다. 집집마다 돌아가면서 매일 한 사람씩은 일이 없어도 아침 일찍 들어오는 버스를 타고 읍내로 나갔다가 저녁 버스를 타고 돌아오기로 했습니다.

또 다른 이야기입니다. 여러 해 전 뙤약볕에 아스팔트가 녹을 듯 무더운 8월의 어느 날, 시골 마을을 지나는 중이었습니다. 왕복 2차선 지방도로 곁에 등이 굽은 할머니 한 분이 찻길로 튀어나올 듯 위태롭게 서서 손을 크게 흔드셨습니다. 천천히 차를 세우고 창문을 열었습니다. "○○읍내로 가는 길이면, 나 좀 태워 줄 수 있슈?" 운전하는 내내 그 할머니는 여러 가지 이야기를 들려주셨습니다. 젊어서는 하루에 수십 근 고추를 딸 수 있었는데, 요즘은 힘들다는 자랑 섞인 옛 시절 이야기. 장도 볼 겸 품삯 받고 고추 따는 일거리가 있는지 '인력 소개소'에 알아보러 읍내로 나가는 길이었다는 이야기 등등. 이윽고 읍내 어귀에 내려드렸습니다. 운전해서 족히 15분은 걸렸는데, 어르신 걸음으로는 두세 시간쯤 걸렸을 듯합니다. 삼복더위에 걸어올 수 있는 거리가 아닙니다.

이야기는 하나 더 있습니다. 충청남도 ○○면 소재지의 농협 하나로마트를 책임지고 관리하는 점장은 이웃한 다른 면 출신입니다. 그 면 소재지는 상권이 무너져 변변한 가게 하나 없어진 지 오래입니다. 자기 동네 어르신들이 장이라도 보려면 버스를 타고 인접한 면 소재지를 두 군데나 들러 ○○면으로 와야 했습니다. 승용차를 타고 오면 15분도 안 걸리는 거리가, 버스를 타면 한 시간이 넘게 걸립니다. 이를 안타깝게 여긴 점장은 꾀를 내었습니다. 하나로마트에 와서 5,000원 이상 상품을 사면 매일 오후 네 시에 상품 배달을 나가는 승합차로 마을까지 모셔다 드리는 '고객 서비스'를 시작했습니다. 그러나 이 서비스는 한 달 만에 중단되었습니다. ○○면 소재지에 버스를 타고 와서 볼일을 보고, 남의 동네 경로당에서 시간을 보내다가, 하나로마트에 와서 라면 등 5,000원어치 상품을 사고는 봉고차 앞에 줄을 서는 할머니들이 열 명을 넘기자 감당할 수 없게 된 탓입니다.

대중교통 열외 상황에 놓인 농촌 주민의 갖가지 이야기가 차고 넘칩니다. 어느 중학생은 학교가 있는 읍에서 옆의 면 소재지로, 그리고 마을로 가는 버스를 타느라 방과 후에 두 시간을 길에서 기다려야 합니다. 어느 면에 있는 여성농업인센터 대표는 읍내에 가서 전기요금 내고 오는 데 네 시간 걸리는 이웃 할머니의 일상을 보고 느낀 바 있어, 마을에서 읍내까지 기관 소유 승합차를 무료로 운행했습니다. 그런데 1년 만에 그만두었습니다. 영업권을 침해한다는 버스 회사의 민원 때문이었습니다.

대안을 마련해야 할 때, 먼저 할 일은 문제의 심각성을 깨닫는 것

한국농촌경제연구원에서는 농촌 주민 수천 명을 대상으로 '정주 만족도 조사'라는 이름의 설문 조사를 해마다 합니다. 현재 거주지를 떠나서 살고 싶다면 그 이유가 무엇인지를 묻는 문항이 있는데, 2017년 조사에서는 '농어촌 주민의 이주 의향 이유' 1위 항목이 '교통 불편'이었습니다. 응답자의 13.8%가 지역을 떠나고 싶은 이유로 "교통이 불편해서"라고 답했습니다. "자녀 교육 환경이 좋지 않아서"(11.8%, 2위)

와 "도시에서 더 나은 소득 기회를 찾기 위해"(11.6%, 3위) 따위의 항목보다 더 많은 응답이었습니다. 이제 농촌에서 교통 문제는 그저 생활의 소소한 불편이 있다는 정도가 아닙니다. 문제의 심각성을 잘 살펴야 합니다.

농촌 인구는 계속 고령화되고 생활 서비스 중심지는 더욱 쇠퇴할 전망입니다. 대중교통 운행 빈도가 심각하게 줄어든 상황에서 고령화가 진전되는 건 교통 약자가 더 많아짐을 뜻합니다. 교통 약자는 어르신들만이 아닙니다. 운전면허나 승용차가 없는 아동, 청소년, 여성 등 농촌 대중교통 여건이 미흡해 기본적인 생활 서비스에 접근하기 어려운 사람들도 있습니다. 그리고 농촌 생활권 중심지가 가지고 있던 기능이 사라지고 각종 서비스 기능(시설)이 상위 중심지로 집중되고 있습니다. 예전에는 면사무소 앞에 가면 여럿 있었던 상점 · 약국 · 학교 등이 사라져 이제는 일상생활에 필요한 것을 얻으려면 군청 소재지 읍이나 이웃한 큰 읍면에 가야 합니다. 교통 약자들의 생활 서비스 접근 기회가 줄고, 교통 비용은 늘어난다는 뜻입니다.

사정이 이러하니 정부나 지방자치단체 등 공공 부문도 관심을 가지고 노력을 기울이기 시작했습니다. 몇 년 전부터 농림축산식품부는 '농촌형 교통 모델 발굴 사업'이라는 정책을 펼쳐 왔습니다. 기존 대중교통 수단이 한계에 다다른 교통 여건 취약 지역에서 가려운 곳을 긁어 줄 대안교통 서비스를 공급하자는 취지의 정책입니다. 운수사업체, 비영리법인 등 농촌에서 대안교통 서비스를 제공할 수 있는 주체에게 차량 구입비, 운영비, 인건비 등을 지원합니다. 최근에는 어르신들에게 택시 쿠폰을 제공하는 '100원 택시' 등의 정책 사업도 시행합니다. 거의 모든 농촌 지방자치단체가 해마다 수십 억 원에 이르는 적자 노선 비용 보전 보조금을 지급합니다. 여러 가지 아이디어도 나왔죠. 학생뿐만 아니라 어르신들도 태우고 다니는 '다목적 스쿨버스', 읍장이나 면장에게 20인승 승합차를 지원해 운송 수요가 많은 장날만이라도 운행하자는 '오일장 마을버스', 승용차가 있는 마을 청장년이 어르신들을 태워다 드릴 수 있게 기름값을 보조하자는 '마을형 우버', 주민들이 직접 협동조합을 만들어 소형 버스를 지역 실정에 맞게 탄력적으로 운행하자는 '마을버스 협동조합' 등등입니다.

그런데 아직은 변화를 체감할 수 없습니다. 정책 투입은 불충분하고, 주민-지방자치단체-운수사업자 간의 대화가 부족하며, 법률 등의 규제는 까다롭습니다. 인구 밀도가 낮아 없는 게 많은 농촌에서, 열악한 대중교통 때문에 그나마 남아있는 것에 접근하기도 어려워지는 '이중적 배제'가 심해지고 있습니다. 이보다 더 빠른 속도로 농촌 교통 문제를 해결해야만 합니다.

농촌중심지활성화사업과
배후 마을 주민의 이동권

김정연 사회투자지원재단 이사

농촌 중심지 활성화와 교통 접근성 개선의 연계 취지

농촌은 적은 인구가 넓은 면적에 불규칙하게 흩어져 있습니다. 그래서 인구가 높은 밀도로 균일하게 분포된 도시보다 생활 및 경제 활동을 위해 훨씬 더 먼 거리를 이동해야 하고, 그만큼 비용이 많이 들어갑니다. 이러한 공간의 제약 조건하에서 농촌 주민의 생활 수요 충족과 원활한 경제 활동을 위해서는, 마을 단위보다는 농촌 중심지(읍면 소재지)에 관련 기능을 집중시키고 마을과 중심지 간에 교통 접근성을 높이는 전략이 필요합니다.

농림축산식품부는 이러한 필요성을 인식하고 2014년부터 농촌중심지활성화 정책을 추진해 왔습니다. 문재인정부 들어서는 이 정책을 농촌 지역 생활권 활성화 차원으로 확대했습니다. 농촌 어디에서나 기초 생활 서비스는 30분 안에, 고차·복합 서비스는 60분 안에 접근할 수 있도록 하고, 5분 내 응급 상황 대응 및 안전한 생활 환경을 제공하는 365생활권 전략을 국정 과제(국가균형발전 5개년 계획, 국정 과제「81-1. 살고 싶은 농산어촌 조성」)에 포함했습니다.

이를 위한 실천 수단으로, 상대적으로 중심 기능이 강한 읍 소재지를 문화, 여가, 복지, 경제 활동 등 고차 · 복합 서비스 공급 거점으로 만드는 농촌중심지활성화사업을 추진합니다. 상대적으로 중심 기능이 약한 면 소재지에는 보건, 보육, 소매 등 일상적인 생활 서비스와 면 단위 공동체 활동 지원을 위한 기초생활거점육성사업을 추진하고 있습니다.

이러한 생활 서비스 집적화와 연계하여 배후 마을 주민의 접근성이 높아져야 합니다. 자가용이 없는 주민이나 어린이, 부녀자, 어르신들은 교통 약자로서 대중교통에 절대적으로 의존할 수밖에 없습니다. 하지만 지금 농어촌 버스(공공교통수단)는 정해진 노선을 정해진 시간에 운행해야 합니다. 게다가 인구 감소에 따라 적자 폭이 커져, 운행 노선을 줄이는 상황이라서 확대 운영이 어렵습니다.

이에 따라 정부는 대중교통수단만으로는 한계가 큰 농촌에서, 주민들이 생활 중심지에 보다 쉽게 접근하도록 지원하고 있습니다. 즉 농촌 중심지 · 기초생활거점과 배후 마을 간 공동체 차원의 이동수단인 '커뮤니티 버스'를 운영하거나, 교통 취약 지역을 대상으로 하는 '농촌형 교통모델사업(준공공 교통수단)'을 농촌중심지활성화사업 · 기초생활거점육성사업과 연계해 추진하도록 지원하는 사례가 이에 해당합니다.

생활 서비스 중심지로 교통 접근성 향상을 도모한 사례들

앞서 말했듯이, 운행 노선과 배차 시간이 고정된 기존의 농어촌 (시내)버스 운행만으로는 배후 마을 주민의 중심지로의 접근성을 개선하기 어렵습니다. 농촌 공간의 저밀도성으로 인해 적은 승객을 태우고 먼 거리를 운행해야 하는 데다, 인구 감소에 따라 승객이 계속 줄어들어 적자 폭이 커지고 있기 때문입니다. 이에 따라 2010년 들어 중앙정부와 지자체는 농촌 주민의 중심지로의 교통 접근성을 높이기 위해 다양한 시도를 하고 있습니다.

새로운 시도들은 공통적으로 교통 수요에 맞춰 운행 시간과 노선을 유연화하는 방식을 택합니다. 이는 농촌 주민의 이동권을 보장하고 교통수단 운영의 효율성을 높이기 위해서입니다. 주된 대상은 기존 대중교통수단 운영이 어려운 교통취약 지역입니다. 이처럼 시간과 노선을 유연화한 교통수단을 통칭하여 수요응답형 교통수단이라고 합니다. 2010년 이후 현재까지 등장한 사례들을 다음과 같이 유형화해볼 수 있습니다.

첫째, 소형버스(승합차)를 활용한 농어촌 순환버스 운행 방식입니다. 운영 주체는 기존 운송업체 외에도 사회적 기업 또는 협동조합 등이 될 수 있습니다. 소형 마을버스는 면 소재지 인근 마을을 순환하며, 비수익 노선 밀집 지역을 중심으로 운행합니다.

둘째, 택시를 활용한 교통 공백 해소 방식입니다. 대상은 대중교통을 운행하지 않는 벽지 마을입니다. 마을의 교통 수요를 사전에 조사하여 면 소재지 인근 마을까지 월별 계획에 따라, 개인택시 협동조합 또는 지역 브랜드 택시 등을 운행하고 운행 손실을 보전해 주는 방식입니다.

셋째, 커뮤니티 시설·공공시설·기업·사회단체 등에서 셔틀버스를 다용도로 운영하는 방식입니다. 이러한 방식의 사례로는 옥천군 안남면의 '배바우도서관 셔틀버스', 제천시의 '민원버스 운행', 충청북도의 '시골마을 행복택시', 충북교육청의 '통학버스 공동이용' 등이 있습니다. 최근 농촌중심지활성화사업의 하나로 커뮤니티 버스 운행이 포함됨에 따라, 점차 '서비스 기능 복합+맞춤형 교통수단 제공'을 패키지화하는 시도가 늘고 있습니다.

최근 등장한 사례로, 예산읍 시가지 진입부의 생활 서비스 복합 단지(복합문화복지센터: 현재 예산군 노인종합복지회관, 예산 군립도서관, 예산군 청소년수련관, 예산군 시니어클럽, 예산군 보훈회관 등이 입지함)와 예산군 내의 다른 읍면 소재지 간 셔틀버스 운영으로 이용자들의 이동 편의를 제공하는 방식이 있습니다. 예산군 복합문화센터에서는 두 가지 유형의 셔틀버스를 운영합니다. 예산군 청소년수련관은 예산읍 소재지를 화요일부터 금요일까지 오후 2회, 토요일에는 오전과 오후 각 2회씩 셔틀버스를 운영합니다. 예산군 노인종합복지회관에서는 11개 면 지역에서 주 1회 이용하도록 다섯 개 노선을 정했습니다. 월요일부터 금요일까지 오전과 오후 각 1회 운영합니다. 앞으로 농촌중심지활성화사업과 생활SOC복합사업 추진으로 더 많은 시설이 들어설 경우, 더 많은 지역을 대상으로 더 많은 횟수의 셔틀버스 운영이 가능할 것입니다.

전남 영광군 묘량면의 여민동락공동체는 거동이 불편한 어르신 등 '구매 난민'을 위해 탑차를 이용한 '동락점빵'을 이동식으로 운영하고 있습니다. 지역 주민들에게 다양한 생필품을 공급하고 수익은 다시 지역에 환원하는 구조입니다. 동락점빵은 2014년부터 사회적 협동조합으로 전환하여 매주 300명 정도의 주민을 만나며 농촌 공동체의 소통과 교류 역할을 하는 이동식 거점입니다. 이 방식은 하나의 이동수단에 다양한 공동체 활동 기능을 복합화할 수 있기 때문에, 고령화와 과소화가 심한 지역일수록 도입 필요성이 클 것입니다.

넷째, 도서 지역 주민의 교통 편의를 위해 여객선 운항과 농촌형 교통 모델을 결합하는 방식입니다. 신안군은 대중교통수단을 운행하지 않는 낙도 지역 주민에게 편의를 제공하고, 심야 시간 교통 사각지대 해소를 위해 농촌형 교통 모델인 '수요응답형 신안군 1004버스'를 운영합니다. '1004버스'는 여객선 야간 운행과 연계하고 있습니다. 그 결과 신안군 낙도 지역 주민의 의료·문화·복지 접근성 향상은 물론, 군민의 24시간 이동권까지 보장하여 농어촌 지역 주민의 정주 여건이 나아지고 있습니다. 도서 지역이 많은 충남 보령시 등에서는 신안군의 방식을 벤치마킹할 필요가 있습니다.

배후 마을 주민의 생활서비스 접근성 향상 방향과 정책 개선 과제

농촌 지역의 교통 접근성 개선을 위한 과제들은 다음과 같이 정리해 볼 수 있습니다.

첫째, 농어촌 지역의 교통 사각지대 해소를 위한 농촌형교통모델사업을 확대 추진하되, 근로 시간 단축에 따른 기존 버스 운행 축소를 고려해야 합니다.

둘째, 주민 주도형 교통모델사업의 조기 정착과 운영 효율성 강화를 위해 농림축산식품부와 국토교통부가 공통의 가이드라인을 개발하여 배포해야 합니다.

셋째, 노선 운행 효율화, 수요응답형과 노선운행형 혼합, 중장거리 교통 거점과 연계해 환승할 수 있는 대중교통 및 준대중교통 시스템 구축 등 다양한 운영 체계를 마련해야 합니다. 이는 지역 여건에 맞춰 운행 시간과 노선이 정해진 기존 대중교통 노선은 수지 균형을 이룰 수 있는 운행 구간 또는 운행에 따른 손실을 최소화할 수 있는 구간까지 운영하고, 그 이외 구간에서는 수요응답형 교통수단을 다양하게 도입함으로써 효율성을 높이기 위함입니다.

넷째, 농촌형 교통 모델 효율화를 위해 콜, 배차, 정산을 통합 관리하는 한국교통안전공단의 전산 시스템 보급을 확대해야 합니다. 나아가 농촌 지역 여건에 맞는 혁신적인 교통수단 운영 기술 개발을 위해, 관심 있는 지자체들은 과학기술정보통신부와 한국정보화진흥원이 매년 주관하는 'ICT 기반 공공서비스 촉진사업'에 공모하여 다양한 성과를 쌓고, 이를 토대로 일반화하여 전국으로 확산하도록 합니다.

다섯째, 농어촌 지역에서 자가용 자동차의 유상 운송을 허가하고 전세버스의 운행 계통을 정하도록 법규를 개정해야 합니다. 여객 자동차 운수사업법 시행규칙 제103조(자가용 자동차의 유상 운송 등의 허가요건)에 농어촌 지역 주민의 교통 편의를 위하여 교육청에서 운행하는 26인승 이상의 승합자동차를 추가합니다. 또 여객 자동차 운수사업법 시행령 제39조(자가용 자동차의 노선 운행 허가)에 교육청에서 운행하는 26인승 이상의 승합자동차가 농어촌 지역 주민의 교통 편의를 위해 수송하는 경우를 추가합니다. 이외에 일본의 '작은거점육성사업' 같이 교통 취약 지역에서 자가용 자동차 서비스 유상 제공을 허용하는 방식이 있습니다. 다만 우리나라 농촌에 도입하는 게 타당한지 평가하고 운영 기법과 제도 개발을 위해 농촌중심지활성화사업이나 기초생활거점육성사업 추진 지역을 대상으로 정책을 실험해 봐야 합니다.

여섯째, 생활 서비스가 주민을 찾아가는 전달 서비스를 활성화하는 방안을 다각적으로 모색해야 합니다. 찾아가는 서비스는 보건의료, 사회복지, 문화예술, 공동체활동 등 다양한 분야에서 원격지 주민, 신체적 약자, 교통 약자들에서부터 점차 그 대상을 확대해 가도록 합니다. 이를 위해서는 디지털 기술과 스마트 모빌리티 기술을 결합한 교통·전달 수단의 혁신과 함께 사회 서비스 전달 주체를 발굴하고 육성해야 합니다.

기존의 농촌 개발 과정에서는 주로 공간과 시설을 조성하고 정비하는 것이 주된 과제였습니다. 지금부터는 이러한 시설과 공간을 최적 활용하기 위해 주민들의 교통 접근성을 개선하고 찾아가는 서비스를 활성화하는 것이 가장 중요한 과제입니다.

면 거점 활성화와 무상 순환버스에 대한 고찰
옥천군 안남면 사례를 참고하여

황민호 《옥천신문》 대표

면의 역사적 · 사회적 의미

농촌의 가장 기본 단위는 '면'입니다. 예로부터 오일장이 서면서 자급과 자치를 동시에 경험하며 지역 사회를 구성한 '면'은 정서적 동일성을 지닙니다. 오일장은 오 일마다 열리는 축제였고 공론의 장이었습니다. 오일장에서는 필요한 물건을 교환하고 구입하며, 영화도 보고, 마당극도 보면서 맛난 것도 먹었습니다. 정해진 한날한시에 볼거리, 즐길거리, 먹을거리가 펼쳐졌다가 사라지는 마법 같은 '회합'의 날이었습니다. 남녀노소 할 것 없이 함께 어울렁더울렁 즐기는 흥겨운 '축제'이자 재밌는 '난장'이었습니다.

옥천 사람이라 하지 않고 안남 사람, 청산 사람, 이원 사람이라고 자연스레 입에 붙은 까닭은 같이 만나고 어우러지면서 생긴 공동체성이 스미고 번졌기 때문입니다. 시공간 경험을 공유하면 정서적 동일성이 쌓이고 공동체성이 강해집니다. 산과 강 그리고 들녘으로 자연스럽게 이루어진 '면'은 정기적인 장터와 상설화된 점포를 구심으로, 면 소재지 주변에 둘러싸인 마을들을 연결했습니다. 면은 사실상 자치 구역에 가까웠습니다.

1990년대에 두 번째로 부활한 자치제는 그래서 '시군 자치제'가 아닌 '읍면 자치제'로 해야 했습니다. 한 단계 높게 설정된 '체계'는 맞지 않는 헐거운 옷 같았습니다. 시군 자치제는 '생활 세계'의 빈틈을 채워 주지 못했습니다. 읍면 주민들은 남루한 삶을 이어가야 했습니다. 시군 자치제가 시작되면서 모든 것이 읍 중심으로 재편됐습니다. 면 소재지 구심은 급속하게 약해졌습니다. 면은 행정적으로 볼 때 자체 기획 기능이 거세된 채, 군의 정책을 단순 이행하는 기관으로 전락했습니다. 면은 스스로 삶을 돌보지 못했습니다. '식민지 총독부'처럼 실체가 없는, '군'의 하부 조직으로 간단히 편입되고 말았습니다.

면 단위에서 하는 정주 여건 개선 사업은 상수도나 도로 등의 건설 토목 인프라에 국한될 뿐이었고, 문화 · 교육 · 복지 등 삶의 인프라는 논외의 일로 치부되었습니다. 인구가 급속하게 줄면서 시장 자체가 형성되지 않자, 자본은 일찌감치 '철수'를 마쳤습니다. 인구가 줄자 빈집이 늘어났고, 이빨 빠진 옥수수처럼 시가지 자체가 무너지기 시작했습니다. 관공서들도 통폐합되면서 인구가 적은 면은 그것마저 빼앗겼습니다. 농협, 파출소, 우체국이 통폐합되어 격하되었습니다. 학교 · 보건진료소도 하나둘 문을 닫았죠. 이런 변화가 삶에 미치는 영향은 상당하나 어쩔 수 없는 시대적 흐름으로 받아들일 뿐이었습니다.

정부는 마을 단위, 권역 단위 사업을 시작했습니다. 이 사업은 농촌을 모르는 관료들의 탁상행정에서 비롯했기 때문에 마을과 마을 간의 갈등, 권역 안과 밖의 격차를 더 벌려놓았습니다. 삶터마저 경쟁하는 곳으로 내몰리게 했습니다. 선별적 지원과 엘리트 마을 육성의 기치를 내건 사업은 '잘난 놈 키우는 모델을 보여주고 사례를 만들자'는 것이었습니다. 이 방식은 사실상 지역공동체를 뭉개는 데 일조했습니다.

면 단위에 주목해야 합니다. 면장과 이장 중심의 면 단위 논의 구조를 새롭게 재편하고, 직접 민주주의의 중요한 토대인 '자치 구역'으로서의 설정을 고민해야 합니다. 이제 막 시작하려는 주민자치회가 기존의 주민자치위원회의 행태를 답습하지 않으려면 정밀하게 설계해야 합니다. 그렇지 않으면 이름만 바꾼 또 하나의 불필요한 옥상옥 구조가 되지 않을까 걱정스럽습니다. 읍면동장 주민 추천제도 하나의 선택지로, '대장'이 없는 주민평의회 방식을 고민해야 합니다.

면 소재지 거점 육성 사업(중심지활성화사업과 기초생활거점육성사업)을 통해 최소한의 인프라인 도서관 · 어린이집 · 약국 · 목욕탕 · 복지관 · 작은 영화관 · 평생교육 시설 등 다양한 문화 · 교육 · 보건 · 복지 시설을 공공에서 지원하여 만들고, 주민들이 직접 운영하는 방식으로 설계해야 합니다. 면 소재지가 구심 역할을 회복하는 것이 중요합니다. 면 소재지가 살아나면 마을에 활력이 돋고, 마을 사람들의 접촉이 활발해지면서 면 단위 공론이 살아나기 시작합니다. 면에 주목해야하는 이유입니다.

면이 무너지면 농촌은 급속하게 쇠락의 길로 접어들 것입니다. 그 바로미터가 학교입니다. 아직 1면 1교 원칙을 고수하고는 있지만, 불과 10년 안에 '1면 1교 정책'의 근간이 흔들리는 것은 시간 문제입니다. 초등학교가 폐교되면 면 단위는 사실상 소멸합니다. 사막화가 진행되는 것입니다. 지속할 수 있는 사회가 아닌, 노인들만 모여 사는 곳이 될 수 있습니다. 그렇게 면이 쇠락하고 읍만 살아남는다면, 읍에서 출퇴근하는 농민이 늘어날 것입니다. 면 단위 초중고등학교는 물론 각종 편의 시설이 없어질 것이며, 어르신들이 쉴 수 있는 작은 복지관 정도만 존속될 가능성이 높습니다. 그것이 과연 바람직한가 묻고 싶습니다.

농촌의 오래된 전통과 문화가 순식간에 소멸하는 것을 아무렇지 않게, 무방비 상태로 지켜보는 현실이 안타깝습니다. "어쩔 수 있나, 대책이 있나?"라고 묻거나 "그렇게 될 수밖에 없다"라고 낙담하기 전에, 우리는 농촌을 지탱해 온 보이지 않는 공동체성이 무너진다는 의미를 성찰해야 합니다. 농촌은 농산물을 생산하는 단순 생산 기지가 아니라 오래된 삶의 공간입니다. 도시에서는 농촌을 농산물 공급지와 체험지 이상으로 바라보지 않겠지만, 농촌은 유구한 삶의 전통을 이어 온 사람이 사는 근간입니다. 이것이 무너져 버린다면 소농은 쇠락하고 대농과 기업농, 유리온실 등의 기술농이 판을 칠 것입니다. 논과 들, 산과 강에 대한 인문학적 사고가 거세된 채 자본으로 점철된 농업과 농촌은 그 자체로 암울합니다.

공동체성과 이동권의 상관관계

사람은 관계를 통해 사회를 형성하면서 자족감을 느끼며 살아가는 동물입니다. 관계의 다양성과 일상성, 그리고 항상성과 지속성은 삶의 질에 많은 영향을 끼칩니다. 성장하면서 마을만으로는 관계가 폐쇄적이고 한계가 분명해 답답함을 느끼게 되죠. 그런 한계는 마을보다 조금 거리가 멀지만 익숙하게 만나는 읍면 공동체의 관계가 틔워 줍니다. 관계의 순환과 다양성을 담보하면서 숨쉴 구멍을 만들어 주는 것입니다.

가족공동체, 마을공동체, 지역공동체로 조금씩 확장되는 관계는 정신 성장에도 많은 영향을 줍니다. 안남면 지수리 수동마을에 사는 친구는 유치원에 들어가면서 수동마을에서 안남면으로 정체성이 확장되고, 안내중학교에 입학하면서 안남면과 안내면 인근 면까지 관계가 확장됩니다. 옥천읍에 있는 고등학교에 진학하면서 옥천의 정체성을 조금씩 넓게 갖게 되죠. 초중학교 다니면서 만나는 관계들은 한참 성장기에 자전거와 버스를 타면 언제든 만날 수 있는 관계라 조금 더 깊고 가까워집니다. 자전거로 20분 이내, 자동차로 10분 이내의 거리는 뭔가 긴밀하게 가볼 만한 거리의 정서적인 선으로 공동체성을 강화합니다. 맘만 먹으면 자주 만날 수 있는 거리라는 말입니다. 하지만 고등학교에 진학하면서 버스는 이동의 자유와 동시에 결핍의 대상이 됩니다. 고등학교에서 만난 친구들과 오랜 시간 동안 이야기를 나누고 싶어도 빌어먹을 막차 시간 때문에 저녁 7시면 이야기를 황급하게 끝내야 합니다. 답답한 익명성을 벗어나고자 청소년기에는 군 단위 관계에 천착하지만, 답답한 대중교통이 이들의 발목을 잡는 것입니다.

면이나 군으로 나아갈수록 위계의 자장은 약화되기도 강화되기도 합니다. 기득권의 연결 네트워크는 쉽사리 그 틈을 보이지 않는 것도 사실입니다. 그래서 사람에게는 가까운 거리뿐만 아니라 중거리, 장거리의 관계가 필요합니다. 관계의 빈틈을 서로 다른 분야에서 메워 주며 내적 성숙과 위로를 받게 하기 때문입니다. 농촌에서는 비교적 군 단위가 그런 자장이 덜할 수 있지만 반드시 그렇지만은 않습니다. 관계의 확장은 권력에 따라 그 규모가 좌지우지되기도 합니다. 돈 많고 힘 있고 배운 사람들은 평판 자본을 쉽게 얻음으로써 관계을 확장시키기가 비교적 쉽습니다. 일단 이들은 가장 기본이 되는 이동이 편하고 자유롭습니다. 그리고 수많은 만남과 관계를 지속하는 데 들어가는 비용에 신경 쓰지 않다 보니 정말 다양한 만남을 오래 지속할 수 있습니다. 관계에도 많은 비용이 들어갑니다. 수많은 경조사 비용은 가장 기본적인 것이죠.

자가용이 없는 사람들은 아무래도 관계를 확장시키기가 어려울 수밖에 없습니다. 일단 만남이 쉽지 않기 때문입니다. 특히 농촌은 대중교통이 열악하기 때문에 버스 기다리는 시간뿐만 아니라, 정류장이 많아 이동 시간도 담보할 수 없기 때문에 만남 자체가 어렵습니다. 자가용의 유무는 사회적 약자를 가르는 어떤 선이기도 합니다. 농촌의 버스 배차와 정류장이 엉망인 이유는 이들의 목소리가 공론장의 메뉴로 쉬이 오르지 않기 때문입니다. 돈 많은 사람이나, 힘 있는 사람이나, 배운 사람이나 체감하지 않으니 문제의식을 가질 리 만무하고 대상화하며 가끔 인상 비평으로 이야기하는 수준을 벗어나지 못합니다.

일정 부분 관계의 확장은 기본권입니다. 이동권은 바로 관계의 확장뿐만 아니라 견문을 넓힐 수 있는 시야의 확장에도 필수적인 요소입니다. 공동체성의 자장에서 벗어나 공공성을 싹 틔울 수 있는 거리, 물리적 거리와 정서적 거리의 교집합, 일상성과 항상성, 지속성과 다양성을 열어 주는 공간이 필요합니다. 공동체성이 강화되면 강화될수록 안팎의 문제에 대해 기득권의 논리가 내재화되는 경우를 종종 봤습니다. 공동체성과 공공성은 균형을 유지해야 하고 교집합이 커지면 커질수록 집단과 조직은 성장합니다. 농촌에서 공공성의 장, 공론장을 유지하기란 참으로 어렵습니다. 지연, 혈연, 학연 등이 거미줄처럼 펼쳐진 곳에서 그 지뢰밭을 벗어나기는 어지간한 강단으로 쉽지 않습니다. 그래서 학을 떼고 튕겨져 나오는 사람들이 자주 보입니다. 오히려 그 연들을 긍정적으로 작동하게 만들어 자유롭게 노닐 수 있는 내공이 필요합니다.

어쨌든 그런 관계망의 무기를 장착하기 위해서는 이동권이 필수입니다. 버스를 기다리는 시간 동안 정류장에서 이야기꽃을 피우면서 관계를 맺고, 버스를 같이 타면서 또 이야기를 나눕니다. 같은 버스를 타는 동질감은 무언가 끈끈함을 안겨 줍니다. 사회적 관계의 시작은 버스를 타면서 시작된다고 해도 지나치지 않습니다. 공공체성과 공공성을 꽃 피울 수 있는 가장 기본적인 장소이고 이동수단임에도 불구하고 사회가 대접하는 수준은 배고픈 사람한테 떡 하나 던져 주는 수준입니다. 더 큰 문제는 이용의 편의성을 떠나 버스를 타는 비용과 시간은 중심에서 멀어지는 사람일수록 과도하게 전가된다는 점입니다.

무상교통이 반드시 되어야 하는 이유는 뒤에 다시 말하겠지만, 공정하지 못하기 때문입니다. 중심에서 멀어지는 사람에게 시간과 비용마저 앗아가기 때문입니다. 그렇기 때문에 중심에 있는 공공 서비스 시설을 이용하는 주민들에게는 무상교통이 해결책이 아니라, 오고가는 시간에 대한 비용까지 추가로 지급해 줘야 평형이 맞습니다. 무상교통은 당연한 것이고, 거리에 따라 걸리는 비용에 대한 사회적 지불이 있어야 한다는 말입니다. 똑같이 세금을 내는데 거리상으로 시간과 비용이 더 들어가는 것은 명백한 차별입니다. 변방은 더 변방일 수밖에 없으며 약자는 더 약자로 전락하게 됩니다. 부동산 가격을 그렇게 조장하며 삶의 층고를 더 벌리게 되는 것입니다.

그래서 무상교통만으로는 해답이 될 수 없습니다. 무상교통을 넘어 시간에 대한 비용을 상쇄할 수 있는 대책이 필요합니다. 도로만 넓힐 것이 아니라 대중교통에 대한 혁신이 필요합니다. 이는 인구가 줄어드는 데 차량 댓수는 오히려 늘어나는 농촌 지역의 기막힌 마술 같은 현상에 대한 새로운 해법이 될 수 있습니다. 거대한 전환이 될 수 있습니다. 고령화 비율이 30%를 웃도는 사회적 약자가 기본으로 깔려 있는 농촌 지역의 대중교통 혁신은 새로운 공공성의 기틀이 될 것입니다. 버스와 자전거의 연계가 필요하고, 도로의 주인은 버스와 자전거로 바뀌어야 합니다. 자전거를 도로 한 귀퉁이나 인도로 내몰고 인도로 다녀야 하는 전동차는 차도로 내몰아 농촌의 도로는 사실 아연실색할 정도로 위험천만합니다.

도로의 정의를 찾고 환경을 고민한다면 지금의 시스템으로는 답이 나오지 않습니다. 대중교통의 편의성을 높여 숨 쉬는 공기처럼 일체감을 갖게 해야 합니다. 도로는 건강한 피가 흐르는 혈관입니다. 기름때 찌든 자동차 대수를 무작정 늘리는 것은 사회적 책임의 방기입니다. 분명한 목표와 지향을 설정해야 합니다. 무조건 도로는 넓히고 보는, 토건 쪽에 예산을 몰아주는 개발 방식은 이제 폐기해야 합니다. 그동안 자유롭고 편리한 이동권은 자본의 전유물이었습니다. 이제 평등하고 정의로운 이동권을 회복할 시간입니다. 정서적 거리의 생활권에 공공 서비스를 확충하고, 이 생활권을 강화하며 공론장을 쉽게 열 수 있는 마을 순환버스를 누구나 탈 수 있는 무상으로 운영해야 합니다. 비용과 시설이 더 이상 문턱이 되어서는 안 됩니다. 면과 읍을 연결하는 간선 체계를 확충하여 쉬이 이동할 수 있도록 해야 합니다. '관광'이 아닌 '관계'를 만드는 이동은 무상이어야 합니다. 무상을 넘어 새로운 대책이 필요합니다.

시내버스는 면 자치를 약화하는 주범이었다

서설이 길었습니다. 면의 기능을 약화한 가장 주된 이유 중 하나는 시군 자치제와 더불어 '시내버스'였습니다. 시군 자치제를 시작하면서 읍에는 어마어마한 인프라가 조성됐습니다. 모든 예산이 읍에 집중됐죠. 읍에는 인구가 많고 공공 편의 시설과 상업 시설이 있습니다. 이농은 도시로의 급격한 이동이 아니라, 면 단위 사람이 읍에서 한참 머물다 빠져나가는 방식으로 이뤄졌습니다. 모든 것이 읍 중심으로 재편되면서 면 소재지는 약화됐습니다. 읍 중심으로 재편된 시내버스는 열심히 면민들을 실어 날랐습니다. 버스를 한 번 타면 읍까지 갈 수 있게 되면서 면 소재지에 내릴 필요가 없어졌습니다. 읍에는 다양하고 값싼 물건들이 즐비하고, 볼 것도 많으며, 여러 가지 물건을 한꺼번에 살 수 있는 상설 시장과 공공 기관과 편의 시설이 있습니다. 그런 읍으로 시내버스는 열심히 사람들을 태우고 갔습니다. 안남 배바우장이 사라진 이유에 대해 할머니들은 말했습니다. 다 시내버스 때문이라고요. 옥천장이 배바우장보다 풍성했기 때문에 그리로 사람이 몰리는 것은 당연했습니다. 안남면 12개 마을을 동그랗게 순환하는 형태가 아닌, 읍과 마을을 직선으로 잇는 형태의 시내버스는 면의 구심을 약화했습니다.

무상 마을순환버스가 필요한 이유

공평하지 않습니다. 중심에 사는 혜택과 변방에 살면서 느끼는 불편은 하늘과 땅 차이입니다. 이는 나라가 본질적으로 잘못 설계되어 있다는 데 기인합니다. 세금은 동등하게 내는데 왜 변방에 살수록 공공 서비스에 대한 불편이 모두 개인에게 돌아갈까요? 서울과 지방으로 구분하지 않아도, 조그만 면 단위에서도 면 소재지와 소재지에서 가장 멀리 떨어진 마을과의 서비스 격차는 너무나 큽니다. 읍 인근에 사는 주민과 면 끄트머리 마을에 사는 주민을 비교해 보면 그 차이는 또 엄청납니다. 대전 시내나 서울 시내와 비교하면 더할 것입니다.

옥천의 경우를 봅시다. 체육센터, 수영장, 작은 영화관, 문화예술회관, 청소년 수련관, 생활체육관, 공설운동장, 문화원, 평생학습원, 도서관 등이 밀집한 읍내의 하늘빛아파트, 진달래아파트, 세림빌라 등에 사는 주민들과 그것들이 하나도 없는 청산면 명티리에 사는 주민들의 삶의 격차는 어마어마합니다. 명티리 주민이 공공 예산으로 지어진 이 시설들을 이용하려면 최소한 버스를 두 번 이상 타야 하는데, 기다리는 시간까지 하면 보통 두 시간가량 넘게 걸립니다. 버스 시간을 잘 맞춘다면 그나마 시간을 줄일 수 있지만, 여의치가 않습니다. 어디 시간뿐일까요. 부담하는 비용은 왜 변방에 사는 주민들에게 고스란히 전가되는지요? 왜 이런 불평등함이 아무렇지 않게 유지되고 있을까요? 시간도 더 들고 비용도 더 드는 지역에 과연 누가 살까요? 애당초 농촌은 변방에 사는 사람들이 오래 버티지 못하도록 설계되어 있습니다.

그래서 정서적 일체감을 느끼고 물리적 거리감을 줄일 수 있는 면 단위 거점이 필요합니다. 면 소재지 활성화가 필요한 이유입니다. 활성화를 위해서는, 면 소재지에 읍의 공공 시설과 유사한 기능을 하는 인프라를 규모에 맞게 구축하고, 무상

순환버스를 운행해야 합니다. 그러면 이동 시간이 줄고 비용 부담도 없으니 불평등함을 개선할 수 있습니다. 이는 공공성을 생각하면 마땅히 귀결되는 지점입니다. 그러면 흩어졌던 면 단위 구심이 강화되며 공동체성이 살아날 것입니다.

군이 읍까지 갈 필요 없이 무상 순환버스를 타고 면 소재지에 도착해서 웬만한 서비스를 이용할 수 있다면 삶의 질이 확 달라질 것입니다. 그러기 위해서는 면 단위에 최소한 영화관, 체육관, 수영장, 복지관, 평생학습원, 작은 도서관, 공공 목욕탕 등을 두어야 합니다. 사람이 작다고 눈 코 입이 없지 않습니다. 시골에 산다고 기본적인 욕구가 없지 않습니다. 영화와 뮤지컬을 보고 싶은 욕구가 있고, 수영하고 싶고, 비가 내려도 운동하고 싶은 욕구가 있습니다.

면 단위 무상 순환버스를 운영하면 주민들도 대중교통을 수시로 이용할 것입니다. 군이 자동차를 타거나 살 필요가 없습니다. 무상 순환버스를 한 시간 이하 간격으로 지속해서 운행한다면 버스 이용률이 한결 높아질 것입니다. 농촌의 가장 기본 단위인 면 단위가 활성화되길 희망합니다. 그렇게 된다면 그 옛날 동학농민혁명의 자치 조직이던 집강소가 농촌 곳곳에서 부활할 것입니다. 그렇게 우리는 일어서야 합니다.

도서관과 무상 마을순환버스 패키지를 실현한 안남면의 사례

안남면 주민들은 시군 자치제의 허실과 시내버스의 구조적 문제를 간파하고, 이를 스스로 해결했습니다. '금강수계주민지원사업'의 일환으로 면 단위 사업을 논의할 때 가장 먼저 나온 제안이 바로 마을버스였습니다.

안남면 주민들은 2006년 이장 협의회에서 기존 마을 단위와 가구별로 배분되던 주민지원사업비 일부를 면으로 모아 공동 기금으로 쓰자고 결의했습니다. 또 이를 논의하기 위한 구조로 '지역발전위원회'라는 새로운 기구를 만들었습니다. 이는 후에 '사단법인안남지역공동체'로 진화합니다. 정부가 시작하려는 주민자치회의 성격을, 이미 10여 년 앞서 주민들이 만든 것입니다. 스스로 주민 예산을 만들어 내고 공론의 장을 펼친 보기 드문 자치 사례입니다.

그 첫 번째 사업으로 안남면의 미래를 농업과 농촌 분야로 나눠 계획했습니다. 이 계획으로 농림축산식품부 농촌마을종합개발사업에 선정되어 40억 원 가량을 지원받았습니다. 이 사업은 원래 인근 3~6개 마을이 추진하는 권역 단위 사업입니다. 하지만 안남면은 시작부터 면 전체로 논의했기 때문에 면 전체 주민들이 혜택을 받는 사업 위주로 구성했습니다. 배바우도농교류센터를 만들고, 배바우장터를 다시 열고, 《배바우신문》이 월간지로 발행된 것도 이 사업 때문에 가능한 일이었습니다.

마을순환버스가 주민들의 마음을 하나로 모았습니다. 안남면 12개 마을을 계속 순환하는 마을버스를 만들자는 제안에 모두가 동감했습니다. 마을순환버스는 2007년 11월 말부터 2008년 1월 말까지 진행한 '안남면의 숨은 보물찾기'를 통해 주민들 아이디어를 받은 결과, 가장 많이 나온 제안이었습니다. 실제로 안남어머니학교 학생들이 제안한 46건 중 절반이 넘는 26건이 마을순환버스를 꼽았습니다. 배바우작은도서관을 이용하는 어린이들이 제안한 71개 아이디어 중 가장 많이 꼽힌 것도 마을순환버스(12건)였습니다.

안남면의 대표 논의 구조인 안남면지역발전위원회는 2008년 1월 17일에 회의를 열었습니다. 그 자리에서 2008년 대단위 주민지원사업으로 마을순환버스 운영 사업을 결정했습니다. 당시 안건을 살펴보면 총 사업비 9,000만 원으로 25인승 콤비버스를 사는 비용 5,000만 원, 차량 도색 비용 300만 원, 기사 인건비 2,000만 원, 유류비 1,400만 원, 차량 등록과 보험료 100만 원, 수리 유지비 200만 원 정도를 책정했습니다. 운영 사업은 1월에 결정했지만, 실행 단계까지는 시간이 많이 걸렸습니다.

일단 옥천군과 옥천버스가 '절대 반대'했고, 주민지원사업비를 집행하는 금강유역환경청도 한 발짝 뒤로 물러섰습니다. 옥천버스 측은 안남면에서 마을버스를 자체적으로 운행한다면, 안남면으로 가는 시내버스 노선을 끊겠다는 말을 서슴없이 내뱉었습니다. 농촌 버스가 안 그래도 적자인 와중에, 별도로 마을버스를 만들면 옥천버스에도 타격이 있을 뿐더러, 기존 시내버스 체계를 교란할 수 있다는 것이 군과 버스회사 측의 입장이었습니다.

주민들은 이런 반대에도 불구하고 방법을 모색했습니다. 군수 면담을 하고 서명 운동도 하며 사업을 계속 추진하고자 했습니다. 그중에 절묘한 수로 나온 것이 바로 도서관 셔틀버스였습니다. 주민들은 지혜를 짜내 마을순환버스 사업을 운송사업법에 걸리지 않는 도서관 셔틀버스 사업으로 전환하기로 했습니다. 옥천군과 옥천버스의 반대를 슬기롭게 비껴간 것입니다.

각 마을 이장들을 중심으로 600여 명 주민들의 서명을 받았습니다. 그리고 옥천군에 운영비 지원을 당당히 요구했습니다. 버스는 2009년 6월 1일 오전 11시, 안남면사무소 앞 주차장에서 고사를 지내고 본격적으로 운영되었습니다. 도서관 셔틀버스는 '여객자동차운송사업법 82조'에 따라 예외 규정으로 운행이 가능했고, 자치단체의 예산 지원을 받을 수 있었습니다. 주민들의 계속되는 요구로 2010년부터 버스기사 인건비와 운영비 등 연간 3,000만 원가량의 예산을 지원받게 됩니다.

당초는 월요일부터 토요일까지 아침 8시부터 저녁 6시까지 운행했지만, 주5일제가 본격화되면서 지금은 토요일에는 운행하지 않습니다. 오전 8시, 9시, 10시, 11시, 오후 2시, 3시, 4시, 5시, 6시 등 총 9회 운행합니다. 도서관 셔틀버스는 안남 주민들의 발이 되었습니다. 더구나 무상입니다. 군에서 추가 예산을 지원해 기사를 한 사람 더 채용해 토요일과 일요일에도 운행할 수 있다면 금상첨화이며 안정적으로 운영할 수 있을 것입니다. 1년 365일 운영하는 마을순환버스는 마을의 대동맥이자 실핏줄로서 큰 역할을 할 것입니다. 주민들의 당연한 이동권을 보장하는 것입니다.

도서관 버스라 돈을 받을 수 없기 때문에 한마디로 '거짓말 같은' 무상버스가 실현된 셈입니다. 이는 면 소재지 활성화에 도움이 됐습니다. 당장 이 서비스의 혜택을 누린 사람은 사회적 약자였습니다. 안남초등학교 학생들은 도서관에 와서 실컷 놀아도 버스가 공짜로 집까지 데려다 줬습니다. 안남 어머니학교 학생들도 마을순환버스를 자연스럽게 이용했습니다. 주민들은 도서관 버스를 '우리 버스'라는 느낌으로 편안하게 탔습니다.

무상버스 사업이 '퍼주기, 포퓰리즘' 공약이라는 말을 합니다. 하지만 이는 엄연한 이동권의 보장입니다. 앞서 말했듯이, 공공 예산으로 지어진 공적 서비스를 그나마 동등하게 이용하기 위한 최소한의 수단입니다. 중심에서 멀리 산다고 시간과 비용을 들이는 불편을 감수해야 한다면, 변방에 사는 사람은 차별받는다고 느낄 것입니다. 공정과 평등에 비춰볼 때도 이는 맞지 않습니다. 들이는 시간은 어쩔 수 없다 하더라도 비용만큼은 내지 않는 것이 당연합니다.

마을순환버스는 환경적 측면뿐 아니라 공동체성을 강화하고 당연한 이동권을 보장한다는 면에서도 반드시 필요합니다. 여기서 우리는 생활권을 고찰해야 합니다. 마을순환버스가 어디를 순환할 것인가에 대해 고민하려면, 정서적 생활권을 충분히 고려해야만 합니다. 그런 의미에서 안남면의 사례가 소중합니다. 면 지역에 마을순환버스의 종점이 되는 마을 도서관이 있고, 도서관 셔틀버스가 마을순환버스 구실을 할 수 있다면, 마을순환버스 사업은 어렵지 않게 실행할 수 있습니다. 버스를 타는 사람이 도서관에 가네 마네 하는 논쟁, 이런 버스에 예산 지원을 하네 마네 하는 논쟁은 참으로 불필요합니다. 도서관에 가든 안 가든 도서관 버스를 이용하는 그 자체가 충분히 공익에 부합합니다. 그래서 제안합니다. 최소 면 지역이라면 안남면 배바우작은도서관 같은 마을 도서관이 있어야 하고, 그와 함께 무상 마을순환버스를 패키지로 운영해야 합니다. 농촌의 삶의 질이 달라질 것입니다.

2부

마을의 미래,
새로운 주체와 조직
만들기

마을교육공동체

마을의 후계자

읍면과 행정리

2부

마을의 미래, 새로운 주체와 조직 만들기

마을교육공동체 학교와 마을은 어떻게 만날까?

마을의 후계자 누가 마을을 이어 갈 것인가?

읍면과 행정리 주민자치회 전환과 직접민주주의

마을 안에 있는 학교, 학교 밖에 있는 마을

김정섭 한국농촌경제연구원 선임연구위원

인구 문제와 농촌 지역사회 문제, 그 연결 고리인 학교

인구는 농촌 지역사회 문제의 출발점이자 종착지입니다. 경제 활동이 위축되고 농촌에서 사람들 사이의 각종 관계나 공동의 활동이 약해지고 줄어드는 것은 인구 감소의 당연한 결과입니다. 공업화 중심의 압축 성장과 맞물려 이촌탈농(移村脫農)이 시작된 때가 반세기 전의 일입니다. 농가 인구 중 상당수가 농촌을 떠났습니다. 시골 학교에서 공부 잘한다는 학생들부터 상급 학교 진학을 위해 도시로 나갔습니다. 농가 구성원은 농업 생산자일 뿐만 아니라, 농촌 지역 경제와 사회 서비스의 주요 소비자이기도 합니다. 그런데 그 수가 줄면서 농촌 주민의 삶의 질은 더 악화되었습니다. 삶의 질이 악화된 곳에서 저절로 인구가 늘기를 기대할 수는 없습니다. 이 같은 악순환 구조의 한복판에 놓여 있는 것이 학교입니다. 그래서 농촌 지역사회가 처한 여러 문제를 극복하려는 노력이 마을에 있는 학교에 초점을 맞추는 것은 자연스럽습니다.

며칠 전, 전라남도의 어느 농촌 지역인 ○○면에 다녀왔습니다. ○○면의 거주

인구는 1,800명을 조금 넘습니다. 전국 1,200여 개 면 지역의 평균 인구는 4,000명쯤 되니, ○○면은 인구가 심하게 줄어든 곳입니다. 면사무소 소재지에는 구멍가게 하나 없습니다. 생필품을 사려면 군청 소재지까지 가야 합니다. 주민 대다수는 승용차가 없거나 운전을 할 수 없는 어르신들이어서, 이만저만 불편한 게 아닙니다. 그래서 몇 년 전에는 주민들이 스스로 협동조합을 만들어 주민들에게 생필품을 공급하고 있습니다. 면소재지에 매장을 하나 두고, 탑차를 마련해 생필품을 싣고 마을을 돌면서 주민에게 판매합니다. 면 지역 전체 900세대 중 300세대 이상이 이 협동조합에 조합원으로 가입했고, 1년 매출이 많을 때는 5억 원을 넘는다고 하니, 놀라운 일입니다.

이 협동조합 활동이 있기 전에는, ○○면에 하나밖에 없는 초등학교 폐교를 막으려고 주민들이 10년 넘게 줄기차게 노력했습니다. 당시 학생이 12명밖에 남지 않은 상황이었습니다. 백방으로 노력해 지금은 79명이 되었고, 유치원생도 여러명이라고 합니다. 마을만들기 활동의 특수한 성공 사례라고 할지 모르겠지만, ○○면 지역사회가 처한 상황 자체는 그리 드문 일이 아닙니다. 한국 농촌 여러곳에서 자주 엿볼 수 있는 풍경입니다.

문 닫는 학교, 농촌 해체의 표현

'폐교', 학교가 문을 닫는 것은 오래 전에는 비상한 일이었습니다. 갑작스런 특별한 사건 때문에, 가령 댐이 건설되면서 지역 전체가 수몰되거나, 사립학교 재단에 분규가 발생하거나, 학교 경영이 파행에 이르는 따위의 문제로 부득이하게 일어나는 일이었습니다. 그런데 요즘은 그렇지 않습니다. 폐교가 하도 많아서 익숙하게 느끼는 사람도 있을 터입니다. 일상다반사라고 해야 할까요?

‘폐교’라는 열쇳말로 1979년부터 현재까지의 신문 기사를 검색해 보았습니다. ‘폐교’라는 말이 신문에 등장하기 시작한 때는 1980년대 후반부터입니다. 농촌 인구가 줄어 학교가 문을 닫는 사태, 요즘 흔히 보는 ‘폐교’ 현상이 시작된 때도 이 무렵입니다.

> 이농 현상과 가족 계획 실천으로 해가 갈수록 농촌의 취학 아동이 줄고 있는 가운데 장수교육청 관내에서 2개 본교가 분교로 격하된 데 이어 89년도에는 2개 분교를 폐교키로 했다. 장수군 교육청에 따르면 덕산국교와 사암국교 등 2개 본교가 분교로 격하된 데 이어 89학년도 신학기부터는 연평국교 연화분교와 명덕국교 덕격분교 등 2개 분교가 폐교됨으로써 본교 23개교와 7개 분교로 줄어들었다. 89년도 신학기부터 폐교되는 연화분교 재학생 25명은 버스를 이용 연평국교인 본교로 편입 통학하고 덕격분교 재학생 4명에 대해서는 명덕국교 본교로 편입시켜 버스비를 지원키로 됐다. –《전북일보》, 1988년 12월 9일자.

　교육부가 운영하는 지방교육재정알리미 홈페이지(http://eduinfo.go.kr)에는 아예 ‘폐교 정보’라는 이름의 메뉴가 버젓이 있을 정도입니다. 2019년 3월 1일 기준으로 전국에 폐교된 학교가 3,819곳입니다. 물론 거의 대부분은 농촌에 있습니다. 이쯤 되면, 폐교는 어쩌다가 일어나는 안타까운 일이 아닙니다. ‘농촌 인구가 줄어들고 고령화되니 폐교는 불가피하고 자연스러운 일이다’라는 세간의 인식을 반영하는 듯, 이 홈페이지에는 아예 폐교를 매각 폐교(2,339개), 보유 폐교(활용 폐교, 미활용 폐교), 보유 폐교 대장 가격 등의 정보를 소상히 정돈해 보여 줍니다. 정부가 학교 현황을 공개하는 것 자체야 나무랄 일이 아니지만, 왠지 낯 뜨거운 일이라는 생각이 듭니다.

　“풍경이 기원을 은폐한다”(가라타니 고진, 『일본 근대문학의 기원』 제1장, 도서출판b, 2010년)는 유명한 말이 있습니다. 패러디하자면, 폐교의 풍경을 자연스럽게 여기는 사이에 농촌 지역사회 붕괴의 기원이 은폐되는 건 아닐까요? 다시 말하자면, 농촌에 인구가 줄어드니 학교 수가 줄어드는 것은 자연스럽다는 인식이 만연한데, 실은 그런 인식이 무언가를 은폐한 결과로 형성되는 것 아니냐는 혐의를 두게 됩니다. 농촌에 인구가 줄어드는 것은 결코 자연스러운 일이 아닙니다. 게다가 지역의 인구가 줄면 학교도 사라질 수밖에 없다는 인식 또한 자연스러운 일이 아닙니다. 우리는 '자연스러운 일'이라고 믿는 것에 대해서 '왜 그럴까?'라는 물음을 던지지 않습니다. 왜냐고 질문을 던지지 않는 사이에, 농촌 학교는 결코 자연스럽지 않은 방식으로 사라지고 있습니다. 숱하게 폐교되는 농촌 학교를 보면서, 당연히, '학교 없음' 상태가 농촌 지역공동체에 어떤 영향을 가져오게 될지를 생각하지 않을 수 없습니다. 다른 한편으로는 폐교의 기원인 농촌 지역사회 붕괴 현상, 그 자체에 대해서 이래도 괜찮은 것인지 따져 묻고 대안을 찾지 않을 수 없습니다.

쉽지 않겠지만 해결해야 할 첫 번째 과제는 폐교 정책에 제동을 거는 농촌 주민의 정치적 힘을 확대하는 일입니다. 앞서 말씀드린 것처럼, 폐교는 결코 자연스럽거나 기계적인 과정의 산물이 아닙니다. 정치적 선택의 결과입니다.

두 번째 과제는 농촌 지역사회가 학교의 교육 내용에 대해 관여하는 일입니다. 인문계든 실업계든 관계없이 고등학생의 85%가 대학에 진학합니다. 어찌되었든 대학에 가기는 다 간다는 것이지요. 그러나 비싼 등록금을 내고 대학을 나와도 청년 백수로 남습니다. 농촌에 있는 학교에서는 무엇을 가르쳐야 할까요?

세 번째 과제는 지역사회와 학교의 관계를 회복하는 일입니다. 농촌 마을에서 섬처럼 고립된 학교는 오래갈 수 없고, 학교가 없는 마을도 지속되기 어렵습니다. 예전에 그랬듯이 학교는 지역사회 관계망의 구심점으로 기능할 수 있어야 합니다. 그 관계망 안에서 아이들을 학교와 지역사회가 함께 돌보아야 합니다. 그런 의미에서 요즘 몇몇 농촌 지역에서 실천하는 '마을교육공동체 운동'은 눈여겨보아야 할 현상입니다.

마지막으로, 이런저런 노력이 모두 실패하는 상황, 즉 '백약이 무효'이거나 '교육 정책 당국의 폐쇄성'을 전혀 극복할 수 없는 상황에 이른다면, 농촌 지역사회는 스스로 학교를 만들어야 할지도 모르겠습니다. 비록 교육 당국의 인가를 받지 못하더라도, 농촌에 사는 학생들에게 적절한 교육을 제공하면서 농촌 지역사회에 열린 학교를 '스스로' 만들고 운영해야 하는지도 모르겠습니다.

마을만들기의 관점에서 바라보는 마을교육공동체 운동

'마을교육공동체'라는 말 뒤에 운동, 실천, 사업 등의 단어가 붙은 채 전국을 유행합니다. 이런 활동을 두고 이해하는 바가 사람에 따라 기관이나 단체에 따라 다릅니다. 혹자는 전국의 각급 학교에서 1조 수천 억 원의 예산을 들여 시행하는 '방과후 학교 프로그램'이 '마을교육공동체 사업'과 무엇이 다르냐고 문제를 제기하기도 합니다. 교사들 중에는 '교육'은 자신들의 전문 직능 영역인데 마을 주민들이 침범하는 것 아니냐는 우려 속에서, 적당히 역할을 구분해 주어진 업무를 수행하고 끝나는 것으로 봉합하려 합니다. 그럼으로써 마을교육공동체 실천이 지닌 확장 가능성을 차단합니다.

'마을교육공동체'가 무엇이냐, '마을교육공동체'를 이루려는 실천의 근본적인 목적이 무엇이냐 등등의 여러 질문에 대한 정답이 제출되지는 않은 상태입니다. 앞으로도 끝없이 논쟁이 이루어질 테고, 그래야 하겠습니다. 그럼에도 지금 분명히 말할 수 있는 것은, '마을교육공동체' 실천이 학생들의 머릿속에 국어, 영어, 수

학 외에 '마을'에 관한 어떤 지식을 추가로 주입시키려는 그런 시도일 수는 없다는 점입니다. "마을이 학교다"라는 말로 그 의미를 집약할 수 있다면, '마을교육공동체' 실천은 학교뿐만 아니라 학교 밖 마을 안 여러 곳을 학생들이 생활하고 배우는 장소로 가꾸는 일이어야 할 것입니다. 그렇다면 이것은 '마을만들기'의 한 부분이라고도 하겠습니다.

아직 농촌에서는 학교가 '내 자식 잘되라고 보내는 곳' 이상의 의미를 지닙니다. 학교는 여전히 지역사회의 공동 자산으로 인식됩니다. 제가 졸업한 고등학교가 인근의 신도시로 이전했습니다. 사실상, 학교를 없애고 새로 만드는 것과 다름없는 일이었습니다. "ㅁㅁ고등학교"라는 간판만 새 건물에 옮겨 달았을 뿐이지요. 그럼에도 며칠 전에는 졸업한 지 30년이 지난 제게 "ㅁㅁ고등학교 이전 기념행사"에 참석하라는 문자 메시지를 친구들이 보냈습니다. "우리 스스로 ㅁㅁ고 31회 졸업생으로 긍지를 갖고 꼭 참석합시다"라는 말로 끝나는 메시지입니다.

웬만한 농촌에서 사회적 관계는 학교 동문 관계를 매개로 오랫동안 이어집니다. 이런 현상의 밝음과 어두움을 따지기 전에, 학교를 함께 다닌 기억은 학교 졸업과 동시에 반납되는 게 아니라 지역사회의 인간관계를 지탱하는 바탕으로 기능한다는 점을 먼저 인정해야 할 듯합니다.

적어도 농촌에서는, 그처럼 학교와 마을은 쉽게 떨어지지 않는 운명인데, '마을교육공동체'라는 말은 왜 그렇게 낯설게 느껴질까요? 학부모가 아니어도 마을 주민이면 학교의 이웃인데, 그만큼 학교 사람들과 데면데면 살아온 탓이라고 봅니다. 학교가 마을 안에 있는 이상, 교직자도 마을 사람인데, 마을 사람으로서 제자리를 찾지 못한 지 오래여서 그런 것이라고 봅니다.

'마을교육공동체'라는 말에서 '교육'은 중요한 부분이지만, 우선 내남없이 한 마을 사람이라는 생각부터 회복하는 데서 변화가 시작될 것입니다.

마을이 학교이어야 합니다

양도길 풀무농업고등기술학교 교장

어릴 적 마을의 기억이 우리를 더불어 살게 한다

제가 어릴 적 살던 동네에는 모르는 어른이 없었습니다. 부모님이 일이 있어 멀리 외출하실 때는 옆집 친구 엄마가 밥을 챙겨 주시며 이런저런 이야기를 들려 주시기도 했습니다. 지금 생각해 보면 그런 믿음의 정서가 자연스럽게 마을 분들 사이에 흐르고 있었던 듯합니다. 마을에서 자란 어린 시절의 기억은 삶의 자양분이 되어 홍동면 문당리에 사는 지금이나 아파트에 살던 때나, 엘리베이터에서 마주치는 동네 분들, 아이들, 학생들과 이야기하며 안부 묻는 일을 자연스럽게 느끼도록 했습니다.

얼마 전, 함께 근무하는 선생님 한 분이 신도시의 아파트에 입주하게 됐습니다. 그 선생님도 아파트 공간에서 마주치는 어른이나 아이들에게 반갑게 인사를 건넸는데, 돌아오는 것은 '이상한 사람'으로 바라보는 불편한 시선이었다고 합니다. 더불어 살며 부족한 부분은 서로 채우고, 남은 것을 이웃과 나누며, 동네 아이들이 모두 내 아이라는 생각으로 지냈던 우리는 어느 순간부터 내 자식과 내 가족 중심의 사고와 행동을 하고 있는 것입니다.

근대 학교 교육의 한계

근대 이후, 마을에서 담당하던 교육의 기능이 학교라는 기관에 맡겨졌습니다. 국민보통교육 제도로서 학교는 인문주의 교육, 도제 교육, 국민 교육을 통해 산업사회에서 살아갈 인재를 길렀습니다. 마을이 아이들의 교육을 학교에 위탁한 이상, 학교는 학생들의 삶의 공간이며 그 속에서 삶의 지혜를 배워야 한다고 생각합니다. 삶의 지혜란, 단순한 지적 영역 외에도 정서적·신체적·도구적 기능을 포함합니다.

그러나 최근까지 학교는 여타의 영역을 소홀히 하거나 아예 무의미하게 여기면서 학생들을 지식 중심 교육 과정으로 키웠습니다. 지적 영역 능력을 비교하고 평가해서 학생들을 경쟁시키고, 공동체의 가치보다는 개인의 가치와 능력을 중하게 여기는 사람으로 키워 왔습니다.

이런 흐름 속에서 마을의 교육 기능은 완전히 사라졌고, 학교에서는 마을의 모습을 찾아 보기 어렵습니다. 교육이 사라지면서 어른들은 살아가는 모습을 비추어 볼 '반사경'을 잃어버렸고, 마을은 공동체의 가치보다 개인주의와 경제 가치를 지향하며 빠르게 변해 갔습니다. 학교에서는 마을의 기능을 담던 '살아가기 위한 배움'이 사라져 가고, 경쟁적이고 개인적인 지식 중심의 배움만 남았습니다.

미래 사회의 시민을 기르기 위해서는 마을교육공동체가 필요하다

이른바 4차 산업혁명 시대를 맞아 미래 사회의 시민으로 살아가기 위해 필요한 역량으로 지식보다는 오히려 공동체적 요소가 강조됩니다. 이러한 변화는 학교 교육과 마을에 변화를 요구합니다.

이전에는 혁신학교를 통해 학교 내부를 들여다보며 교육의 변화를 고민했습니다. 그러나 이제는, 미래 사회에서 살아갈 학생들의 다양한 삶의 가능성을 인정하고, 학생들이 마을에서 그러한 삶을 경험하고 자신의 삶을 설계하도록 지원하는 마을교육공동체가 필요합니다. 과거 두레와 같은 공동체적 요소도 중요하지만, 그에 더해 교육의 의미를 담은 공동체가 필요합니다. 그렇다면 지금의 마을이 교육 가치를 바탕으로 공동체성을 찾는다는 것은 어떤 것일까요?

저는 교육의 가치가 삶의 가치가 되어야 한다고 생각합니다. 즉, '배움과 삶'이 일치하는 사람들이 사는 마을이 교육의 가치가 있는 마을이라고 봅니다. 학생들이 학교 교육을 통해 배운 가치가 마을에서 실현되고, 그러한 가치로 살아가는 마을 어른들을 볼 때 우리가 바라고 원하는 마을을 만들 수 있지 않을까요.

즉, 마을교육공동체는 기존 사회에 학생들이 잘 적응하도록 키우는 것이 아니라, 다양한 삶에 대한 학생들의 상상력을 자극해야 합니다. 나아가 마을에서 어른들과 만나 함께 그 상상력을 구체화하는 과정을 경험하면서 자신의 삶을 설계하도록 지원해야 합니다.

이러한 점은 학교에서도 같은 맥락입니다. 학교에서 학생들에게 더불어 사는 삶의 중요성을 이야기하려면 교사들이 더불어 살아야 합니다. 선생님들이 함께 모여 무언가를 협의하고 그 힘으로 교육 활동이 이뤄진다면 학생들은 강조하지 않아도 그렇게 성장합니다.

마을과 함께하는 '생태와 인간' 교과 시행 사례

최근 풀무농업고등기술학교에서 마을교육 과정을 운영하고 마을교사를 활용한 수업을 진행하고 있습니다. 단순한 체험이 아닌, 목표를 분명히 하는 교육 활동을 전개하면 좋겠습니다.

제가 홍동중학교에 근무할 때 2학년과 함께 일주일에 두 시간씩 학교와 마을을 넘나들며 '생태와 인간' 교과를 운영했습니다. 학생들과 함께 학교 텃밭에 쌈 채소와 고추, 배추 등을 길렀고 점심시간에 전교생이 나눠 먹으며 마을에서 추구해 온 친환경적이고 생태적인 가치를 몸으로 경험하게 했습니다. 또 그러한 생태적 가치로 운영하는 농장을 함께 방문해 농사일을 하면서, 지역 사회가 추구하는 가치가 얼마나 소중한지, 그 일을 하는 마을 분들이 얼마나 가치 있는 삶을 살고 있는지를 깨닫게 했습니다.

마을과 함께하는 '생태와 인간' 교과를 통해, 학생들이 자기가 살아가는 마을이 생명을 존중하는 생태적 삶을 지향하는 멋진 마을이며 그 속에서 살아가는 마을 분들이 훌륭하다고 여기며 살면 좋겠다고 생각했습니다. 학생들이 이런 멋진 마을에서 살아가는 자신을 상상해 보기를 기대했습니다. 이런 일련의 배움 활동이 바로 마을교육공동체의 모습이 아닐까요.

행복교육지구는 마을과 학교의 상생을 추구한다

충남에서 진행하는 마을교육 공동체사업에서 마을과 연관된 부분에 대해 살펴보겠습니다. 충남 마을교육공동체의 목표는 공교육 혁신 지원, 마을교육 활성화, 마을교육 생태계 조성 등입니다. 이러한 마을교육공동체를 추진하는 지역을 '행복교육지구'라고 하는데, 지역 사회의 지속가능한 발전을 위해 지역민과 학교가 협력해 공교육을 혁신하고 마을교육공동체 조성을 추진하는 지역을 말합니다. 즉, 행복교육지구는 교육 혁신과 지역의 교육생태계 조성이라는 학교와 마을의 상생을 추구하고 있습니다. 공교육 혁신은 지금까지 운영해 온 혁신학교를 통해 어느 정도 틀을 잡았다고 생각합니다. 다만 아직 학교에서 그리고 있는 교육의 방향성에 대한 논의를 마을과 함께하지 못하는 아쉬움이 있습니다.

마을과 함께한다는 것의 핵심은, 지속가능한 마을을 위해 마을교육공동체 운동이 어떤 지향점을 갖고 학생들의 배움을 지원하느냐 입니다. 최근(2018~2021) 충청남도교육청의 '충남마을교육공동체 활성화 지원 계획'에서는 작지만 의미 있는 변화가 보입니다. 지역(마을) 활동가를 기르는 '청소년 마을지기' 양성(2018~)은 지역 청소년의 마을 이해도 높이기와 자긍심 키우기라는 목적으로 운영되고 있으며, 마을살이를 경험하는 '상상마을교실'(2020~)은 마을의 교육적 기능과 역할 복원을 목적으로 운영되고 있습니다. 이러한 시도들은 마을이 학생들의 배움과 삶에 한 발 더 다가서는 기회가 될 것입니다.

충남 마을교육공동체사업에 드리는 몇 가지 제안

충남의 마을교육공동체는 지역마다 삶의 양식과 조건이 달라서, 같은 표현을 쓰고 있지만 내용 면에서 모두 다르게 운영된다고 보아야 합니다. 충남의 마을교육공동체와 관련해 두 가지만 제안을 하고자 합니다.

먼저, 지금 진행되는 마을교육공동체는 '교육 기관', '마을 주민', '지방자치단체' 등이 협력하고 있지만 어느 단위에서 주도하느냐에 따라 차이점이 있습니다. 처음에 주도한 주체가 다를지라도, 마을교육공동체는 '마을 주민'이 주도적이고 주체적으로 참여해야 합니다.

마을에 사는 사람들이 마을의 지속가능성을 위해 지역 학생들을 어떻게 기를 것인가 고민하고, 학생들이 우리 마을에 살기 위해 무엇을 해야 할 것인지 이야기 하면서, 자연스럽게 교육 기관과 지방자치단체와 함께하는 모습이 바람직하다고 생각합니다.

저는 홍동면에 살지만 홍동에 사는 사람들이 모두 '농부'일 수는 없다고 봅니다. 일부는 '농부'를 지원하는 일을 하며 홍동에 살아야 합니다. 농기계 수리 센터, 1차 의료 기관, 도서관, 카페, 지역 농산물을 사용하는 식당 등 지역 학생들이 할 일은 많습니다. 학생들이 마을에서 살아가는 꿈을 꿀 수 있도록 주민들이 다양한 삶을 지지하고 격려해야 합니다.

두 번째는, 마을교육공동체와 유사한 목표를 갖고 있는 여러 사업이 하나의 큰 그림 속에서 그려졌으면 합니다. 앞서 말했듯이, 마을을 바람직한 방향으로 개선해 나간다는 것은 교육공동체 가치를 회복하는 것이라고 생각합니다. 아래 제시하는 세 가지 조례는 마을과 학교가 상호 보완하며 상생할 수 있는 활동을 지원할 것입니다.

"희망마을"이란 농어촌 마을이나 지역에서 공동체 또는 이에 상응한 다양한 공간적 범위를 바탕으로 주민 스스로가 협력을 통해 삶터(공간), 사람(조직), 공동체(관계)를 보다 바람직한 방향으로 개선해 나가는 마을을 말한다.

-충청남도 조례 제3736호 「충청남도 살기 좋은 희망마을 만들기 지원 조례」

"평생교육"이란 학교의 정규교육과정을 제외한 학력보완교육, 성인기초문자해득교육, 직업능력향상교육, 인문교양교육, 문화예술교육, 시민참여교육 등을 포함하는 모든 형태의 조직적인 교육활동을 말한다.

-충청남도 조례 제3356호 「충청남도 평생교육 진흥 조례」

"충남 마을교육공동체"란 학교와 마을이 아이들을 함께 키우며, 마을이 아이들과 지역민의 배움터가 되도록 학교와 마을, 충청남도교육청과 충청남도 및 시군, 그리고 학부모와 지역사회가 협력하고 연대하는 교육생태계를 말한다.

-충청남도 조례 제4407호 「충청남도 마을교육공동체활성화 지원에 관한 조례 제2조(정의)」

희망마을만들기를 위해 시군 단위에 '마을만들기지원센터'와 '평생학습센터'가 있습니다. 마을교육공동체를 활성화하려면 이들 기관과 연결망을 만들고 협력해서 지속가능성을 담보해야 합니다. 교육의 가치를 반영한 마을만들기를 유도하고, 평생교육을 통해 마을교사를 기르며, 그러한 마을교사들이 학교에서 학생들과 만나도록 이끈다면 지금보다 긍정적인 효과를 볼 수 있을 것입니다.

작은 학교의 추억

역사 속으로 사라진 대치초등학교

박영혜 청양사회경제네트워크 상임이사

가족의 귀촌과 아이의 전학

저희 가족은 2008년이 저물어 갈 무렵, 초등학교 3학년이던 아들과 충남 청양으로 귀촌했습니다. 경기도 과천의 한 대안학교를 다녔던 아들은 새로운 환경에 썩 잘 적응하는 것 같지는 않았습니다. 자유로운 분위기의 대안학교는 부모들의 힘으로 운영되는 곳이었고, 청소나 식사 같은 생활 구석구석의 일부터 교과 과정까지 모든 일이 부모와 교사의 협력으로 이뤄지는 공간이었습니다. 그곳에서는 함께 아이를 키우는 과정을 통해 부모도 공동체적 삶에 눈을 뜨고 더불어 살아가는 일에 많은 시간과 노력을 들이게 됩니다. 아이들은 그런 부모의 삶을 보고 배우며 이웃을 가족처럼 여기며 살아가게 되죠.

청양에 와서 대치초등학교에 아이를 입학시킨 뒤 일어난 가장 큰 변화는 제가 학교에 갈 일이 없어졌다는 것입니다. 아이는 아침에 스쿨버스를 타고 학교에 가서 일과가 끝나는 오후 5시 이후에는 학교에서 운영하는 '해넘이 공부방'에서 수업을 한 뒤 저녁까지 먹고 7시경에 다시 스쿨버스를 타고 집으로 돌아옵니다. 하루가 멀다 하고 학교에 가서 회의와 모임을 하던 생활에서 벗어나니 조용한 해방 감을 느낄 정도였습니다.

학교와 학부모의 형식적인 관계

시골의 작은 학교는 농사일로 바쁜 부모님을 대신해 아이를 돌보고 먹이며 자녀 보육의 무게를 덜어주고 있었습니다. 농촌 현실에 맞게 설계된 교육 과정이라 할 수 있습니다. 굳이 부모가 학교 일에 관심을 갖고 구체적 의견을 낼 일도 없었기에 운영위원회도 형식적으로 진행될 수밖에 없었습니다.

학교와의 관계가 형식적이면 학부모 사이의 관계도 그렇게 되기 쉽습니다. 그래도 청양은 같은 성씨들이 모여 사는 씨족 부락의 흔적이 꽤 남아 있습니다. 오래도록 한동네 살면서 서로 잘 알고 지내는 데다가 학생 수도 적어 학부모들은 누가 누군지 훤히 알고 지냈습니다. 또한 자모회 이름으로 한두 달에 한 번 정도 아이들과 부모들이 모여 저녁을 먹으며 이야기를 나누기 때문에 마을공동체 성격을 다분히 지니고 있었습니다.

적정 규모 학교 육성 방안의 명암

저희가 왔을 때는 대치초등학교 통폐합 이야기가 이미 수없이 거론되던 시점이었습니다. '적정 규모 학교 육성 방안'이라는 이름으로 학생 수 100명 미만의 학교를 통폐합한다는 교육과학부 방침에 따라, 대치초등학교는 1993년에 이미 통폐합 대상 학교로 지정되었기 때문입니다. 1960~1970년대에는 전교생이 700명이나 되는 큰 학교였던 대치초등학교가 2008년 저희 아이가 전학왔을 때는 18명으로 줄어 있었습니다.

'교육 과정 운영 정상화로 학습권을 보장하고 학생과 학부모의 만족도 높이기'를 목표로 한다는 적정 규모 학교 육성 방안을 시행하는 이유는, 실은 작은 학교를 운영하는 데 들어가는 장기 비용을 줄여 보자는 경제적 이유 때문이었습니다. 어느 날에는 청양 지역 초등학교 운영위원회 임원들과 견학을 가는 버스 안에서 한 학교 운영위원장으로부터 "통폐합에 반대하는 것이 국가 경제에 얼마나 손해를 끼치는 일인 줄 알고 반대하느냐?"는 폭언을 듣기도 했습니다. 폐교 직전의 작은 학교를 살려 낸 성공 사례를 공부하러 가는 길에 말입니다.

저희 아이가 그나마 집에서 6킬로미터 떨어진 대치초등학교를 다닐 수 있었던 것은 처음부터 통폐합에 반대해 온 선배 학부모들 덕분이었습니다. 주민들은 거의 본능적으로 '지역 교육 문화의 중심인 학교'가 사라지면 안 된다는 것을 알고 있었기에, 계속되는 교육청의 설득과 통폐합 시도에 반발했습니다. 해마다 학기 초에 교육청이 개별 학부모의 의견을 묻는다면서 폐교 찬성을 유도하기 시작하면, 분위기가 술렁이는 가운데에서도 부모들이 모여 다시 반대 의견을 모으곤 했습니다.

통폐합 대상인 3개 학교 학부모들이
자발적으로 공부 모임을 하면서 통폐합 제안서를 만들다

하지만 장기적으로는 학교 유지에 필요한 학생 수급이 어려우리라는 사실을 너나 할 것 없이 알고 있었기에, 언제까지나 이렇게 버틸 수 없다는 것도 예상했습니다. 이런 고민을 되풀이하던 대치초등학교 부모들은 초등학교를 폐교하더라도 '마을 교육 문화의 중심'이라는 기능은 남기려고 했습니다. 이는 '마을만들기', '주민자치'라는 최근의 화두를 그 당시에 이미 실천한 선례가 아닐까 싶습니다.

저희가 오기 전이던 2006년, 대치초등학교 학부모들은 함께 고민하고 공부하면서 통폐합 이후에 대한 준비를 시작했습니다. 마침 '권역별 농촌마을종합개발사업'이 시작되었기 때문에 학교를 개발 사업에 활용하려는 마을 운영위원과 학교 통폐합 문제에 관심 있는 주민, 의견 차이가 있는 교사들도 함께한 30여 차례의 모임 끝에 '폐교 대상 학교의 용도를 전제로 한 통폐합안'을 만들어 냈다고 합니다.

폐교 대상인 대치초등학교는 어린이집과 작은도서관과 마을 주민들의 평생학습과 문화 활동을 위한 공간으로, 칠갑분교는 아토피 치유와 산촌유학센터로 육성하여 지역민의 삶이 황폐해지는 것을 막고, 두 학교의 학생들은 수정초등학교로 통합한다는 주민 주도 통폐합 제안서를 세 학교 학부모들의 만장일치로 만들어 내는 성과를 이뤘습니다.

'시행 불가'라는 교육청의 답변

교육청에서도 이 제안을 환영하며 긍정적 검토를 약속하는 듯한 제스처를 보였습니다. 하지만 결국 '시행 불가'라는 답변을 보내고 학부모들의 진정성을 의심하는 석연치 않은 행보를 보였습니다.

그 과정에서 학부모들은 교육청에 대해 큰 실망과 불신을 갖게 되었습니다. 학부모들의 오랜 노력의 결과가 무산되는 쓰라린 경험은 교육청을 더는 소통의 파트너로 생각지 않게 만들었고, 더 이상 교육청에 적극적 제안을 하지 않게 만드는 요인으로 작용했습니다.

민관 협치의 개념이 부족한 시절이었기에 한계가 있었을 것입니다. 하지만 언론, 주민, 군청 등 더 다각적인 접촉을 통해 사안을 전방위적으로 알리면서 풀어갔더라면 하는 아쉬움과 함께, 지역을 살리는 주민자치의 좋은 사례가 물거품이 된 것에 안타까운 마음이 듭니다.

학부모와 아이들의 자구책, 그리고 이어지는 질문들

이후 한발 물러난 부모들은 사적으로 아이들과 프로그램을 함께해 나갔습니다. 2009년, 학부모 복권승 님이 이끄는 방과후 생태 모임은 특히나 저희 아이가 행복해했던 수업입니다. 이 수업은 아이들이 청양의 물줄기인 지천을 탐사하면서 직접 촬영하고 편집한 멋진 기록물을 남겼습니다. 2010년부터는 학부모들이 십시일반으로 공부방 공간을 마련해 기존 모임을 좀 더 짜임새 있게 만들었습니다. 몇몇 학부모들이 모여 취미와 공부 모임을 시작했고, 아이들을 위한 품앗이 교육도 진행했습니다.

어느 날, 아이들이 비행기를 타보지 못했다는 이야기를 하면서 '제주도 여행 프로젝트'가 시작되었습니다. 아이들이 중심이 되어 기금 마련을 위한 바자회 등을 준비했습니다. 가족 등반 행사장과 어린이날 행사장에서 쿠키와 샌드위치를 만들어 팔고 벼룩시장을 연 끝에, 여름방학에 5, 6학년이 '오두방정 제주 탐험대'라는 이름으로 제주 여행을 떠났습니다. 이렇게 학생과 학부모가 중심이 되어 동창회와 학교의 후원을 이끌어 내고 직접 비용을 마련해 체험을 떠나는 특별한 경험을 했습니다.

이때 만든 학부모 학습 동아리는 지금도 이어지고 있습니다. 만약 그때 교육청이 제안을 수용해서 이런 활동이 대치초등학교라는 공간에서 주민들의 참여를 바탕으로 더 다양하게 이루어졌더라면 어땠을까요? 중심지활성화사업, 마을만들기, 신활력플러스사업을 활발하게 준비해 가는 요즘의 청양을 보면서 더욱 그런 질문을 하게 됩니다. 이제는 학교와 지역 문화를 살리는 정책이 눈앞의 경제적 이익보다 장기적으로 지역을 살리는 일이라고 생각하는 사람들이 늘어났을까요?

사라진 청양 대치초등학교, 나빠지는 지역 교육 환경

2012년 3월, 마지막 졸업식을 끝으로 대치초등학교는 역사 속으로 사라졌습니다. 77년 동안 4,000여 명의 졸업생을 배출하고 2012년 3월 1일을 기점으로 결국 폐교된 것입니다. 재학생 15명 중 4명이 졸업했고, 남은 11명은 청양초등학교로 전학했습니다. 학생이 하나도 없는 학년이 생기면서 부모들도 폐교에 동의했습니다.

폐교 과정에서 교육청은 학생들에게 해외여행과 함께 컴퓨터, 자전거, 책상을 선물했습니다. 학교가 없어지면서 통학 등에 불편을 겪을 학생들에게 주는 보상이었습니다. 그리고 앞으로 5년간 청양초등학교까지 스쿨버스를 운행해 통학에 불편이 없도록 하겠다고 약속했습니다. 정부와 교육지원청은 통합 학교인 청양초등학교에 23억여 원을 들여 체육관과 교구, 교재를 제공했습니다.

그러나 학교가 사라짐으로써 더욱 척박해질 교육 환경에서 태어나고 자랄 미래의 입학 대상자인 어린이들에 대한 보상이나, 문화의 구심점을 잃은 지역 주민에 대한 어떠한 보상도 없었고 논의조차 되지 않았습니다. 또한 전학생이 되면서 겪는 아이들과 부모의 심리적 현실적 어려움에 대한 대책도 구체적으로 세워지지 않았습니다.

대치초등학교가 청양초등학교를 통합 학교로 선택했기 때문에 수정초등학교의 학생 수가 줄어 대치면의 유일한 초등학교인 수정초등학교의 존립도 위협받게 되면서 지역 교육 환경은 더욱 열악해지고 있습니다. 현재 수정초등학교 학생 수는 71명, 내년 입학 대상자는 5명 정도라고 합니다. (대치초등학교 건물은 '귀농귀촌 사관학교', '도농교류 · 학교급식 · 꾸러미농산물 · 힐링센터', '충청남도 도청 연수원' 등으로 활용하는 방안이 다양하게 거론되었습니다. 그런데 현재는 서울 영등포구에서 매입하여 청소년수련관을 짓고 있습니다.)

아름다운 대치초등학교 교정에서 학부모들이 준비한 한 끼 식사를 선생님들과 함께 나누고, 아이들이 둥글게 둘러앉아 밥을 먹다가 매운 고추를 먹고는 다 같이 눈물 흘리며 뒹굴면서 웃던 일, 제주도에서 함께 자전거를 타고 달리던 풍경, 밤에 커다란 방에 일렬로 누워 킬킬대던 모습, 기타를 배워 마지막 졸업식에서 아이들을 위해 연주했던 일…. 가족 같은 이웃들, 함께 아이를 키우고 생활을 공유하며 함께할 일을 만들어 낸 기억들은 공동체의 삶 속에서 피어난 꽃이 아니었을까요? 소규모 학교에서 가능했던 그 시간들을 경제성과 맞바꾸고 나서 농촌에 남은 것은 무엇이었을까요? 비어가는 마을, 학교와 아이들 떠드는 소리가 사라지고 어르신들만 남은 스러져 가는 농촌에 서서 다시 청년과 아이들의 웃음소리가 들리는 살아 있는 마을을 만들기 위해 무엇을 해야 할까요?

2부

마을의 미래, 새로운 주체와 조직 만들기

마을교육공동체 학교와 마을은 어떻게 만날까?

마을의 후계자 누가 마을을 이어 갈 것인가?

읍면과 행정리 주민자치회 전환과 직접민주주의

마을 후계자 양성의 실천 환경과 다양한 경로

구자인 마을연구소 일소공도협동조합 소장

농촌 마을의 위기, 누가 어떻게 풀 것인가?

대한민국은 이미 최악의 저출산 상황에 직면했고, 2030년이면 총인구 감소가 시작된다고 합니다. 농촌 마을은 문제가 더욱 심각해질 것입니다. 그래서 지방 소멸이니 한계 마을이니 하는 소리를 언론에서 자주 듣습니다. 실제로 그럴 수 있다는 '심리적' 위기감도 큽니다. 정말 그럴까요? 그렇다면 그 원인은 무엇일까요? 현상 진단은 타당해도 원인 분석은 뭔가 아닌 것 같습니다.

"아이 울음소리 들은 적이 10년이 넘었다." "30대 이하 청년은 마을에서 '천연기념물 같은 존재'가 되었다." 이런 우울한 이야기를 이제는 면 단위에서조차 듣습니다. 행정리 마을의 위기는 더욱 심각하여 국가 재앙 수준이라고도 할 수 있습니다. 대책이라고 해봐야 별다른 것이 없고, 마을 스스로의 노력을 논하기에는 이미 너무 사회 구조적인 문제가 되어 버렸습니다.

농촌 마을의 지속가능성을 논하자면 무엇보다 마을을 이어갈 후계자가 절실히 필요합니다. 후계자 없는 마을은 지속가능하지 않습니다. 젊은 부부가 없으니 태어나는 아이가 없고, 먹고살기 힘드니 새로 들어올 사람도 기대하기 어렵습니다. 앞으로 누가 마을의 후계자가 될까요? 단순히 젊고 건강한 사람이면 될까요?

문제는 심각하고 원인은 매우 복잡합니다. 먹고사는 문제만 해결된다고 마을 후계자가 늘어날 것 같지 않습니다. 마을에서 농사지어도 아이 교육 문제 때문에 읍내에서 왔다 갔다 하는 젊은 농민들도 많기 때문입니다. 마을에 살아도 바빠서 마을회의나 공동 작업에 나타나지 않는 사람도 많습니다. '처방전' 하나로 농촌 마을이 계속 유지될 상황이 아닙니다. 문제의 원인이 복잡하기에 근본 처방을 찾아야 하고, 종합세트 같은 처방전이 필요합니다.

무엇보다 마을 문제를 해결하려고 함께 고민하고 미래를 꿈꾸는 '일할 사람'이 절실합니다. 단순하게 사람이 많이 늘어난다고 해결되지 않습니다. '각자도생'에 익숙한 사람만 늘어나면 남남끼리 모여 사는 도시와 다를 바 없습니다. '대학 다니는 친구 한 명'을 그토록 열망했던 노동자 전태일처럼 마을리더 옆에 있을 그런 동지 한 사람이 더욱 소중합니다.

농업이 아무리 중요하다 해도, 농업 후계자가 아닌 농촌(마을) 후계자가 더 필요합니다. 산업 역군 같은 생산자 농업인으로 국한하는 것이 아니라, 삶의 공간으로서 농촌 마을에서 더불어 살아가는 생활인 한 사람이 중요합니다. 변화는 더디 겠지만 함께 공부하고 실천하는 활동가 한 사람이라도 늘어난다면 희망은 분명히 보일 것입니다. 먹고사는 문제조차도 함께 모색하면 길이 있습니다. 전국의 선진 사례라는 곳에서 그런 단초를 충분히 볼 수 있기 때문입니다.

마을리더론을 넘어 실천 환경 조성으로

개인의 노력만으로 사회 구조적 문제인 농촌 마을의 위기를 해결할 수 없음은 분명합니다. 마을리더의 지나친 희생과 봉사는 오래가지 못하고 부작용이 반드시 생깁니다. 선진지 견학을 통해 "거기는 뛰어난 리더가 있기 때문에 성공했다."는 결론은 좌절감만 더합니다. "우리 마을에는 그런 리더가 없어서 안돼!"라는 주장으로 연결되기 때문입니다. 성공한 마을에는 분명 여러 요인이 결합되어 있습니다. 마을리더 곁에는 반드시 돕는 사람이 있고, 새로운 사람을 환영하는 풍토가 있으며, 새로운 일에 도전하게 된 계기가 있습니다.

이제는 마을리더론을 넘어서야 합니다. 리더 개인의 노력과 희생, 봉사를 지나치게 강조하는 주장은 옳지 않습니다. 적어도 복잡한 문제를 풀어가려는 마을리더나 활동가, 공무원, 전문가들은 구조를 볼 수 있어야 합니다. 마을 후계자를 길러야 한다는 실천 분위기가 마을의 문화로 자리잡도록 해야 합니다. 넓고 길게 보면서 작고 쉬운 것부터 하나하나 시작해야 합니다. 물론 단시일에 될 일은 아닙니다. 그럼에도 '일할 사람'을 찾고 길러 주는 환경을 만들면 '절반은 성공'한 셈입니다. 마을 후계자가 등장하고 성장하기 위한 정책과 실천할 수 있는 환경을 만들기 위해 몇 가지 제안을 합니다.

첫째, 먹고사는 문제로 가장 중요한 농업 문제는 '지역농업', '지역순환경제'라는 관점을 강화해야 합니다. 개인의 '뼈 빠지는 노력'을 강조하거나 국가(행정)의 '일방적인 개별 보조' 방식을 넘어서야 합니다. '지역농업'이란 관점에서 행정리 단위, 읍면 단위로 '마을공동체농업(1부 1장 참고)'을 적극 검토하고, 지역순환경제의 틀을 짜야 합니다. 지금의 농업 문제는 농민 개개인의 노력만으로 절대 해결할 수 없기 때문입니다. 농민들의 각자도생이 아니라 협동 훈련을 더욱 자극하는 방향으로 전환해야 합니다. 이런 실천 환경에서 청년들이 고향을 떠나지 않아도 되고, 또 새로운 사람이 들어올 수 있게 될 것입니다.

둘째, 읍면 단위로 안정된 공공 일자리 확보(혹은 제공)를 적극 검토해야 합니다. 살면서 자원봉사로 접근할 일과 전업으로 풀어야 할 일은 구분해야 합니다. 행정에서 기간제 근로자나 공무직 공무원으로 전업 일자리를 흡수하는 일은 장기적으로 바람직하지 않습니다. 기안 권한도 없고, 승진 개념도 없는 일에 보람이 있을 수 없고, 행정 조직만 비대해지기 때문입니다. 그래서 행정의 역할과 민간의 역할을 구분하면서 민간 영역에서 전업으로 일할 수 있는 공공 일자리(행정의 예산 지원이라는 점에서)를 적극 확보해야 합니다. 민간 위탁이 대표적인 방식입니다. 지방자치법을 개정하여 읍면동 주민자치(위원)회에 사무와 시설 위탁을 확대하려는 것도 이런 맥락이라 할 수 있습니다. 공공성은 행정만 독점하는 것이 아닙니다.

셋째, 최근의 자치 분권 흐름 속에서 자치단체 내부의 균형 발전과 읍면 권한 확대, 이를 통한 민간의 책임 강화 논의로 확대되어야 합니다. 현재의 자치단체 규모는 서구나 일본과 비교하면 지나치게 큽니다. 그래서 행정과 주민 사이의 거리가 너무 멀죠. 주민이 지역 발전의 책임과 권한을 가질 때, 즉 자치 권한이 강화될 때 농촌 마을의 지속가능 발전 전략을 지역이 주도해서 설계할 수 있습니다. 행정안전부와 충남도의 주민자치회 시범 사업에서 '읍면 발전 계획 수립'과 '주민총회 개최', '참여 예산제 확대' 등을 강조하는 것도 이런 맥락입니다. 이를 위해 가능하면 읍면 주민 생활권 단위로 주민자치회 중심의 공공 일자리 확보를 우선해야 할 것입니다. 이런 권한 이양이 전제되어야 책임성이 높아지고 마을이 지속가능합니다. '멀리 있는' 행정이 답을 줄 수는 없습니다.

이처럼 농촌 마을 위기의 원인을 구조적으로 진단하고 근본 해결책을 모색하려는 시도가 중요합니다. 이를 위해 칸막이 의식을 극복해야 하고, 공동 학습을 통해 지역 주도적으로 대응할 수 있는 권한을 보장해야 합니다. 그래서 공무원 순환 보직제 문제도, 칸막이 문제도 근본적인 개혁 과제라고 하는 것입니다. 따라서

이 과제들을 해결할 주체로서 '일할 사람'이 핵심이기 때문에 행정 권한의 민간 이양을 강조하는 것입니다.

마을 후계자 양성의 다양한 경로를 상상해보다

이런 실천 환경을 만든다는 전제로 마을 후계자를 찾고 기르는 길은 여러 가지가 있을 것입니다. 유형으로 나누어 보자면 아래 네 가지로 구분할 수 있습니다. 사람 차별이 아니라, 정책과 운동의 우선순위대로 나열한 것입니다. 난이도로 보자면 어쩌면 역순이 될 수도 있습니다. 그래서 모든 길을 동시에 상상하고 실천해야 합니다.

첫째, 가장 중요한 길이라고 할 수 있는데 마을에서 찾고 기르는 것입니다. 마을교육공동체 운동(2부 1장 참고)을 통해 지역 아이들이 마을에서 자라 자연스레 마을 후계자 역할을 이어받는 것이 가장 중요한 길입니다. 아무래도 행정리 단위의 마을로는 범위가 좁고, 이미 시기를 놓친 감이 없지 않습니다. 마을 개념을 읍면 단위로 넓혀 마을 후계자가 될 수 있는 사람을 찾고 이들이 성장하는 과정을 지원해야 합니다. 이를 위해 읍면 소재지의 중심 기능을 강화하여 '떠나지 않는 농촌, 다시 돌아오는 농촌'을 상상해야 합니다.

또 "아이들을 서울(도시)로만 보내야 성공할 수 있다"는 오래된 의식을 넘어서야 합니다. 장학금은 성적순이 아니라 '돌아오는 아이들'에게 주어야 합니다. 공동 학습과 토론, 합의를 강조하는 마을만들기 방법론을 바탕으로 미래를 내다보며 지역 문제에 접근해야 합니다. 내 아이, 내 가족만 생각하다가 우리 농촌이 이렇게 되었습니다. 국가와 행정 탓만 하지 말고, 마을 후계자 자체 발굴과 양성 문제를 지역 주민 공동의 과제로 받아들여야 합니다. 그렇지 않으면 면 소재지에 하나 남은 초등학교까지 문 닫을 수 있고, 농사지으며 술 한잔 같이 할 친구도 없고,

노후는 결국 멀리 있는 요양원에서 외로이 보내게 될 것입니다. 이런 암울한 미래가 되지 않도록 마을 후계자를 지역에서 스스로 찾는 길이 가장 중요합니다.

둘째, 고향 떠난 사람을 되돌아오게 하는 귀향의 길입니다. 고향을 잠시 떠났더라도 마을에서 성장하며 '몸으로 익힌 경험'을 가진 출향인이 귀향하는 길도 매우 중요합니다. 정책적으로 구분하여 접근하기는 어렵지만 현실적으로는 보다 쉬운 길이기도 합니다. 귀향인은 '땅의 사람으로 되돌아온 바람의 사람', 또는 '한때 바람의 사람으로 살았던 땅의 사람'이라고 표현할 수 있습니다. 일본에서는 이를 '유(U)턴'이라고 표현합니다.

귀향인은 시골 정서를 이해하면서도 이어받을 땅이나 집이 있고, 혹 없더라도 친인척이나 친구 같은 사회 관계망을 쉽게 복원할 수 있다는 장점이 있습니다. 여기에 도시 생활을 통해 나름대로 새로운 문화를 접하고, 다음에 들어올 귀농귀촌인과의 접점을 확대할 매개자 역할도 가능합니다. 실제로 전국의 유명한 마을리더는 대개 도시 생활을 경험하고 돌아온 귀향인인 경우가 많습니다.

마을 주민들은 평소에 마을만들기 활동을 열심히 하면서 출향인들과 교류를 확대하고, 고향 마을로 되돌아오고 싶은 귀향 본능을 계속 자극해야 합니다. 고향 마을 복원을 위해 많은 분들이 고생하는 모습을 보면서 "나도 동참하고 싶다"는 마음이 들도록 해야 합니다. 대학 때문에 떠난 청년들도 도시에서 마을 발전에 필요한 공부나 기술을 익히고 다시 돌아오고 싶도록 응원해야 합니다. 물론 귀향인에게도 풀어야 할 오래된 심리적 장벽이 있습니다. "망해서 돌아왔다, 이혼해서 돌아왔다, 몹쓸 병에 걸려 돌아왔다" 등등 추측과 오해의 시선으로 바라보는 고향 사람들의 정서를 극복해야 합니다. 무엇보다 부모님이 살아계신 경우, "땅 팔아 공부시켜 주었더니…" 하는 저항을 극복해야 합니다.

이처럼 귀향인에게나 고향 사람에게나 각각의 숙제가 있는데, 이를 극복하기 위해 서로 노력하는 가운데 농촌 마을의 지속가능한 미래를 기약할 수 있습니다. 지금 대부분의 도시 사람들이 '농민의 자식'임을 생각하면 아직 늦지 않았습니다. 앞으로 10년쯤 지나면 1세대 출향인(1950~1960년대 출생)은 '일할 사람'으로 귀향하기 어렵습니다. 일본은 2002년부터 민간 차원에서 '100만 명의 고향 회귀운동'을 펼쳐 왔습니다. 귀향귀농귀촌을 모두 지원하는 활동이지만 '고향 회귀'라는 표현이 특징적입니다.

셋째, 농촌 마을에 직접 연고는 없지만 새롭게 들어오는 귀농귀촌 경로도 주목해야 합니다. '땅의 사람이 되고 싶은 바람의 사람'이라 할 수 있는 이주민들입니다. 일본에서 말하는 '아이(I)턴(도시 출신의 귀농귀촌)', '제이(J)턴(다른 농촌 지역 출신의 귀농귀촌)' 유형에 해당합니다. 현실적으로 가장 쉽게 떠올리는 길일 텐데, 어디까지나 '땅의 사람이 되고 싶은'이란 전제가 중요합니다. 마을에 살며 주민들과 희로애락을 함께하고 마을 발전을 위해 함께 노력해야 한다는 뜻입니다. 혹은 '마을 밖'에 살지라도, 생각의 차이는 있겠지만 기존 주민들의 관습을 존중하며 도와 주려는 정도는 되어야 합니다.

그저 '공기 좋고, 물 맑은 농촌'을 찾아온 도시민이라면 농촌에는 오히려 부담일 뿐입니다. 이런 도시민 '뒤치다꺼리'에 힘들어하는 마을리더가 의외로 많습니다. 마을의 가장 큰 애로 사항이고, 골칫거리라고까지 말합니다. 정책도 이런 점을 잘 알고 접근해야 합니다. 읍면 소재지에 공공 임대 주택을 마련하여 귀농귀촌 과정의 징검다리를 만들어야 한다는 주장(《한국농어민신문》 2021년 8월 17일자 필자 기사 참고)도 이런 취지를 반영한 것입니다. 서로가 서로를 '탐색할 시간' 여유가 있어야 마찰이 적습니다. 많은 귀농귀촌인들이 '마을 안'에 바로 살기보다 개인 사생활을 좀 더 확보할 수 있는 '마을 밖(읍면 소재지)'에서 일정 기간 살아 보는 것이 바람직합니다.

귀농귀촌인은 '농사짓는 귀농인'과 '농사와 직접 관계 없는 귀촌인'으로 구분할 수 있습니다. 이 둘 사이에 명확한 경계 짓기는 사실 어렵지만, 오랜 농경 문화 전통에서는 매우 중요한 구분입니다. 직접 농사를 짓는 귀농인은 이래저래 기존 주민들과 접점이 많습니다. 농지나 수로 관리, 작목반 운영, 보조금 문제 등 서로 만나 소통할 기회가 많죠. 때로는 경쟁하고 때로는 협력할 수도 있습니다. 농사를 직접 짓지 않는 귀촌인도 두 유형으로 나뉩니다. 가장 문제되는 유형이 농촌 마을 입구나 골짜기에 '큰 전원주택 지어 놓고, 캠스 설치하고, 큰 개 키우는' 전원생활파라 할 수 있습니다(여기서 문제라 하는 것은 마을 발전에 별 도움이 되지 않는다는 뜻이지, 마을에 꼭 피해를 준다는 뜻은 아닙니다. 오해 없으시기를…).

여기서 한 번 더 생각해볼 수 있는 유형은 '농사짓지 않더라도 농사꾼이 할 수 없는 재주를 가지고 있고 마을공동체에 관심을 가진 귀촌인'입니다. 농촌 마을에서 농업 생산 자체는 현재 남아 있는 분들이 여전히 '프로'라 할 수 있습니다. 다만 농가공이나 온라인 판매, 경영 마케팅, 세무 회계 등은 취약합니다. 서류 작업은 특히 서툽니다. 그렇기에 이런 단점을 보완해 줄 수 있는 귀촌인이라면 마을 후계자로 충분히 고려해볼 수 있습니다. 현실적으로 농사만으로는 당장의 생계 해결이 어렵고, 정착 과정도 최소 3~5년은 걸립니다. 그렇다면 이런 귀촌인이 마을마다 한두 가구씩 들어오는 것을 적극 환영해도 좋지 않을까요?

어쩌면 이렇게 '농사꾼을 도와줄 수 있는 젊은 귀촌인'이 가장 필요하고 또 쉽게 다가갈 수 있는 길일 것입니다. 진안군의 마을 간사나 완주군의 귀농귀촌 두레농장, 전라북도의 과소화대응인력, 경상북도의 도시청년 시골파견제, 홍성군의 마을조사단 등의 정책 사업은 이런 점에 주목한 셈입니다. 잘 되고 못 되고는 지자체마다 다르지만 정책 면에서 행정이 계속 검토해야 하고, 또 마을에서도 행정에 도입하도록 요청할 수 있습니다.

마지막 네 번째로, 마을에 일정 기간만 머물거나 도시에 살지만 응원하는 사람을 생각해볼 수 있습니다. 마을 후계자가 반드시 마을에 '지금 당장' 살아야만 한다고 요구하기는 힘들 수 있습니다. '언젠가는'이라는 전제로 생각할 수 있고, 혹은 시대가 바뀌어 도시와 농촌을 왕복하는 사람이 늘어날 수밖에 없다는 현실도 인정한다면 무시할 수 없는 길입니다. 일본에서는 이런 유형을 각각 '오(O)턴(도시와 농촌을 왕복한다는 의미)'과 '교류 인구, 관계 인구'라고 부릅니다.

고향세(고향사랑기부금제도)가 지난 10년간의 우여곡절을 거쳐 2021년 9월 정기국회에서 통과되었고 2023년 1월부터 시행될 예정입니다. 출향인이나 도시민들이 본인이 살지 않는 지자체에 자발적으로 기부금을 내면 세액 공제와 답례품 혜택을 받을 수 있게 한 제도입니다. 이를 통해 도시에 살면서도 농촌을 직접 응원할 수 있는 기회가 확대된다는 점에서 환영할 만합니다. 도시에 사는 생협 조합원이 먹거리 구입과 도농 교류를 통해 생산자 농민을 개별 지원하는 것으로부터 자치단체 재정 지원으로 확장된다는 점에서 획기적이기도 합니다. 어느 쪽이나 농촌을 접할 기회를 확대해 '언젠가는' 마을 후계자로 새로 진입할 수 있는 예비군에 해당하는 셈입니다. 이런 예비군의 폭이 넓고 두터울수록 농촌 마을의 희망이 커질 수 있습니다.

마을만들기 리더에게 바란다: 관점과 자세, 당면 과제

앞에서 소개한 네 가지 경로는 출생지를 기준으로 간단하게 분류한 것입니다. 유형은 훨씬 복잡해질 수 있지만 어디까지나 마을 스스로의 노력을 전제로 합니다. "노력하는 자에게 길은 열린다"는 말이 맞는 까닭은 그만큼 외부에서 도와주려는 정책 사업과 응원군이 많기 때문입니다. 행정의 많은 보조 사업이 '약'이 아니라 '독'이 된 까닭은 그것을 다스릴 수 있는 내부 역량이 부족했기 때문입니다. 그래서 마을 스스로 변화하려고 노력하고 힘을 키우면서 동시에 마을 후계자를 밖으로부터 들이려는 전략도 활용해야 합니다.

마을의 자치 역량이 바닥까지 떨어진 '한계 마을'조차도 주민자치(위원)회를 통해 마을과 마을이 힘을 합치고 읍면 소재지에서 배후 마을을 지원하는 활동이 활발하면 새로운 희망을 품을 수 있습니다. 마을의 역량이 아무리 떨어진다 해도 너무 섣부르게 귀농귀촌 정책과 연결시키는 일은 바람직하지 않습니다. 그런 방향은 정책 비용이 너무 비싸고 시행착오를 반복할 수 있기 때문입니다. 앞에서 제시한 길들처럼 다양한 방법을 결합할 수 있습니다.

끝으로 마을 후계자를 기르기 위한 과제로 마을리더에게 몇 가지 제안하고자 합니다. 일부는 앞의 논의와 중복되지만 나열식으로 종합 정리한 것입니다.

첫째, 마을리더 스스로 관점과 자세를 전환해야 합니다. "나는 정말 우리 마을이 발전하기를 바라는가?" "나라는 개인은 어떤 노력을 하고 있는가?" 이 질문을 계속 던져야 합니다. 행정이나 외부 지원에 의존해서 해결책을 찾으면 실패하기 쉽습니다. 그 경계가 모호하기는 하지만 나 스스로 변하려 노력하고, 마을 주민이 힘을 합쳐 살기 좋은 마을을 만들려는 노력이 전제되어야 합니다. 내 자식도 고향 마을로 돌아오기를 기대하는 간절한 마음이 있어야 하고, 지금 당장은 어렵고 힘들지만 함께 노력할 동지를 찾고 있다는 애절한 마음이 전해져야 합니다. 면 소재지 초등학교 학생들에게 "나중에 도시에 나가더라도 선진 문물을 배워 꼭 돌아오라"고 장학금도 지원하려는 노력이 필요합니다. 거듭 강조하는 제안입니다.

둘째, 마을조직도와 마을규약을 정비해 마을 후계자 양성 차원의 '귀향귀농귀촌위원회'를 두면 좋겠습니다. 위원회까지는 아니라도 전담할 수 있는 사람을 지정하고 방법을 검토해도 좋습니다. 고향 떠난 출향인을 상대로 안내문을 보낼 수도 있고, 새로 오는 이주민을 상담하는 역할을 담당할 수도 있습니다. 마을에서 합의를 한다면 행정 사업비를 활용해 빈집을 정비할 수 있고, 일자리 공간으로 가공 시설을 확보할 수도 있습니다. 또 좋은 농지를 미리 확보하여 임대해 줄 수도 있겠죠. 이렇게 마을 스스로 준비하고 노력하는 활동을 보면서 감동하는 출향인이나 귀농귀촌인이 적극 등장할 수 있습니다. 마을 빈집을 정비하고 빌려줄 농지까지 확보한 상태에서 청년 귀농 설명회 자리를 만들어 전국으로 홍보하면 준비된 사람이 반드시 찾아올 것입니다.

셋째, 연계된 제안인데 마을총회를 통해 "땅이나 집을 사고팔 때는 이장님에게 먼저 알린다"는 원칙을 결의하는 것도 중요합니다. 현재의 농지와 주택 거래는 예전과 달리 너무 음성적입니다. 이런 상황이 반복되다 보니 실제 소유주를 알기도 어렵습니다. 개인적으로 거래하다 보니 값은 계속 오르고 토지 관리가 되지 않습니다. 앞으로 초고령화 상황이 더욱 심해질 것이 명확한데, 마을에서 멀리 떨어진 골짜기 위로 높이 올라가 집을 짓지 않도록 유도해야 합니다. 실제 마을에 살 사람(후계자)에게 농지와 주택이 넘어가도록 약속해야 합니다. 그래야 유기농업 단지화도, 커뮤니티 센터 설치도, 요양원 건립도 기약할 수 있기 때문입니다.

넷째, 주민자치(위원)회에 참여해 마을 후계자 양성을 공식 의제로 제기하고 분과 설치를 적극 제안해볼 만합니다. 농촌 마을의 공통 과제이기에 공동 해결책을 적극 모색해야 합니다. 읍면 정도의 규모이기에 '귀향귀농귀촌위원회' 설치도 충분히 가능합니다. 이미 읍면마다 출향인 모임이 있고, 학교 동창회도 있습니다. 매년 여름 휴가철이나 백중날 전후로 축제 비슷한 행사도 열리죠. 이런 규모라면 지역 농업의 6차 산업 전략도 검토할 만합니다. 이장 회의에서 이런 문제를 다루지는 않기에 주민자치 대표 기구인 주민자치(위원)회가 갈수록 부각될 것입니다.

다섯째, 마을교육공동체 활동에 관심을 가지고 적극 참여해야 합니다. 마을교육공동체는 마을과 학교의 담장을 허물고 서로 교류하는 경험을 통해 '마을이 학교고, 학교가 마을'인 관계를 복원하려는 활동입니다. 아직 시작 단계고 시행착오도 많지만 "학교가 살아야 마을이 산다"는 슬로건처럼 매우 중요합니다. 아이들에게 고향 마을의 기억을 소중히 간직하도록 도와주면 '몸에 밴 유전자'가 언젠가 돌아올 힘으로 나타납니다. 더 나아가 마을에 대한 자부심을 잃지 않고 고향을 지키는 후계자로 성장할 수도 있습니다. 전국적으로 읍면 단위 활동이 활발한 곳은 이같은 마을교육공동체 활동이 활발한 곳이기도 합니다. 남원시 산내면, 옥천군 안남면, 제천시 덕산면, 완주군 고산면, 홍성군 홍동면, 아산시 송악면이 그렇습니다.

여섯째, '돌아오는 농촌'이 될 수 있도록 장학회나 공익 법인을 만들어야 합니다. 성적 우수 학생이 아니라 고향 발전에 기여할 수 있는 아이디어를 내고, 창업을 시도하는 학생에게 이런 장학금이 필요합니다. 장학금은 아이들에게 미래를 열어 주는 꿈을 격려하고 자극하며 큰 자부심이 될 수 있습니다. 지역에 뿌리내린 장학회가 지역공동체재단으로 발전한다면 더 많은 역할을 기대할 수도 있습니다. 마을 후계자 양성을 위한 10년 프로젝트도 기획하고, 지속가능한 농촌을 위한 자치 재원도 확보하며, 다양한 토론의 장도 제공할 수 있기 때문입니다. 지금 농촌에는 이런 공익 법인이 하나도 없다는 사실이 큰 문제입니다.

일곱째, 농촌 마을 정책과 귀농귀촌 정책, 청년 정책이 서로 연계하고 협력하도록 행정에 요구해야 합니다. 마을 후계자 양성이란 관점에서 보면 어느 정책이나 목표는 비슷합니다. 하지만 행정 칸막이 속에서 협조가 잘 되지 않는 것이 현실입니다. 전북 진안군은 마을만들기팀에서 귀농귀촌 정책을 오랫동안 담당해 왔습니다. 그래서 서로 잘 연계된 정책을 개발해 마을만들기 선진지일 뿐만 아니라 '귀농 1번지'로도 성장했습니다. 통계청의 인구총조사 자료에 따르면, 전북 진안군의 인구는 2010년 20,318명에서 2015년 22,886명으로 무려 2,568명이나 늘었습니다. 전체 11개 읍면 모두에서 늘었다는 사실은 이런 정책 효과라고 해석됩니다.

이외에도 많은 제안이 있을 것입니다. 하지만 앞에서 제시한 3대 실천 환경 조성과 4대 경로와 맞물려 있기에 어느 하나 간단치 않은 것이 현실입니다. 그럼에도 거듭 강조하자면, 스스로 마을만들기 활동을 열심히 하는 것이 전제되고, 이런 노력 속에서 마을의 합의를 통해 미래 지향적 대안을 모색해야 합니다. 농촌 마을 후계자를 기르기 위한 좋은 아이디어는 이미 여러 방면에서 많이 제시되었습니다. 문제는 현장의 실천 경험이 쌓이지 않고 악순환을 반복한다는 점입니다. 시군 단위 마을만들기 중간지원조직이나 읍면 단위 주민자치회 논의는 이런 악순환을 끊고 근본적인 해결책을 찾아가자는 차원의 정책입니다. 모여서 함께 공부하고 토론의 장을 계속 넓혀 나갑시다.

귀농운동과 마을 그리고 후계

이진천 전국귀농운동본부 전 상임대표, 현 춘천두레생협 이사

후계는 어떤 일이나 사람의 뒤를 잇는 일을 말합니다. 그러므로 귀농은 후계인 것이고, 귀농자는 마을의 후계자가 맞죠. 그런데 후계라는 용어가 귀농과 결부되어 언급되지는 않습니다. 이유는 여럿 있을 것입니다. 이와 관련한 단상을 거칠게나마 전합니다.

귀농운동론 2.0의 논점, 마을

이 글을 읽는 분들이 모두 전국귀농운동본부에 우호적이리라고 생각하지는 않습니다. '생태 가치와 자립하는 삶'이라는 슬로건에서 짐작할 경향성과 각자의 견해는 얼마든지 다를 것입니다. 그런데 전국귀농운동본부는 고정된 가치를 사수하는 조직인 적이 없었습니다. 귀농센터가 아니라 귀농운동을 표방하는 운동 조직입니다. 그게 늘 성공적이지는 않더라도 말입니다.

아무튼 전국귀농운동본부는 귀농 담론도 정책도 없었던 1996년에 창립되었고, 지난 2016년 20주년을 맞아 공동 작업 결과물을 발표했습니다. '귀농운동론

2.0'이라고 부르는 까닭은, 귀농운동이 2.1, 나아가 3.0으로 버전 업되기를 바랐기 때문입니다. '고정된 귀농론'이 아니라 '변화하는 귀농운동론'이라는 의도를 담았습니다. 올해도 전국귀농운동본부 정책 단위는 운동의 진화를 위한 재검토 작업을 하고 있습니다.

'귀농운동론 2.0'이 주목한 포인트는 마을입니다. 지역이라는 용어와 혼용되지만, 어차피 현장은 마을이든 지역이든 임의로 섞어 쓰고 있으니 간단히 마을이라고 해도 무방할 듯합니다. 그런데 왜 마을일까요? 개인에서 마을로 지평이 넓어졌기 때문입니다. 어떤 맥락으로 마을일까요?

사실 이미 귀농운동은 마을에서 생생한 모습으로 펼쳐지고 있었습니다. 살갑든 경이롭든, 기가 막히든 절망스럽든, 귀농자들의 숱한 희로애락은 마을에서 벌어지는 일들이었습니다. 그동안 귀농운동이 지닌 특징적 강점이 개인의 각성에 비롯한 철저함이었다면, 이제는 협동적 마을살이에 근거한 유연한 온전함으로 진보하는 중입니다.

생태·자립·소농의 가치는 고집스럽고도 미련하게 지킬 만한 가치입니다. 하지만 어떤 운동도 가치 자체를 위해 존재하지 않습니다. 가치는 삶의 온전함으로 나아가는 와중에 기우뚱한 균형의 모습으로 포착되는 것일 뿐입니다. 그 삶의 온전함은 마을에서 마을 사람들끼리 어울리며 만들어집니다. 따라서 귀농운동이 개인에서 마을로 확장되는 것은 자연스러운 일입니다.

운동은 현장의 반영입니다. 결핍의 대안이든 성찰의 축적이든 현장에 기반합니다. 귀농운동이 마을에 주목하는 메커니즘도 마찬가지입니다. 현장, 다시 말해 마을이 조금씩 꿈틀거리고 있으며, 귀농자들이 그 협동과 연대의 시대로 나아가는 변화의 네트워크에 활발히 가담하고 있기 때문입니다.

귀농 정책의 근본적 한계

잠시 눈을 돌려 정책의 한계를 간단히 말하려고 합니다. IMF 사태 직후 잠시의 귀농 장려책은 도저히 귀농 정책이라고 볼 수 없습니다. 궁지에 몰린 사람들에게 임시방편의 활로를 연결해 준 것뿐입니다. 귀농에 관한 정책의 호응은 참여정부 시절부터라고 볼 수 있습니다. 그러나 그때도 귀농은 농업 인력 정책의 후미진 곳에 자리잡고 있었습니다. '돈 되는 농업'이라는 패러다임 속에서 말입니다. MB정부도 그 다음도 지금 정부도 기조는 마찬가지입니다. '농업 인력' 아니면 우아하게 '미래 인적 자원'입니다.

전남 강진군과 전국귀농운동본부가 함께 협력해 사실상 최초의 귀농지원조례를 만든 때가 2008년입니다. 그 뒤로 몇몇 지자체가 강진군 조례를 참고해 조례를 만들기도 했습니다. 2015년 정부의 귀농 지원 관련 법률이 귀촌 · 귀어 정책과 묶여 등장했고, 조례가 줄을 이었으며, 귀농귀촌지원센터도 여러 단위에서 만들어지기 시작했습니다.

문제는 이 모든 정책의 흐름이 언제나 정량적이라는 데 있습니다. 무엇을 계측할까요? 사람 숫자, 그리고 연관된 사업과 지원 예산입니다. 교육 인원이나 귀농귀촌인 숫자를 무시할 수는 없습니다. 그러나 숫자의 값어치도 모르는 채 숫자에 연연합니다. 지방 소멸 따위의 담론도 마찬가지 숫자놀음으로 귀결됩니다. 농정 패러다임과 귀농 정책은 여전히 생산력과 생산성 위주입니다. 거기에 마을은 한 번도 없었습니다. 다섯 손가락 안에 꼽히는 기초지자체 사례로 마을이 있었다고 궁상맞게 부정하려 들지는 않았으면 좋겠습니다.

귀농운동과 결부되어 이러한 정책의 한계는 고통스럽습니다. 귀농해서 농사지으려면 진입 장벽이 너무도 높습니다. 시간을 두고 버티며 살아 보려면 뒷받침되어 주어야 할 마을은 허전하기만 합니다. 그동안은 이 허전한 공백이 개인의 역량과 간신히 존재하는 네트워크, 그리고 우연으로 채워졌습니다. 원론적으로는 마을이 사람을 가족을 귀농자를 붙들어 키워야 맞습니다. 그런 원리가 잘 작동하지 못했다면, 작동하는 원리가 되도록 함께 노력해야 합니다.

그렇다면 귀농 정책은 마을 정책과 직결되어야 할 테지만 여전히 따로따로입니다. 정책이라고 해봤자 농업 생산 지원책이거나 무심한 농촌 인구 늘리기뿐입니다. 정치와 행정의 관행에서 비롯한 근본적 한계입니다. 융합적 사고도 없고 실질을 향한 진정성도 없습니다. 이쯤 해두죠.

귀농은 무엇의 후계일 것인가?

'귀농이 무엇의 후계인가'라는 질문이 이상하게 들리지 않는지요? 사실 후계라는 말은 일상에서 잘 쓰지 않습니다. 쓴다면 후계자라는 용어고, 대체로 어떤 사람의 뒤를 잇는 사람을 일컬을 때 쓰입니다. 귀농자는 구체적인 아무개 씨의 뒤를 잇는 사람이 아닙니다. 아무개 씨의 논밭을 이어 농사를 짓는다고 아무개 씨의 뒤를 잇는 것은 아니죠.

귀농자들의 흔한 고민이 있습니다. 경제적 필요 때문에 농사를 늘리고 기계를 사고 품을 삽니다. 그러면서 도대체 내가 뭐하는 건지 모르겠다고 한탄합니다. 어쩌다 이렇게 쫓기며 사는지, 어쩌다 단순 소박한 삶을 벗어나 이렇게 치닫는지 모르겠다고 하소연합니다. 몇 년 뒤에 만나 보면 대부분 농사가 줄어 있습니다. '늘려도 별 수 없었다'고 하면서 말입니다. 어떤 선택이든 응원 받아 마땅합니다. 그러나 이런 사례들은 무엇을 시사할까요?

귀농은 후계입니다. 앞선 농(農)의 뒤를 잘 이어야 합니다. 그런데 그 앞의 일이 정상적이지 않다면 그것을 잇는 일도 비정상이 됩니다. 간단히 말해, 앞의 일이 이어갈 만한 가치가 있어야 합니다. 귀농은 규모화와 기계화라는 일반적인 패턴을 이어갈 수밖에 없을까요? 그 패턴은 지속가능한가요? 귀농자가 뒤를 이을 만한 훌륭한 패턴인가요? 삶에 정답은 없지만, 시대는 의심해 보아야 합니다.

귀농운동은 운동이므로 정상과 비정상을 끊임없이 묻는 작업입니다. 내가 남은 생을 살고 뼈를 묻을 이 마을은 온갖 요소가 혼재되어 있습니다. 이어갈 만한 가치 있는 것들도 있고 전혀 아닌 것들도 있습니다. 이어가기는 커녕 반드시 개혁해야 할 것들도 있습니다. 제초제 뿌리는 관행은 이어갈 만하지 않다는 것쯤은 누구나 압니다. 그러나 마을의 질서라는 이름의 관행은 어떨까요? 간단한 문제가 아닙니다.

귀농은 무엇의 후계인가요? 모름지기 후계라면, 진선미(眞善美)라는 감각에 근거한 가치 충만한 것들의 후계여야 합니다. 바로 이런 지점에서 귀농운동은 충돌할 수 있습니다. '그건 정말 아닌 것 같아요'라는 반응이 도시적 무지에서 나올 수도 있습니다. 반면에 농촌적 무감각에서 기인할 수도 있죠. 어떤 것도 명쾌하지는 않습니다. 그렇게 밀고 당기면서, 깎고 깎이면서, 온전한 마을살이로 나아갈 뿐입니다.

귀농자는 아무개 씨의 후계자일 수 없고, 마을 전체의 후계자여야 옳습니다. 하지만 이렇게 부를 수 있는 귀농자는 거의 없습니다. 심지어 마을 이장을 했더라도 그렇습니다. 마을이 그를 인정하지 않아서가 아닙니다. 마을이 부실해서도 아닙니다. 귀농은 대체로 개인의 문제로 다뤄지기 때문입니다. '한 아이는 마을 전체가 키운다'는 말에는 동의하면서, '한 귀농자는 마을 전체의 후계자다'라는 말에 아직은 선뜻 동의하기 어려운 현실입니다. 아직은 아니지만, 귀농과 마을이 서로를 축복하는 미래는 오고 있다고 믿습니다.

귀농은 마을을 향한 지 오랩니다. 이제 귀농운동은 마을과 호응하여 더욱 지평을 넓혀 가고 있습니다. 그것은 마땅하고도 아름다운 들판의 변화입니다. 수많은 착한 사람들이 서로를 부르는 소리도 들립니다. 좋은 후계자는 '온고지신(溫故知新)하며 충실히 잇는 사람'입니다. 그 온고의 과정에서 귀농자들은 오늘도 자신에게 묻고 마을에게 물으면서, 6월의 풀을 뽑고 있습니다. 귀농은 무엇을 후계할 것인가요?

마을이 스스로 후계자를 키워야 한다

정민철 협동조합젊은협업농장 상임이사

이 글은 홍성군 장곡면 도산2리 임응철 이장을 비롯한 마을 사람들의 대화를 정리한 것입니다. 이 마을은 2012년부터 청년들이 들어오면서 오누이친환경마을협동조합, 협동조합젊은협업농장, 협동조합행복농장, 마을연구소 일소공도협동조합, 청년농부영농조합, 장곡마을학교 등 다양한 단체들의 활동이 이루어져 관심을 받고 있습니다. 이장, 귀향인, 귀농인이 겪는 고민과 농촌 마을을 지켜가기 위한 노력 등에 관해 나눈 내용을 '마을에 청년들이 들어오기 전과 후로 나눠 세 사람이 전하는 이야기' 형식으로 재구성했습니다.

마을에 청년들이 들어오기 전

나는 이장이다

도시에 나가 직장을 다니다가 IMF 때 귀향했습니다. 직장에 다니면서도 귀향을 준비하기 위해 예전에 할아버지가 농사짓던 땅을 중심으로 고향에 농지를 사두었기 때문에 별 어려움은 없었습니다. 빚내어 논을 사냐고 집사람은 성화지만, 지금도 어떻게든 농지는 구하려고 노력합니다. 제가 귀향할 때 마을 인구는 많이 줄어 있었고 젊은 사람은 없었습니다. 저보다 어린 사람은 두세 명 가량이었죠. 귀향인은 세 사람 있는데, 귀농인은 하나도 없는 마을이었습니다.

귀향한 지 3년 지나 이장을 맡았습니다. 아무런 변화도 없고, 마을 돈이 관습적으로 쓰이는 모습을 보면서 뭔가 바꿔야 한다고 생각했습니다. 그런데 막상 하다 보니 마을 사람과 종종 싸우기도 했습니다. 마을에 변화가 필요하다는 생각은 들었지만, 어떻게 해야 할지도 모르겠고 함께 고민할 사람도 없었습니다. 귀향한 젊은 사람들은 부모님의 농지를 물려받아 농사일은 열심히 잘 하지만, 마을 일을 논의하기에는 모두 너무 바쁩니다.

상록회장을 하고 있을 때 군청의 요청으로 권역사업을 준비했습니다. 권역사업 위원장을 덜컥 맡았는데 속으로는 겁이 났습니다. 마을 일을 자기 욕심 없이 함께 논의할 사람은 안 보이고, 뭘 해야 할지도 막막했습니다. 전국에서 권역사업이 진행되었지만, 잘 진행되었다는 이야기는 듣기 힘들어서 혼자 속만 탔습니다.

명절에 내려온 자식들에게 농사를 이어받을 생각이 있냐고 물어 보니, 이어받지 않겠다고 합니다. 멀쩡한 직장을 다니고 있고 요즘 젊은 사람들이니 이해도 됩니다. 지금이야 괜찮지만 앞으로 농사를 이어받을 사람이 없으니 어떻게 해야 하나 걱정입니다.

또 답답한 것은, 아버지와 제가 다닌 초등학교의 학생 수가 계속 감소하는 것입니다. 분교는 폐교되는데, 마을에 몇 명 없는 아이들도 읍내 초등학교에 보내는 것을 볼 때마다 정말 속상했습니다. 설득도 해보고 교장 선생님께 좀 더 뛰어다녀 보자고 싸우기도 했지만 모두 무용지물입니다.

처음 귀향할 때 계획한 농사 목표는 이루었지만, 어르신만 늘어가는 이 마을에서 제가 뭘 할 수 있을지 모르겠습니다. 온갖 걱정거리로 혼자 머리만 아픕니다.

나는 귀향을 준비 중이다

저는 집을 일찍 떠났습니다. 고향 마을에서 초등학교만 다니고 중학교부터는 가까운 읍내에서 자취를 했습니다. 마을의 형과 누나들이 모두 읍내에서 자취를 하다 보니 저도 자연스럽게 그렇게 되었죠. 주말이면 집에 왔는데, 할머니와 어머니는 늘 일하고 계셨습니다. 그 모습이 안타까워 자주 일을 도와드렸습니다. 덕분에 어릴 때 농사일은 많이 했습니다. 대학은 큰 도시로 가고, 취직도 하고, 결혼도 하고, 사업도 했습니다.

5월이면 늘 고향 생각이 났습니다. 아카시아 향기, 개구리 울음소리… 고향에 대한 그리움 때문에 귀향을 자주 생각했습니다. 어린 시절 방학 때마다 농사짓는 고향의 작은아버지 집에 놀러 갔는데, 그때 농사일을 도와드리며 마음이 편안했던 기억 덕도 있습니다.

결혼하고 나서 집사람과 "막내가 대학에 가고 1년 뒤에 농촌으로 가자"고 귀향 이야기를 했습니다. 귀향을 생각만 했는데, 나이가 들어 구체적인 계획(땅을 사고 애견 캠핑장을 만들자는)을 세우고 나니 돈을 모아야겠다는 생각이 들었습니다. 하지만 여러 연유로 새로 사업을 시작해야 하는 상황이 되면서 귀향을 결정했습니다. 생각보다 이른 실행이어서 준비도 되어 있지 않았지만, 한 살이라도 젊을 때 귀향하는 게 좋겠다고 결론 내렸습니다.

10대 중반의 둘째아이를 도시에 남겨두어야 하니 귀향을 결심하기가 어려웠는데, 막상 실행하려니 더 막막했습니다. 어머니는 고향에 계시지만 농지나 농기계는 거의 없고, 모아둔 돈으로 1년은 버틸 수 있겠지만 그 뒤로는 먹고살 수입이 있어야 하는데 어떻게 해야 할지 모르겠습니다. 어릴 때 농사일을 해봤지만 막상 현실로 닥치니 무엇부터 해야 할지 모르겠습니다.

우선 물어보고 배워야겠습니다. 절실하다 보니 일은 겁나지 않습니다. 어머니는 마을이 시끌벅적하던 예전 이야기를 하지만, 지금은 그렇지 않으니 상의할 수도 없습니다. 결심은 했지만 막막하기만 합니다. 우선 작은아버지께 여쭈기라도 해야겠습니다.

나는 귀농인이다

귀농한 지 6년이 되었습니다. 도시에서 일할 때는 너무 바빠 아내와 아이를 볼 시간이 전혀 없었습니다. 막연하지만 항상 귀농을 생각했습니다. 강원도로 귀농했다가 사기를 당해 다시 도시로 돌아간 경험이 있습니다.

모아둔 돈 하나 없이 아이 셋을 데리고 집사람과 다시 귀농했습니다. 귀농 프로그램에 참여해 여러 농가에서 일할 수 있었습니다. 몸은 힘들었지만 농기계도 직접 운전해 보는 등 많은 도움을 받았습니다. 귀농 첫 해에 개인 농사를 지었는데 매출은 고작 700만 원이었습니다.

여러 사람을 만나 어떻게 하면 좋을지 계속 상의했습니다. 다른 마을에서 밭농사를 크게 하시는 분이 함께 농사를 짓자고 했습니다. 혼자 농사지을 때보다 수입은 많았습니다. 하지만 개인적인 관계로 이뤄진 상황이다 보니 장기적으로 불안정하고, 농사일이 바쁘다 보니 도시 생활과 다를 바가 없었습니다. 마을 사람이 되기 위해, 집사람과 함께 마을 행사 뒷바라지도 하고 마을에서 도와달라는 일은 무조건 했습니다. 그렇게 하면 마을 사람이 될 줄 알았는데, 제가 한 일들은 마을 일이 아니라 개인 농가의 일을 도와주는 것에 불과했습니다. 개인과의 관계에서는 기존 농가와 경쟁해야 하는 상황이 되면서 섭섭함만 쌓여 갔습니다.

마을에 있지만 집 짓고 농사지을 땅을 마을에서 구하지도 못하고, 하루종일 다른 데로 다니며 농사지으니, 농촌에 와서도 아이들을 볼 시간은 없습니다. 마을에 정착해 마을에서 농사짓고 아이들이 마을에서 뛰어노는 모습을 그렸는데, 다시

도시로 돌아가야 하나 하는 생각이 들었습니다.

누군가로부터 다른 마을 이장님 이야기를 들었습니다. 젊은 사람들을 잘 도와준다고…. 얼굴을 익히려고 새벽부터 일도 없는데 그 마을로 가서 주변에서 얼쩡거렸습니다. 처음 인사를 했을 때 인상이 너무 무서웠습니다. 도와달라고 말씀을 드렸는데 모르겠습니다. 뭔가 하고 계신다는 느낌은 들지만, 또 사기당하고 이용당하는 게 아닌지 걱정도 됩니다.

마을에 청년들이 들어온 후

나는 이장이다

청년 둘이 와서 비닐하우스를 빌려달라고 부탁했습니다. 회의할 때 한두 번 만난 청년입니다. 보기엔 일도 안 해본 사람들 같아 걱정도 되고, 다른 마을 이장이 귀농자 때문에 동네 분란만 생겼다고 하는 말도 자주 들었고, 우리 마을은 귀농자를 받아본 적이 없다 보니 걱정이 앞섭니다. 생년월일을 받아 사주를 봐야 할까 생각까지 듭니다. 하지만 저도 급합니다. 이 친구들이 마을에 정착하고 적응한다면, 마을 일을 함께 논의할 수 있지 않을까 싶습니다. 물론 주변 사람들에게 청년에 대해 묻기도 하고, 만나서 술도 한잔하면서 이런저런 이야기를 하고 나니 좀 마음이 놓입니다. 협동조합인가 뭔가로 농장을 운영한다는데 사람이 여럿입니다. 걱정은 되지만 빌려주기로 했습니다.

막상 청년들이 들어오니 일이 너무 많아졌습니다. 농장에 사람들이 자꾸 들어온다고 살 집을 구해달라고 부탁합니다. 도시에 나가 있는 빈집 주인을 몇 차례 설득해 겨우 집을 구했습니다. 젊은 여성은 혼자 살기 어려우니까 딸 하나 더 생겼다 생각하고 우리집 2층을 내주었습니다. 집을 구해달라는 또 다른 젊은 여성은 아이가 둘입니다. 아이들이 크면 초등학교에 입학할 수 있을 것 같아서 더 열심히 집을 구해 주었습니다. 다들 뭐 먹고 살지 걱정도 되지만, 제가 못하는 일을 잘도 하니 도움이 됩니다. 청년들에게 일 시킬 게 없냐고 협동조합농장 쪽에 물어봐서 연결해 주었습니다. 협동조합농장에서 일하던 청년이 도청의 기관과 함께 장애인을 위한 농장을 만든다고 시설하우스 지을 땅을 알아봐 달라고 합니다. 땅이 어디 그렇게 쉽게 나오나 싶습니다. 더군다나 시설하우스를 누가 10년 계약을 해 주나 싶어 제가 임대해 농사짓던 땅을 넘겨주었습니다.

그런데 이런 일을 마을 사람들이 알면 싫은 소리 할 것 같아 걱정입니다. 벌써 청년들이 일도 별로 안 하고 시끄럽기만 하고 마을회관도 마음대로 쓴다는 등등 불만의 소리가 많이 들립니다. 화장실이 막혀도 청년들 때문이라고 하니 답답합니다. 어떻게든 이런 것들을 막아주면서 청년들이 마을에 적응하는 시간을 벌어야 할 것 같습니다. 마을에 사는 장애인들이 도움을 받을 수도 있고 시간이 지나 열심히 하면 잠잠해질 것입니다. 그렇게 막아주기는 하지만, 제가 보기에도 답답할 때가 많습니다. 논의 물꼬를 보러 다니지 않아 가는 길에 제가 봐 줘야 합니다. 왜 요즘 젊은 사람들은 방에서 개와 고양이를 기르는지 모르겠습니다. 농사 일이 바빠 일손이 필요한데 개 산책시킨다고 옆을 지나갑니다. 집주인에게 연락이 와서 청년들이 집 관리를 잘못 한다는 원성도 듣습니다. 야단치겠다고 대답은 하지만 이도 쉽지 않습니다.

그래도 마을 일을 협의할 사람이 생겨 다행입니다. 마을 사업을 논의하면 곧잘 아이디어를 내고, 여러 전문가와도 연결이 잘 됩니다. 이들이 있으니 일을 벌여도 될 듯합니다. 이들이 마을 행사에 참여하면 주변에서 놀라면서 부러워하는 모습을 보면 든든하기도 합니다. 협동조합농장에서 청년들이 교육을 받아서 그런지 농장을 독립하고 나서도 배운 대로 마을 일에 곧잘 참여하는 것 같습니다. 마을에 이러한 농장과 청년들이 있으니 권역사업으로 만든 센터도 잘 운영됩니다. 가만히 있어도 이들 농장을 통해 교육받거나 견학하러 오는 사람들이 늘어 새로 만든 건물들이 잘 활용됩니다. 그러니 다시 마을에 다른 사업이 들어오는 것 같습니다. 처음 서울에서 고등학생 50명이 교육받으러 왔을 때, 면장님과 옆 마을 이장님들이 구경하러 올 정도로 신기한 일이었습니다. 지금은 교육이나 방문하는 사람들로 늘 북적이니 마을에 활력이 생긴 듯합니다.

옆 마을에 살던 한 청년을 새벽에 논에서 만났는데, 농사지을 땅과 집 지을 땅을 구해달라고 합니다. 일은 잘할 것 같은데 아이가 넷이나 있다고 하니 초등학교에 도움이 될 것 같아 반갑긴 합니다. 제가 가진 작은 땅 하나를 떼어 주고 농가주택사업을 연결시켜 주면 될 듯합니다. 주변에 밭은 많으니까 밭 주인과 연결해 주면 됩니다. 이 청년이 어떤 사람인지 협동조합농장에 있는 청년들에게 물어보니 여러 평가를 해 주어 안심이 됩니다.

마을 일을 하려면 젊은 사람이 있어야 합니다. 얼마 전 마을 제초 작업을 하는데 청년 십여 명이 예초기를 들고 나타나 금방 해치웠습니다. 젊은 사람이 마을에 많으니 여러 곳에서 견학을 오고, 큰 행사도 생깁니다. 농지가 줄어 수입도 따라 줄기는 했지만, 또 이들 때문에 일은 늘어났지만 마을에는 활력이 생기는 것 같습니다.

외국인이 이 시골 마을까지 온 일은 마을이 생기고 처음인 것 같습니다. 우리나라 국회의원도 마을을 방문한 일이 없었는데, 외국의 국회의원이 견학을 왔습니다. 서울에서 누가 왔는지 몰라도 도지사와 군수가 인사를 하러 나타나는 것을 보면 신기합니다.

이런 것보다 중요한 건, 2012년에 75명이던 마을 주민이 지금은 116명으로 늘어난 사실입니다. 우리 면에서 마을회관이 가장 늦게 지어질 정도로 변화가 없던 마을이었는데….

또 다른 나의 자랑이 있다. 우리 면의 초등학생 수를 마을 수로 나누면 1.5명입니다. 초등학생이 한 명도 없는 리도 있는데, 우리 마을에는 무려 6명이 있습니다. 초등학생이 많은 게 우리 마을의 재산입니다. 마을 행사 때 청년들이 맨 앞에 앉아 있고 아이들이 뒤에서 뛰어다니면 보기만 해도 미소가 떠오릅니다.

조카에게 연락이 왔습니다. 귀향을 하려는데 어떻게 해야 하냐고 물어봅니다. 구체적인 목표를 세우고 농사를 처음부터 차근차근 배워야 한다고 했습니다. 하지만 조카는 농지도 없고, 가족은 도시에 그냥 산다고 하니 걱정입니다. 그래도 잘 배워 나간다면 제 농사를 맡을 수도 있을 것입니다. 농사를 처음 짓는 청년들에 비해 일도 익숙하고, 마을에 아는 사람도 많고 농촌 생활을 알고 있으니 더 빨리 배울 수 있을 것 같습니다. 다른 청년들과도 나이 차가 별로 없으니 곧잘 어울리는 것 같습니다. 물론 조카를 데리고 일하면 어려운 일도 많겠지요. 농지도 나눠 줘야 하고, 농기계도 맡겨야 하니까요. 조카가 제게 먹고살 수 있냐고 물어보는데, 나의 경험만 말해 줄 수 있지 답을 줄 수는 없습니다. 자기가 하기 나름이니까요.

부동산 업자에게 속아 비싸게 땅을 사고 집도 비싸게 지은 새터민도 도와 줘야겠습니다. 이야기를 들었는데 삶 자체가 드라마였습니다. 산불 감시원 일이라도 할 수 있게 하면 좋을 텐데, 경쟁이 심해 어떻게 될지 모르겠습니다. 사업에 실패하고 문중 집을 얻어 들어온 사람도 일을 달라고 하니 알아봐야겠습니다. 그 사람은 어린 자녀가 둘이나 되는데, 마을 초등학교에 보내겠지요. 왜 자꾸 돈 안 되는 일을 하냐고 옆 마을 이장에게 지청구도 듣지만, 마을이 조금 더 개방적이 되면 더 다양한 사람들이 들어올 거고 마을은 활기를 띠고 지속될 것 같습니다.

물론 아무나 받지는 않습니다. 마을과 함께하지 못하고 혼자만 잘되려는 사람도 있지만, 미리 알 수는 없으니 청년이 오면 우선 협동조합농장으로 보내 일을 시켜 봅니다. 한두 달이면 답이 옵니다. 5~6년 지나고 나니 마을에 분위기가 생겨 마을과 함께하고 싶어 하는 사람들이 옵니다. 마을에서 살아가면서 마을과 함께 발전할 사람이 들어오게 만드는 것이 중요할 듯합니다. 지금보다 더 들어온다면 이제 우리 마을이 아니라 옆 마을로 보내야겠습니다. 이 마을만 북적일 게 아니라 옆 마을도 북적이게 해야겠습니다.

청년들을 서로 연결시키면 마을 농사가 가능할 듯합니다. 청년들은 할 줄 아는 일이 다양합니다. 기계를 잘 다루는 사람, 판매를 잘하는 사람, 디자인을 잘하는 사람, 안내를 잘하는 사람 등 저마다 재주가 많습니다. 이들이 연결된다면 못할 게 없을 것입니다. 걱정하던 것들이 해결되었지만 일은 많아진 것 같고, 수입은 줄어든 것 같지만 배는 부른 것 같습니다.

앞으로의 계획은 마을 장학금을 만드는 일입니다. 마을을 떠나 도시로 공부하러 가는 사람에게 주는 장학금이 아니라, 마을로 내려와 마을에 함께 살면서 공부하려는 사람에게 주는 장학금입니다. 마을 청년이 배워야 마을이 발전할 수 있다는 것은 100년 전 초등학교를 만들 때나 지금이나 매한가지인 듯합니다.

나는 귀향인이다

귀향하기 전에는 설이나 추석 등 연휴에만 마을에 내려왔습니다. 가끔 마을에 내려오면 마을 어르신들이 한두 분씩 돌아가셔 빈집으로 있는 것을 보고 마음이 착잡했습니다. 마을에 청년들이 많이 와 다양한 활동을 한다는 이야기는 작은아버지께 들었지만, 막상 제가 내려오는 연휴에는 사람 없이 텅 비어 있는 건물을 보고는 건물만 지어 놓고 놀리고 있는 줄 알았습니다.

귀향하고 나서 실제로 보고 깜짝 놀랐습니다. 빈집이 더 늘어날 동네였는데, 젊은 사람들이 들어와서 분위기가 달라진 것 같았습니다. 어머니는 청년들이 무거운 짐 들어주고, 부탁 들어주고, 밭도 갈아주었다고 하셨습니다. 제가 못하는 일을 해 줘 매우 고마웠습니다. 청년들이 공동으로 밥을 해 먹던 부엌에서 마을에서 일하는 여러 젊은이들이 함께 점심을 먹고, 농사일도 하니 마음이 좋습니다.

지금은 아무 생각 없이 열심히 농사를 배워 나가니 마음이 한결 편해졌습니다. 주변 어르신들은 모두 알던 분들이고 인사를 하면 반갑게 맞는 분도 계시지만, 왜 내려왔냐고 의아해하는 분들도 계십니다. 도시 생활과 농촌 생활이 많이 다르지만, 농촌 마을에서 이런 활동이 이뤄지는 게 더 낯설 정도입니다. 도시에서 돈 모은다고 더 늦게 내려왔으면 이렇게 배우지도 어울리지도 못했을 것 같습니다. 열심히 배우고 함께 하다 보면 뭔가 될 것 같습니다.

나는 귀농인이다

집을 짓고 나니 이 마을 사람이 다 되었습니다. 마을 일이 많아서 집에는 여전히 늦게 들어갑니다. 하지만 제가 일하는 논밭에서 아이들이 뛰어다니는 모습을 보니 소원은 이루어진 것 같습니다.

이 마을은 전에 살던 마을과 분위기가 사뭇 다릅니다. 빼어난 학벌을 가진 청년은 없는데 농사로 무엇인가 해보겠다는 의지가 있어 보입니다. 전에는 각자 잘난 사람들만 있었다면, 이 마을은 농사일과 마을 일을 함께하려는 분위기인 것 같습니다. 제가 찾던 곳을 이제야 만난 것 같습니다.

농사 열심히 지어 돈도 벌어야겠지만, 저도 마을에 도움이 될 수 있도록 재주를 펼칠 기회를 만들어야겠습니다. 농촌에 와서 도시와 똑같이 살아가는 사람이 필요한 게 아닙니다. 아무나 받아들이지 말고, 농사를 배우겠다는 사람을 우선 받아 마을에서 교육시켜 정착을 도와줘야 합니다. 청년들이 계속 마을에 들어왔으면 합니다.

마을 공동 일을 하러 사람들이 모였습니다. 각자 농사가 바쁜 시기지만, 젊은 이들이 함께 모여 예초기로 마을 길 풀을 깎습니다. 또 다른 사람들은 마을 꽃밭의 풀을 뽑고 주변을 정리합니다. 마을에 교육받으러 온 중학생들도 참여해 깎은 풀 더미를 끌어 모읍니다. 이런 일을 마을 사람들과 함께하는 과정에서 교육이 자연스레 이루어지는 것 아닐까요. 한 학생이, 처음 만나는 사람인데 인사하면 모두 받아주는 게 신기하다고 말하더군요.

젊은 귀향인이 농촌에서 살 수 있는 힘
청양군 남양면 구룡1리 권대원 이장을 만나다

복권승 사회적협동조합 공동체세움 이사

권대원 이장은 올해로 만 50세, 충남 청양읍 남양면 구룡리 산수골에서 태어난 지 50년이 되었습니다. 권 이장의 고향 산수골 마을은 수백 년 전부터 안동 권씨가 대를 이어 살면서 집성촌이 된 전통 마을입니다. 다른 시골 마을도 비슷한 처지겠지만, 이곳 남양면 사람들의 삶의 궤적은 크게 둘로 나뉩니다. 대부분 남양초등학교를 졸업하고 동영중학교까지 통학하다가 더 꿈을 펼치고 싶은 친구들은 부여와 공주, 홍성과 예산 등지의 인문계 고등학교로 진학하는 경우가 하나입니다. 다른 하나는, 농사에 뜻을 두거나 고향에 살고 싶어서 지금은 종합고등학교가 된 옛 '청양농업고등학교'에 진학했습니다. 인터뷰는 권대원 이장의 고등학교 시절 이야기로부터 풀어 나갔습니다.

복권승 언제 도시로 나갔다가 다시 돌아오셨나요?

권대원 1985년, 홍성에 있는 고등학교로 진학하면서 집을 처음 나온 지는 37년 되었습니다. 한동안 명절 외에는 바쁘다는 핑계로 고향에 내려오지 않다가, 본격적으로 돌아온 때는 출향한 지 23년 만입니다. 2008년 10월, 집을 새로 짓고 내려왔으니 귀향한 지 11년째 되어 갑니다.

복권승 비교적 일찍 귀향하신 편인데, 어떤 계기로 돌아오셨는지요?

권대원 객지에서 정신없이 살면서 결혼도 하고 여러 사업을 하다 보니, 내 일상이 처음 세상에 나가며 꿈꿨던 여유 있고 명분 있는 삶과 많이 멀어져 있다는 것을 깨달았습니다. 내 삶이 내 뜻과 다르니 행복하지 않더군요. 그래서 가족들과 서로의 행복한 삶에 대해 고민하게 되었습니다. 다행히 아내가 귀향하자는 제안을 받아들여 줘서 고마웠습니다.

복권승 당시 주변의 반응은 어땠나요?

권대원 사람들은 도시로 떠났던 젊은이가 고향에 돌아오면 무조건 망해서 왔다고 생각합니다. 그런 인식은 농촌 사람들이 스스로를 비하하는 것밖에 되지 않아요. 그런 시선이 당연히 저도 불쾌했습니다. 한편으로는 그런 인식을 깨 보고 싶은 오기가 생겨서, 시골 생활을 더 열심히 하게 된 면도 있습니다. 다른 사람들보다 더 열심히 더 모범적으로 농촌 생활을 해보자는 오기가 발동했죠. 처음에는 동네 형님들이 술자리에서 내기를 했다고 합니다. 제가 3년을 버티느냐 못 버티느냐를 두고요. 실제로 당시 귀농귀촌하는 사람들 대부분이 실패하고 마을을 떠났기 때문입니다. 그러니 그분들은 제가 농사를 쉽게 생각하고 귀향한 그저 또 하나의 귀농인이라고 본 것이죠. 농사도 나름 어렵고 전문 영역인데 도시에서 살다가 뭘 안다고 감히 들어오는가 하는 일종의 냉소도 섞여 있었다고 나중에 말씀해주시더군요. "객지에서 뭔가 하다가 잘 안 돼서 시골에 왔구나." "시골 환경이 만만치 않을 걸." "얼씨구, 농사지어서 애들까지 키우겠다고?" 대체로 이런 내용의 이야기였습니다. 제가 쉽게 포기할 줄 알았는데 버텨 내는 모습에 마을

분들이 생각을 달리하게 되었다고 말씀들 하십니다. 꿋꿋이 버티기만 해도 마을에서는 인정해 주신다는 말입니다.

복권승 시골에서 농사짓고 아이를 키우며 산다는 게 그만큼 어렵다는 말인가요?

권대원 맞습니다. 그런데 저는 경쟁하지 않는 시골이 좋았어요. 이곳에서 다시 평온을 찾았습니다. 물론 동네 분들과의 소통에서 어려움도 좀 있었습니다.

복권승 마을분들과의 소통에서 어떤 면이 힘들었나?

권대원 시골에만 있던 분들을 비하하려는 의도는 없지만, 사고방식이 경직된 분들이 좀 있으셨어요. 농민 한 사람 한 사람이 개별 경영체이다 보니 농업을 바라보는 시각이 다 다릅니다. 자신의 방법과 생각이 옳다고 느끼죠. 그런 믿음들이 자신만의 농사와 삶의 방식으로 굳어지면서 태도가 완고해지고 다른 이들과의 소통에 문제가 생깁니다. 소통이 제대로 되려면 서로 다르다는 것을 인정해야 하는데, 마을 형님들과 대화하다 보면 이야기가 기존 틀에서 벗어나면 무시하거나 경계하거나 화를 내십니다. 한편으로는 새로운 것들에 대한 두려움이기도 하다고 생각합니다. 저도 한때는 그런 부분을 이해하기 힘들어서 목소리를 높인 기억이 있습니다.

복권승 이장님께서 자신이 겪는 불편이나 문제를 지역의 문제로 보고, 다른 분들과 함께 그런 문제들을 풀려고 노력하는 모습을 봅니다. 그래서인지 마을과 지역에서 점점 더 많은 일을 맡기는 것 같은데요?

권대원 고향에 돌아와 농사지으면서 자연 친화적으로 생활하는 것도 행복했지만, 농촌에서 내 할 일을 찾아야겠다고 생각했습니다. 지역을 바꿔 보고 싶은 욕심도 있었고요. 그런 기대에 비해 일부 선배님들의 완고함에 부딪히거나, 젊은 나이인 데도 생각의 범위가 좁은 후배들과 대화하다 보면 답답했습니다. 충분히 같이 해볼 수 있을 듯해서 제안도 많이 했는데, 이 친구들

입에서 나오는 얘기들이 연로한 분들의 정형화된 틀에서 못 벗어나는 것을 보면서 많이 실망도 했습니다. 그게 제일 힘들었던 것 같아요. 농사일은 재미있습니다. 몸은 힘들더라도 내 손으로 작물을 키워 자라는 것을 보는 기쁨이 있으니까요. 작물이 주인 발소리 듣고 큰다는 이야기를 실감할 때 정말 행복했습니다.

복권승 귀농귀촌인들 가운데 대체로 여성이 남성보다 적응하기 더 힘들어 하는 편입니다. 더구나 사모님은 이장님처럼 여기가 고향도 아니어서 모든 게 생경하셨을 텐데요?

권대원 아무래도 우리는 명절마다 찾아오던 사람들이었기 때문에 처음 들어오는 낯선 사람보다는 동네 분들의 호기심이 덜했습니다. 그것이 우리를 버틸 만하게 하는 점도 있었죠. 그런데 집을 새로 지으면 그 호기심이 다시 발동합니다. 집 지을 때 우리 동네 분들은 많이 안 물어 보셨는데, 지나가던 옆 동네 분들이 궁금해 했습니다. 동네가 길목인 데다 새로 짓는 집이니 지나가면서 다들 한 번씩 묻고 궁금해 하시는데… (큰 한숨과 더불어 웃음) 지나친 관심이 사람을 힘들게도 합니다. 아내는 힘들 시간도 없었다고 합니다. 아이들이 어릴 때 귀향했으니 육아만으로도 정신이 없었던 데다가, 다행히 고용노동부에 구직 활동 신청을 올리자마자 이틀 만에 지금 다니는 회사와 연결이 되었어요. 너무 바빠서 적응을 잘한 경우라고 할까요. 청양 같은 시골에서는 사무직이 가능한 젊은 사람이 귀한 대접을 받는 것 같습니다. 회사 입장에서도 아내가 꼭 필요했고요. 그래서 그때 구했던 직장에서 지금까지 일하고 있습니다. 빨리 일자리를 찾은 게 적응에 큰 도움이 되었다고 아내가 말합니다.

복권승 남양면의 중심지활성화사업도 활발하게 진행하셨고, 청양군 이장협의회

살림도 맡고 계시죠. 어떻게 지역 리더로 성장하게 되었나요?

권대원 마을 일로 처음 시작한 것은 새마을지도자였습니다. 대체로 젊은 사람에게 리더를 맡기는 경우가 많습니다. 더구나 요즘은 마을에 젊은이가 귀하니 떠맡기듯 리더 자리를 주셨죠. 그리고 또 하나는 교육입니다. 우리 아이 유치원 때부터 학교 운영위원을 했고, 나중에는 남양초등학교 운영 위원장을 맡았습니다. 그리고 주민자치에 관심이 많으신 면장님이 부임하면서, 젊은 사람들이 주민자치위원을 할 수 있도록 추천해 주셨습니다. 학교 운영위원과 주민자치위원 활동은 마을에서 지역으로 범위가 넓어지는 계기가 되었습니다. 면 단위로 활동 범위가 넓어지니 중심지활성화사업에서도 일을 맡게 되었어요. 지금은 청양 읍내에도 이렇게 차 마시며 놀다 갈 수 있는 안식처가 있고, 지역 문제를 함께 고민할 수 있는 사람들도 폭넓게 사귀고 있습니다.

복권승 농사일로 동네 선배들과 더 가까워졌다고 들었습니다.

권대원 제가 시골에 오면서 하게 된 이야기가 있습니다. 시골에서는 큰 소리로 밝게 인사만 잘해도 사람들이 쉽게 기억해 준다는 겁니다. 그렇게 해서 지금의 동료들이 된 어르신과 선배들과의 첫 만남이 이루어졌어요. 저는 동료라는 말을 좋아합니다. 함께하는 동료들이 이제는 저를 잘 챙겨 줍니다. 블루베리 공동 선별 조직인 '공선회'를 만들어 지금까지 잘 운영 중이고, 남양면 고추 작목반과 청양군 전업농지회 남양지부에서도 활동하고 있습니다. 우리 조직의 특징은 공동 경작입니다. 다들 기계로 농사짓고 있으니 1,800평(열 마지기) 정도 함께 쓰는 땅을 얻어서 공동 경작을 하고 거기서 나온 수익은 단체 비용으로 씁니다. 작년에는 남양지부에서 공동 경작 수익금으로 해외에도 다녀왔습니다. 공동 경작하는 땅의 소득으로 함께 여가 활동도 하는 것이 좋은 비결이라고 생각합니다.

복권승 귀향인 리더로서 겪는 애로 사항이 있을까요?

권대원 애로 사항은 없습니다. 오히려 젊은 나이에 귀향하면 좋은 것이, 나가 있던 시간이 상대적으로 짧아 더 빨리 동네 사람으로 인정해 주는 것 같습니다. 다만 아쉬운 점은, 지역을 위해 같이 일하는 동료들이 시간을 좀 더 할애했으면 좋겠습니다. 나 살기도 바쁘다는 인식을 아무래도 바꾸기가 쉽지 않습니다.

복권승 귀농인 단체에 가입을 하셨는지요?

권대원 2018년 1월 1일부터 이장 일을 했는데, 우리 지역은 귀농인 단체에 대한 기존 주민들의 불신이 깊어졌다고 봅니다. 앞으로도 계속 문제가 되겠다 싶어 걱정입니다. 서로 오해가 있어요. 귀농귀촌인 단체를 일종의 압력 단체라고 느끼는 지역민들이 많습니다. 귀농귀촌하신 분 중에는 귀농귀촌인 단체에서만 활동하려는 분들이 계신데, 아직 귀농귀촌인들만의 소통이 좀 강하지 않은가 싶습니다. 물론 기존 주민들도 이주민들이 쉽게 다가올 수 있도록 마음을 더 열어야겠지만요.

복권승 마지막으로 한 말씀 부탁드립니다.

권대원 농촌에 내려오실 분들께 말씀드린다면, 농촌 사회에 대해 서로 공부를 했으면 합니다. 기존 주민이든 귀농귀촌인이든 농촌 사회도 변화하고 있고, 농사는 직업입니다. 그렇다면 어떻게 경제 활동을 할지, 가정을 어떻게 꾸릴지, 지역과는 어떻게 소통할지 충분히 고민하고 농촌에 와야 합니다. 그리고 삶의 명분을 가지고 오면 좋겠습니다. 시골에서는 도시에 있을 때보다 훨씬 더 고생해도 그 이상의 수입이 안 나옵니다. 돈벌이로 위세 떨 상황은 안 생긴다는 말입니다. 농촌에서는 자부심으로 살아야 한다고 봅니다. 언젠가 제가 딸에게 "촌놈처럼 왜 그래?"라고 장난으로 말한 적이 있어요. 그랬더니 딸이 "아빠, 그거 농촌 비하하는 것 아니에요?"하고 저를 혼내더군요. 우리도 은연중에 '촌스럽다'는 말을 비하하는 뉘앙스로 잘 씁니다. 학교에서 부모님에 대한 글을 쓰라고 해서 우리 딸은 '정직하고 요행을 바라지 않고, 누군가가 먹을 농산물을 생산하고, 식량 주권도 지키고, 경쟁보다 생산으로 세상을 이롭게 하는 자랑스러운 분들'이라고 썼다고 합니다. 젊은 귀향인이 농촌에서 살아갈 수 있는 힘은 자랑스러움인 것 같습니다.

2부

마을의 미래, 새로운 주체와 조직 만들기

마을교육공동체 학교와 마을은 어떻게 만날까?

마을의 후계자 누가 마을을 이어 갈 것인가?

읍면과 행정리 주민자치회 전환과 직접민주주의

행정리 마을을 넘어 읍면 마을로 행진

서정민 지역재단 지역순환경제센터 센터장

한국의 농업과 농촌 정책은 1993년 12월 우루과이라운드 협상이 타결되고 1995년 세계무역기구가 출범하면서 획기적 전환점을 맞았습니다. 특히 2000년 대 들어 농촌 지역 개발 정책은 지난 반세기보다 더 큰 변화를 보였습니다. 정책 변화의 배경에는 선진국, 특히 유럽연합의 농촌 지역 개발 정책이 큰 영향을 미쳤습니다. 유럽연합이 펼친 농촌 지역 정책의 핵심 키워드는 파트너십, 상향식 접근, 통합적 접근입니다.

한국도 2004년 국가균형발전계획에 따라 주민 주도 상향식 농촌 지역 개발 정책을 본격 추진했고, 2009년 기초생활권 정책 도입과 2010년 포괄보조금 제도 전면 실시로 지역의 자율성과 창의성을 촉진시켰습니다. 또한 지역 단위의 통합적 접근을 유도하기 위해 농림축산식품부 소관 15개 사업을 일반농산어촌개발사업으로 통합하고, 기초 생활 기반 · 지역 소득 · 경관 개선 · 역량 강화 등 4개 분야를 지원하며, 주민 참여형 상향식 추진 방식을 강화하도록 정책 체계를 개선했습니다.

그런데 과연 한국의 농촌 정책은 주민 주도 상향식으로 지역 단위 통합적 접근이 이뤄지고 있을까요? 그렇지 않다면 과연 무엇이 문제일까요? 그리고 그 대안은 무엇일까요? 최근 자치분권 기조에 따라 일반농산어촌개발사업 관련 예산이 지역으로 이양되고 있는 상황에서 앞으로 지역에서는 무엇을 준비해야 하는지 살펴보겠습니다.

주민 주도!? 주민도 모르는 주민 주도의 한계

2000년대 들어 중앙 주도 하향식 농촌 정책 추진 체계가 지역과 주민 주도의 상향식 추진 체계로 전환되면서, 이른바 공모제 사업이 전국으로 확대되었습니다. 기존 하향식 계획 사업은 중앙 정부에서 사업을 기획하고 대상 지역까지 결정하는 방식으로 진행됐습니다. 이를 전면 수정하여 지역 주민들이 희망하는 사업을 공모 지침에 따라 제안서를 제출하면 심사를 통해 대상 지역을 정하는 방식으로 전환한 것입니다.

그런데 이 공모 과정이 과연 주민 주도 상향식으로 이뤄지고 있는가에 대한 논란이 끊이지 않습니다. 이를 시정하기 위해 현장 포럼 개최, 조력자(퍼실리테이터) 투입, 단계별 접근 등 많은 시행착오와 수정의 과정이 반복되었습니다.

왜 주민 주도 상향식으로 사업이 추진되지 않을까요? 대개 재정이 열악한 지자체에서는 공모 사업으로 국비를 확보하기 위해 일부 지역 리더(이장, 추진위원장 등)들과 사업 추진을 결정한 뒤, 행정이나 컨설팅사를 통해 제안서를 작성해 제출합니다. 그런 뒤 사업이 확정되면, 주민들을 동원해 사업을 추진하는 방식으로 진행됩니다.

행정과 용역사 주도 사업 추진의 문제를 개선하기 이해 현장 포럼을 도입, 주민 사전 역량 강화와 의견 수렴 과정을 개선하려 했으나 형식적 운영에 그치고 말았습니다.

결국 마을만들기사업은 소수의 리더와 행정, 용역사가 주도하는 사업이라는 비판이 끊임없이 제기되면서 '농촌 정책의 혁신'이 농어업ㆍ농어촌특별위원회 농어촌 분과의 주요 의제가 되었습니다.

행정의 칸막이, 주민의 칸막이를 조장하다

A시 B읍에서는 '재래시장현대화사업' 10억 원, '지역창의아이디어사업' 16억 원, 지역농협 '로컬푸드직매장 건립' 60억 원 등 국비와 도비 100억 원에 이르는 사업이 읍소재지 2~3개 마을을 중심으로 비슷한 시기에 추진되었습니다.

각 사업별로 지자체 담당 부서가 다르고, 각 사업을 지원하는 용역사와 하드웨어 시공업체가 다릅니다. 각 사업별 추진 주체인 추진위원회에 참여하는 주민들은 절반 이상이 세 가지 사업에 중복 참여하고 있었습니다. 주민들은 각각의 사업 추진을 위해 매달 몇 차례씩 서로 다른 기관에서 운영하는 유사한 내용의 회의와 교육에 참여하는 곤욕을 치러야 했죠. 주민 교육에 대한 회의와 참여율 저조 현상은 너무나 당연한 결과인지도 모릅니다.

하드웨어 시공 또한 난항이었습니다. 불과 2~3km 거리에 지어지는 시설물들이 시공업체의 취향에 따라 각기 다르게 건립되고, 건물마다 너무 협소하여 쓸모없는 개별 주차 공간과 쌈지 공원을 만들면서 공간이 낭비되었습니다.

주민 입장에서는 주차장과 쌈지 공원이 농림축산식품부 일반농산어촌개발사업 예산으로 만든 것인지, 국토교통부 도시재생사업 예산으로 만든 것인지는 중요하지 않습니다. 정책 사업을 통해 주민 생활 여건이 나아지고 삶의 질이 높아지면 되는 것입니다. 그러나 주민들에게는 부처별 사업 예산을 지역 여건에 맞게 연계하여 효율적으로 사용하는 방안을 제시할 권한이 없습니다.

주민자치를 통해 읍면 사회를 새로운 자치공동체로

충남 서천군 마산면 주민
자치회는 2018년 충남형 주민자치회 시범사업으로 기존 주민자치위원회를 해산
하고 주민자치회로 전환했습니다. 2017년 기준 마산면에는 25개 마을에 1,592명
이 살고 있습니다. 마산면에서 가장 큰 마을은 가양리로 주민 138명이 살고, 그 밖
의 마을 주민은 50~60명에 불과합니다.

마산면 주민자치회는 25개 마을을 대표하는 이장과 면 단위 20여 개 단체 가
운데 참여를 희망하는 단체, 그리고 활동을 희망하는 개별 주민들이 자발적으로
주민자치회 참여를 신청했습니다. 이 중 사전 교육을 이수한 단체의 대표와 개별
주민을 주민자치회 위원으로 최종 선정하여 2018년 11월 공식 출범했습니다.

마산면 주민자치회 출범 후 공식적인 첫 활동은 '계란안부사업'이었습니다. 계
란안부사업은 유정란 생산 마을로 잘 알려진 마산면 벽오리 계란을 주민들에게
전달하면서 안부를 묻는다 하여 붙여진 이름입니다. 주민자치회 위원들이 마을
을 찾아다니며 주민들과 만나 소통하고, 주민들의 생활 과제를 발굴했습니다. 행
정이나 용역사에 의한 일시적 사업이 아니었죠. 사업을 통해 마산면에 사는 다양
한 주민들을 만나 각자의 위치에서 마산면을 좀 더 살기 좋은 지역으로 만들기 위
한 고민을 나누고 해결 과제를 논의했습니다. 계란안부사업은 공론의 장을 만들
어 가는 사업이었습니다.

마산면 주민자치회는 계란안부사업을 통해 주민들로부터 제기된 생활의 불편
과 필요 사업들을 정리해 주민총회를 열었습니다. 마산면 주민총회에는 주민 약
150여 명이 참여하여 각 마을에서 제기된 과제와 사업을 주민들과 공유하고,
2019년 마산면 주민자치회가 중점적으로 추진해야 할 사업을 확정했습니다.

마산면 주민자치회 마을교육 분과에서는 마산초등학교를 활성화하기 위해 학

부모들이 주축이 되어 주민협동조합 설립을 추진하고 있습니다. 학부모와 지역의 청년들을 초등학교 방과후수업 강사로 길러, 농촌 아이들이 배움으로부터 소외되지 않도록 다양한 교육 서비스를 지역에서 제공받도록 교육청과 합의도 이끌어 냈습니다.

이러한 주민들의 자발적 노력과 활동에 행정이 화답할 차례입니다. 행정은 일방적으로 일정을 통보하고 진행 방식에 맞춰 주민들을 동원할 것이 아니라, 주민들의 자발적 참여와 활동을 인정해야 합니다. 또한 주민 수요에 맞는 정책 사업이 읍면에서 연계될 수 있도록 지원 체계를 개선해야 합니다.

대의 민주주의의 한계를 넘어 읍면 주민 주도의 직접 민주주의로

'자치 분권'의 바람을 타고 전국 읍면동 단위 주민자치회 구성이 확산되고 있습니다. 행정안전부에 따르면, 전국 3,500여 개 읍면동 가운데 1,000여 개(2021년 기준) 읍면동 지역에서 올 연말까지 주민자치회가 구성되리라고 전망됩니다.

농촌 읍면 지역에서도 주민자치회 구성이 확산되고 있지만, 그 과정 중 곳곳에서 지뢰밭이 발견되고 있습니다. 공통으로 넘어야 할 첫째 관문은 바로 기존 리더 그룹의 집단 반발입니다.

얼마 전, 주민자치회 구성을 준비 중인 한 면 지역에서 지역 단체를 대상으로 하는 설명회가 열렸습니다. 설명회가 시작되자 자리에 참석한 이장들이 집단으로 퇴장하여 설명회장을 썰렁하게 만든 일이 벌어졌습니다.

이장들은 왜 주민자치회에 반발할까요? 농촌 마을에는 오랫동안 자치 기구로서 마을회가 구성되어 있었습니다. 형식적일지라도 마을회가 있어서 마을 단위 사업을 추진할 때 공식 주체로 인정됩니다. 과거 마을 중심의 주민 활동과 사업이 활발했던 시기에는 마을 주민들이 마을회를 대표하는 회장을 선출하여 마을자치 활동을 했습니다. 하지만 마을 인구가 줄고 고령화되면서 마을회 기능이 축소되어 별도로 마을회장을 선출하지 않는 지역이 늘고 있습니다.

마을회 기능이 축소되면서 마을회장을 별도로 선출하지 않고, 이장이 마을회장 권한을 함께 행사하게 되었습니다. 즉 이장이 마을의 대표이자 행정의 전달자라는 이중 성격을 띠면서, 마을의 모든 권한이 이장에게 집중된 것입니다. 그런데 읍면 지역에 주민 대표 기구로 주민자치회를 구성한다고 하니, 이장들은 주민자치회가 자신들의 권한을 침해한다고 인식하는 것입니다.

이런 상황까지 온 데에는, 행정이 이장에게 집중적인 권한을 준 것도 한 역할을 했습니다. 행정은 지자체 행사에 주민 동원 수단으로 이장을 활용하고, 정책 사업에 관한 정보를 이장에게 전달해 주민들에게 전파하도록 하는 행정 전달자 권한을 주었습니다. 이장이 정보를 독점하게 된 것이죠. 이장뿐 아니라 일부 관변단체 중심 행정의 정보 전달이 소수의 지역 리더들에게 집중되면서, 지역 주민과의 갈등을 낳기도 합니다.

과연 이장은 읍면 주민을 대표할까요? 농촌 마을 이장들의 특성을 살펴보면, 50~60대 중년 남성이 대부분을 차지합니다. 최근 여성 이장의 비율이 늘고는 있지만, 이장단 의견을 좌우할 정도로 영향을 미치기는 어렵습니다. 농촌 사회는 고령자와 농업 문제 이외에 청년과 청소년, 어린이와 여성, 다문화 가정, 경제, 보건, 복지, 문화, 예술 등 다양한 문제가 복잡하게 얽혀 있습니다. 이런 문제들이 과연 이장들만의 숙제일까요?

지역 주민들의 요구는 다양하고 더욱 복잡해지고 있습니다. 소수의 지역 리더들이 주민과 사전 소통 없이 일방적으로 지역의 의사 결정을 좌지우지하던 시대는 한계에 이르렀습니다. 비단 이장뿐 아니라, 읍면 지역 기득권을 가진 기존의 수많은 지역 단체 리더들에게도 해당됩니다. 세대, 성별, 업종을 넘어 다양한 분야의 주민들이 직접 지역 의제를 발굴하고, 정책 결정 과정에 참여하며, 지역에서 벌어지는 일을 알 권리가 있습니다.

농촌형 주민자치회를 통한 읍면 단위 정책, 융복합으로 정책 효율성 제고해야

지방자치법이 30년 만에 전부 개정을 앞두고 있습니다. 이번 지방자치법 전부개정안에서 주목해야 할 부분은 바로 '주민 주권 강화'입니다. 지자체 정책 결정과정에 주민 참여를 대폭 확대하고, 주민 참여와 통제가 가능한 실질적 자치 단위인 읍면동 단위 주민자치를 강화해 나간다는 취지입니다.

행정안전부는 주민복지서비스 개편 추진단을 만들어, 읍면동 단위 행정 혁신과 주민 혁신을 통한 자치 생태계 구축을 촉진하고 있습니다. 최근 전국으로 확산되고 있는 읍면동장 주민 선출제가 행정 혁신의 한 예입니다. 1950~1960년대 초반까지 우리나라 실질적 자치 단위는 '읍면'이었습니다. 읍면 사회에는 주민이 선출한 읍면장과 읍면 의회가 있었습니다. 그러나 1960년대 군사 정부가 읍면장을 임명제로 전환하고 읍면의 기능을 축소하면서 현재에 이르게 됐습니다.

주민들의 실질적 참여와 자치가 가능한 범위인 읍면동의 자치 기능을 확대 · 강화하고, 읍면장을 주민이 직접 선출하며, 마을별 · 단체별 · 사업별로 분열된 주민 조직 간 소통과 지역사회 공론의 장으로 주민자치회를 구성하는 것이 과제입니다.

현재 중앙 부처별 정책 사업에 따른 지자체 행정의 칸막이는 물론, 읍면 사회는 마을별 · 지역 단체별로 분열되어 읍면 사회 전체를 조망하지 못하고 '우리 마을', '우리 단체'라는 좁은 시야로 지역사회를 바라보고 있습니다. 이 때문에 앞서 소개한 사례처럼 정부 예산이 많이 투입되는데도 그 성과가 지역 주민들 삶의 질 향상으로 이어지지 못하는 경우가 비일비재합니다.

앞으로 읍면 사회는 지역의 다양한 주체들이 참여하는 주민자치회가 주축이 되어 주민들과 지속적인 소통으로 지역 의제를 발굴하고, 주민총회를 통해 주민 스스로 지역 의제를 결정하고 추진할 수 있는 구조로 전환해야 합니다. 행정은 주민총회에서 결정한 자치 계획을 실행할 수 있도록, 정책과 예산의 칸막이를 넘어 읍면 지역에서 융복합이 일어날 수 있도록 행정 지원 체계를 혁신해야 합니다. 또한 부처 사업별로 각각 구성되는 중간지원조직 역시 시군 단위에서는 통합하여 정책 사업 간 연계와 협력을 촉진하도록 시스템 정비를 병행해야 합니다.

농촌 마을의 위기와 청양군의 대응 방안

노승복 청양군 지역활성화재단 마을공동체지원센터 센터장

청양군의 현황

2021년 9월 기준 청양군의 인구수는 31,000명입니다. 지자체 인구가 3만 아래로 떨어져 2년간 지속되면 행정 조직을 축소해야 하고, 중앙 교부세도 일부 삭감되어 군 재정에 타격을 입습니다. 1960년대에는 인구가 12만이던 적도 있었지만, 여러 이유로 인구가 계속 줄어 인구 증가를 위해 혈안이 되어 있는 형편입니다. 2019년 통계 자료로는 1년간 출생 104명, 사망 457명으로 아기 울음소리가 들리지 않는 마을이 숱합니다. 지난 30년간 출산율이 감소했고, 그나마 최근 몇 년간 인구가 3만 명 넘게 유지되는 이유는 귀농귀촌인과 외국인의 유입 때문입니다.

인구 감소와 더불어 문제가 되는 것은 고령화입니다. 청양군 전체 인구 중 65세 이상이 37%를 차지합니다. 청양읍과 정산면 그리고 읍면 소재지를 제외한 행정리 단위로 가면 상황은 더 심각해서, 65세 이상 인구가 40%를 훌쩍 넘습니다. 거의 둘 중 한 사람은 65세 이상이라는 얘기죠. 인구 감소와 고령화 때문에 행정리 단위에서 자체 발전 동력을 잃은 마을이 계속 늘고 있습니다. 상향식 주민 주

도의 마을만들기를 시도하려 해도, 대부분의 마을에서는 '도대체 누가 할 건데?'라는 반문이 되돌아오는 실정입니다.

청양군의 또 다른 문제는 주민자치 기능 약화와 공동체 파괴로 행정 의존도가 높아졌다는 점입니다. 예전에는 행정리 마을이 주민자치의 기초 단위였습니다. 마을의 문제는 마을에서 논의하고 결정해서 해결했는데, 그래도 어려운 문제는 면사무소에서 명칭이 바뀐 면행정복지센터를 찾았습니다. 하지만 중앙에서 시군으로 내려온 지방분권 권한이 읍면까지 이양되지 못하고, 읍면의 행정 기능은 축소되어 읍면장의 권한과 역할은 지속적으로 약해졌습니다. 거기다 산업화와 개인화, 경제 성장 만능주의 영향으로 가족이 해체되고 공동체가 파괴되었습니다. 그러다 보니 이제는 마을에서 문제가 생기면 바로 군수에게 전화하고 군청까지 찾아갑니다. 원래 군청은 어쩌다 한 번 나갈까 말까 하던 곳이었습니다. 그런데 읍면 행정복지센터의 공공 서비스 기능이 떨어지다 보니, 마을 주민들은 문제를 해결하기 위해 멀리 군청까지 나가게 되었습니다. 주민과 행정의 간극은 점점 벌어지는 상황입니다.

청양군 민선 7기 정책 방향

민선 7기 청양군에서는 저출산과 고령화 등 농촌 마을의 구조적 현실에 대응하는 근본 방안을 공동체 회복으로 잡고, '다함께 만드는 청양, 더불어 행복한 미래'라는 군정 비전을 정했습니다. 일단은 청양에 사는 주민들이 행복해야 하고, 그러기 위해서는 행정과 민간의 협력을 제도적으로 만들어 가는 풀뿌리 민주주의의 주민자치와 마을만들기를 통해 민관 협치 시스템을 구축해야 한다고 강조합니다. 자치 역량이 커지고 공동체 의식이 높은 군민들이 서로 신뢰하고 배려하면서 경쟁하지 않고 더불어 행복한 청양을 만드는 것이 군정 목표입니다.

이러한 군정 목표를 실현하기 위해, 청양군은 2019년 행정 조직을 개편하면서 민선 7기 군정 핵심 정책인 마을공동체 정책의 총괄 조정 부서로 '농촌공동체과'를 충남 최초로 만들었습니다. 기존 행정 실과에서 마을만들기 관련 업무를 분석하고, 그중 상향식 주민 주도 업무, 사회적 가치 중시 업무, 융복합이 되어야 성과를 낼 수 있는 업무, 그리고 중간지원조직이 필요한 업무를 모아 농촌공동체과 안에 다섯 개 팀(공동체기획팀, 푸드플랜팀, 공공급식팀, 농촌개발팀, 농촌활력팀)을 구성했습니다. 이것은 주민자치와 마을만들기, 푸드플랜과 학교 및 공공급식, 농촌 관광과 6차산업 등의 업무 영역에서 행정의 실과별 칸막이를 걷어내고 융복합을 강화하여 농촌 지역 정책의 효율성을 높이기 위한 시도입니다.

또한 공무원은 순환 보직제 시스템으로 6개월에서 2년 안에 다른 부서로 이동해야만 합니다. 이러한 행정 시스템은 사업의 연속성과 전문성을 떨어뜨립니다. 이런 점을 극복하기 위해 청양군은 2019년 5월 민간 전문가를 임기제 공무원으로 채용해 청양군 마을만들기의 중간지원조직인 마을만들기지원센터(현재 마을공동체지원센터로 확대 개편) 센터장으로 임명했습니다. 마을만들기지원센터는 행정과 민간 사이의 협력 시스템을 구축하고 있습니다. 전문성과 연속성을 바탕으로 농촌 공동체와 유사 업무들을 연계해 융복합시키고, 마을 주민들의 요구와 정책 변화에 적극 대응합니다.

더 나아가 청양군은 마을만들기 중장기(2019~2023년) 발전 계획을 세웠습니다. 기존 마을만들기지원센터와 부자농촌지원센터 등 중간지원조직 간 연계 협력을 넘어 앞으로 설치해야 할 푸드플랜지원센터, 도시재생지원센터, 주민자치 영역, 사회적경제 영역 등 중간지원조직을 연계하고 통합하는 통합형 중간지원조직을 두고 그 운영 방식으로 재단법인을 2020년 설립했습니다.

행정과 민간의 융복합 시도

민선 7기 들어 청양군은 다양한 국비와 도비 공모 사업에 선정되었습니다. 신활력플러스사업(70억 원), 지역사회통합돌봄선도사업(커뮤니티케어 44억 원), 푸드플랜패키지사업(63억 원), 사회적경제혁신타운(280억 원), 고령자 복지주택(207억 원) 등이 그것입니다. 이외에도 생활SOC사업, 도시재생뉴딜사업, 농식품부의 농촌협약(434억 원)에도 선제적으로 준비하여 선정되었습니다.

청양군은 다양한 영역의 업무 협조를 통해 융복합을 강화해 왔습니다. 중간지원조직인 마을만들기지원센터를 두어 지역의 주체를 키우고 이들 간의 네트워크 구축을 지원해 왔습니다. 그 결과 그동안 정부 부처 사업 별로 나뉘어 있던 행정 실과와 민간 단체들이 함께 연대하고 협력해 지역 현안들을 해결해 나가는 풍토가 만들어지고 있습니다. 주민자치와 마을만들기가 연계되고, 푸드플랜 민관 거버넌스 위원회가 만들어졌으며, 신활력플러스사업을 위해 여러 단체가 네트워크로 꾸려져 주민 주도로 사업을 해보려고 안간힘을 쓰고 있습니다. 그 밖에도 농촌공동체과와 사회적경제과의 협력, 통합돌봄과 커뮤니티케어 협력, 행정지원과의 마을교육공동체 협력, 건설도시과의 도시재생뉴딜 협력, 미래전략과의 청년 정책 등 다양한 민관 거버넌스 공론장이 지역 여기저기서 일어나고 있습니다.

또한 민간 차원에서는 국비와 도비 중대형 사업의 융복합 강화를 위해 한 달에 한 번씩 농촌정책융복합 세미나를 열었습니다. 농촌의 지속가능한 지역사회 만들기를 희망하며 다양한 정책 영역에서 활동하는 연구자와 전문가와 활동가 등이 청양군에 모여, 마을공동체 · 주민자치 · 사회적경제 · 푸드플랜 · 커뮤니티케어 · 로컬에너지 등이 융복합된 성공 사례를 조기에 도출하기 위해 공동 학습을 했습니다. 세미나에서 도출된 내용들을 청양군의 각 정책 영역 별 국비와 도비 공

청양군의 통합형 중간지원조직(재단법인) 조직도

모 사업 등과 결합해 청양형 융복합특화사업 발굴과 선구적인 모델 개발에 연계할 예정입니다.

청양군이 나아갈 방향

첫째, 마을만들기의 공간 범위를 행정리 단위에서 읍면 단위로 조정하고, 정책사업별 개별 추진을 벗어나 통합적인 융복합 방식으로 접근해야 합니다. 현재 마을이라고 하면 행정리 중심의 개념이 지배적입니다. 교통 발달로 주민 생활권이 확대되었는데도 여전히 최소 생활권 단위를 행정리로 잡고 있죠. 읍면을 '우리 마을'로 인식하고, 행정리만이 아니라 읍면까지 포함하여 '마을' 개념을 확장해야 합니다. 이미 홍성의 홍동면과 아산의 송악면, 남원의 산내면처럼 면 단위를 '우리 마을'로 여기는 사례가 전국에서 확산되고 있습니다.

농촌 마을의 가장 기본 단위는 읍면입니다. 행안부(주민자치형 공공서비스 사업),

국토부(도시재생뉴딜사업), 농식품부(신활력플러스 · 중심지활성화 · 기초생활거점육성 사업), 보건복지부(커뮤니티케어) 등 정부 부처들의 칸막이를 걷어내고 서로 협력하여 행정 사업과 민간 활동의 융복합을 통한 읍면 단위 공간 계획과 발전 전략을 세워야 합니다. 그래서 농촌 마을 면 소재지에 최소한의 공공 서비스 인프라를 갖춰 중심지 기능을 강화하고, 찾아가는 서비스를 통해 배후 마을을 지원하는 기능을 강화해 나가야 합니다. 중앙 부처부터 협업하여 융복합의 가능성을 보여주기 원하지만 지금으로선 멀기만 합니다. 청양군에서는 어느 정도 구축된 민관 협치 시스템을 기반으로 읍면 단위에서 융복합의 성공 사례를 이끌어내야 합니다.

둘째, 마을만들기의 주체를 읍면 주민으로 세우고, 자치 역량 강화를 지원해야 합니다. 인구 감소와 고령화로 인해 행정리 단위에서 자체적인 발전 동력을 잃은 마을이 계속 늘고 있습니다. 상향식 주민 주도의 마을만들기를 하기 어려운 이러한 현실에서 지역 주민들의 필요를 어떻게 반영하고 융복합할 것인가 하는 문제를 해결하기 위해서는, 마을만들기와 주민자치가 강력하게 결합해야 합니다. 주민의 대표 기구로 읍면마다 주민자치회를 만들고, 우리 면에 살면서 우리 면 정책을 우리 스스로 만드는 주민 주도의 마을 발전 계획을 세우며, 마을총회를 거쳐 선정한 사업들을 주민 참여 예산제와 연계해 추진해야 합니다. 나아가 주민들에게 가장 가까운 읍면을 혁신하기 위해서는, 읍면장의 주민 선출제와 읍면 행정복지센터를 자치 공간으로 재설계해야 합니다.

읍면이야말로 현장에서 정책 융복합이 가장 필요한 상향식 주민 주도의 마을만들기 공간 단위입니다.

홍동마을의 주민자치를 위하여

이창신 홍성군 마을만들기지원센터 센터장

홍동면 주민자치의 역사

        홍동면 주민자치의 역사는 풀무학교와 연관이 깊습니다. 풀무학교는 홍동면 팔괘리에 1958년 설립되었습니다. 설립 이듬해인 1959년 풀무학교에서 시작한 소비조합 구판장을 필두로 협동조합 활동이 하나 둘씩 지역으로 확장하면서 오늘날 민간 협동 단체들의 씨앗이 되었습니다. 현재 홍동면의 민간 협동 단체는 60여 개에 이릅니다.

    현재 홍동의 민간 협동 단체들이 모두 풀무학교에서 시작된 것은 아니지만, 지역에 남은 풀무학교 졸업생들이나 지난 60여 년간의 협동 경험들이 지역에 스며들어 알게 모르게 지금 조직에 영향을 주었습니다.

    주민자치는 정부에서 제도를 만들어 주민에게 하라고 시켜서 되는 것도 아니고, 예산을 만들어 돈을 준다고 해서 되지도 않습니다. 강조하고 싶은 것은 첫째가 주민 의지요, 둘째와 셋째가 제도와 예산이라는 점입니다. 다시 말해 제도와 예산이 없어도 주민자치는 가능합니다. 하지만 주민들의 의지 없이 제도와 예산만으로는 불가능합니다. 홍동은 주민 의지가 다른 지역에 비해 더 높다고 할 수 있습니다.

이런 지역 정서에 더해, 2000년 김대중 정부에서 '읍면동을 기점으로 한 주민 자치의 기틀을 마련하고자 주민자치센터와 주민자치위원회 구성'을 시작했습니다. 이에 따라 홍동면에는 2003년에 주민자치위원회가 출범되었죠. 그러나 홍동 면 주민들은 주민자치위원회가 설립되기 10여 년 전부터 '홍동지역사회개발연구회'를 만들어 활동해 왔습니다.

홍동면 주민자치위원회의 새로운 시도

홍동면 주민자치위원회는 2003년에 시 작했는데, 주민자치위원회에서 할 수 있는 일은 별로 없었습니다. 주민자치프로 그램을 운영하고 행정복지센터 사업을 심의하는 일이 전부였습니다. 홍동 주민 자치위원회 연간 예산은 약 3,000만 원 규모이지만 2,600만 원은 주민자치프로 그램 강사 비용 등으로 쓰이고 400만 원은 주민자치위원회 운영비(회의비, 현장 견학 등)로 사용됩니다. 이런 방식이 지속되다 보니 주민자치위원회가 행정의 요 청에 의해 모이고, 행정 자료에 따라 심의하는 일 외에 별다른 활동을 하지 못했 습니다.

2017년, 홍동면 주민자치위원회는 새로운 변화를 시도합니다.

주민자치위원회에서 분과 활동에 필요한 사업비 요청을 홍동면에서 처음으로 받아들였습니다. 전체 예산에서 450만 원을 떼어 3개 분과에 150만 원 규모의 자 체 사업을 개발하고 시행할 수 있도록 해 준 것입니다. 이런 시도로 분과 활동이 더욱 활성화되었습니다. 사업비가 있으니 사업을 개발해야 했고, 사업을 개발하 기 위해 분과 사람들이 자체적으로 회의를 하게 된 것입니다. 그 성과로 환경홍보 분과에서는 빗물저금통을 지역 공공건물에 설치했고, 기획운영분과에서는 홍동면 달력을 제작했습니다. 이런 시도가 지역사회의 커다란 변화를 이끈 것은 아니지만, 주민자치위원회에서 자발적으로 생각하고 사업을 추진할 수 있는 계기가 되었다고 생각합니다.

2017년 말에는, 홍성군마을만들기지원센터에서 '읍면 단위 논의 체계 구축을 위한 지역활동가 교육'을 했습니다. 이 교육은 마을만들기 측면에서 주민자치위원회가 홍동면 전체의 고민을 받아 안고 마을과 마을, 마을과 면, 마을과 면과 군을 서로 연결시키는 논의 창구가 되어야 한다는 목적으로 추진되었습니다.

이 교육을 진행하면서 주민자치위원회가 연계할 수 있는 사업들(중앙 정부 혁신읍면동사업, 충청남도 충남형주민자치회시범사업, 홍성군 주민참여제안사업)을 소개하고 제안할 수 있었습니다. 그 사업 내용을 간략히 소개합니다.

혁신읍면동사업: 중앙 정부에서 처음 제안할 때는 혁신읍면동사업이었는데, 여러 이유로 사업을 추진할 때는 '주민자치형 공공서비스 구축사업'으로 이름이 바뀌었습니다. 2018년부터 2019년까지 진행했는데, 주요 내용은 하드웨어사업으로 공간 혁신 2곳, 소프트웨어사업으로 홍동마을발전계획 수립과 추진입니다. 이에 따라 면 행정복지센터에 홍동사랑방을 만들고 마을활력소에 주민 휴게 공간을 조성했고, 홍동마을발전계획을 수립했습니다.

충남형주민자치회시범사업: 충청남도에서 2017년부터 시작한 사업으로, 주민자치위원회의 한계를 극복하고 실제적인 주민자치가 가능하도록 제도 마련과 예산을 지원하는 사업입니다. 홍동에서는 2018년 사업에 지원했으나 떨어졌고, 2019년 사업에 다시 제안하여 선정되었습니다. 이 사업을 통해 2019년 11월 홍동면 주민자치위원회는 주민자치회로 전환했습니다.

주민참여제안사업: 큰 틀에서는 행정안전부의 주민자치 계획에 포함되어 있지만, 모든 기초자치단체가 하지는 않기 때문에 홍성군 독자 사업이라 할 수 있습니

다. 2018년에 시작한 이 사업은 지금은 운영 방식이 달라졌습니다. 하지만 2018~2019년(예산 편성을 위해 2018년 제안 사업이 2019년에 반영되어 시행됨) 당시에는, 읍면 단위에서 1억 원 한도로 주민들이 원하는 사업을 제안하면 군에서 평가하여 예산을 반영해 주는 방식이었습니다. 홍동에서는 주민참여제안사업에 면소식지 제작(홍동면은 이미 민간 단체인 마을활력소에서《마실통신》이란 면 단위 소식지를 발간하고 있었는데, 재정적 이유와 공공성 문제 등으로 행정의 지원을 받기로 하여 추진 중입니다), 홍동주민 원탁회의, 찾아가는 영화관 등의 사업을 제안해 추진하고 있습니다.

앞서 말했듯이, 주민자치는 결국 주민의 노력과 경험의 양만큼 실현됩니다. 홍동면 주민자치위원회가 다른 읍면에 비해 주민자치 활동이 활발한 이유는, 주민자치위원들의 변화에 대한 노력이 선행되었고, 이후 정책 지원이 적극적으로 되는 호시절을 만나 급격하게 성장하고 있기 때문입니다. 강조하건대, 제도와 예산이 있어서 잘하는 것이 아니라 할 일을 해가는 과정에서 제도와 예산이 뒷받침되면서 가속화된 것뿐입니다.

홍동 주민 원탁회의와 홍동면 마을 계획 수립

2018년 7월, 홍성군 주민참여제안사업의 일환으로 '홍동 주민 원탁회의'를 진행했습니다. 주민자치 활동을 하기 위해서는 주민들의 의견을 확인해야 했기 때문입니다. 주민자치위원회에서는 10회 이상 회의를 거쳐 '내가 살고 싶은 홍동은?'이라는 주제로 분야를 한정하지 않고 의제를 발굴했습니다. 원탁회의가 열리는 날, 150명을 예상했는데 참관인을 비롯해 200여 명이 참석했습니다. 이 숫자보다 더 뿌듯했던 것은 원탁회의에 끝까지 참석한 인원이 대략 130명을 넘었다는 사실입니이다. 이는 주민자치에 대한 홍동 주민들의 욕구가 높다는 것을 증명하는 것만 같았습니다.

최근 전국적으로 원탁회의가 유행입니다. 유행을 탓할 생각은 없지만 원탁회의가 지닌 의미를 정확히 파악하고 추진해야 하는데, 마치 원탁회의를 하면 민주주의가 되는 것인 양 만능으로 오용되는 것은 아닌지 생각해 볼 문제입니다. 홍동에서 원탁회의를 계획하면서 추진 의도를 이렇게 말했습니다. "내가 살고 싶은 홍동이라는 주제로 홍동 주민 누구나 혼자서 30분 정도 생각해 적어 놓은 것이나, 몇 백 명이 모여 2~3시간 원탁회의를 통해 나타난 생각이 별반 다르지 않을 것입니다. 그런데도 원탁회의를 하는 목적은 그렇게 드러난 의제들이 나 혼자의 생각이 아니라 우리의 생각임을 천명하는 데 있고, 이를 통해 그 의제를 실천하는 데 주민들이 적극적으로 참여할 수 있도록 하기 위함입니다."

원탁회의는 끝이 아니라 시작입니다. 원탁회의에서 나온 27개 의제를 구체적인 사업으로 계획하고 추진하는 일이 필요했습니다. 2018년 12월부터 2019년 4월까지 '주민자치형 공공서비스 구축사업'의 일환으로 홍동면 마을 계획을 수립했습니다. 마을계획단 22명이 약 3개월 간 10회에 걸친 마을계획단 교육, 워크숍, 토론회 등을 진행했습니다(평균 13명 참석). 이를 통해 원탁회의에서 발굴한 27개 의제 중 '홍동천 살리기와 쓰레기 분리수거'를 집중적으로 다루기로 하면서 토론회로 이어졌습니다.

쓰레기 분리수거 활성화 방안을 주제로 홍동면에서 그동안 진행했던 활동 내용을 공유하고, 행정과 분리수거 업체 담당자 등 이해 관계자들이 모여 서로의 애로 사항을 논의했습니다. 홍동천 살리기를 주제로는 전문가들과 함께 홍동천을 걸으며 사전 답사 의미의 모니터링 시간을 가졌습니다. 이후 홍동천 살리기 토론회를 열어 여러 의견을 듣고 홍동천을 살릴 수 있는 방법을 모색했습니다. 이런 마을계획단 활동을 통해 홍동면 마을 계획을 수립했습니다. 다양한 방법(설문 조사, FGI 조사, 문헌 조사, 원탁회의 결과 등)으로 주민 욕구를 파악하여 주민자치, 정주여건, 문화복지, 생산경제 등 4가지 분야 14개 사업의 중장기 계획을 수립했습니다.

2019년 8월 19일, 두 번째 '홍동 주민 원탁회의'가 열렸습니다. 홍동면 마을 계획을 이어받아 '내가 살고 싶은 홍동'이라는 대주제 아래 주민자치, 복지, 환경, 교통 등 4개 분야를 논의했습니다. 특히 이번 원탁회의에서는, 작년 원탁회의 추진 경과 보고와 최근 홍동면에서 추진 중인 기초생활거점사업과 주민자치회 전환에 대해 설명함으로써 내년 주민총회의 기틀을 마련했습니다.

홍동면 주민자치위원회에 참여하면서

필자의 업무인 마을만들기지원센터의 지역활동가 교육을 위해 2016년 홍동면 주민자치위원회 회의에 참관하러 갔을 뿐인데, 어쩌다 주민자치위원이 되어버렸습니다. 이왕 위원이 된 김에(월 1회 2시간 회의뿐이었지만) 열심히 참여했고 유심히 관찰했습니다.

그로부터 2년이 지난 지금도 열심히 참여합니다. 주민자치위원회가 진짜 주민자치를 위한 일을 시작하면 할 일이 너무 많습니다. 봉사로 할 수 있는 수준을 넘어서죠. 그래서 주장합니다. 주민자치를 활성화하기 위해서는 상근 직원이 꼭 필요합니다. 물론 주민자치 원칙에 입각해 보면 급여도 주민들이 줄 수 있어야 하겠지만, 여기까지 실현되지는 못했습니다. (논의는 있었습니다.) 그래서 '충남형주민자치시범공동체사업'을 신청했습니다.

주민자치는 관계를 만들어 가는 것이 아닐까?

홍동면 주민자치위원회에 참여

하면서 느낀 것 중 하나는 다같이 함께 가야 한다는 사실입니다. 이는 농촌 사회의 특징과도 연관됩니다. 농촌은 대체로 개인 사업자로 이뤄져 있고 마을 일이건 주민자치 일이건 주로 봉사로 이루어집니다. 이런 여건에서 리더십은 흔히 말하는 도시적 또는 조직적(수직적) 리더십과는 다릅니다. 수직적 리더십은 참여자의 위계에 따라 개인에 대한 배려보다는 목표를 위해 각자의 역할을 분담하여 추진됩니다. 그에 비해 농촌적(수평적) 리더십은 참여자의 위계가 없고 목표를 향해 가는 과정에서 관계나 상황을 중요하게 고려합니다. 따라서 농촌의 리더십이 더 세심해야 합니다. 이런 의사결정 과정이 때론 답답하고 진전이 없어 보일 수 있지만, 누군가 강조하듯이 더디지만 함께 갈 수 있는 길입니다.

숨어 있는 주민들을 배려해야 한다

주민자치의 방법으로 원탁회의나 주민총회 등을 많이 활용합니다. 그 이유는 많은 주민들 의견을 확인하고 공유하기 위해서죠. 그러나 실상을 봅시다. 홍동면 전체 인구는 약 3,500명입니다. 원탁회의에 참여하는 주민은 많아야 200명이죠. 원탁회의에서 공유된 의제가 전체 주민의 의견이라 할 수 있을까요?

이런 고민으로 홍동 주민 원탁회의를 계획할 때 참여자를 어떻게 구성할 것인가 매번 고민했습니다. 하지만 적극적이지 않은 주민들을 이런 자리에 참여시키기는 매우 어려운 일입니다. 물론 홍동에서도 아직 해보지 못했지만, 싫어서가 아니라 수줍어서 나오지 않는 주민들을 찾아가 만나는 방법을 고민하고 있습니다. 그 시작으로 2020년부터 '찾아가는 주민자치회'란 이름으로 홍동 33개 마을을 찾아가는 사업을 하고 있습니다.

읍면 단위 주민자치가 마을만들기를 확산할 것이다

제가 주민자치위원회에 관심을 가진 이유가 있습니다. 마을(행정리)은 마을 주민이이라는 인식이 분명하고, 마을 일은 마을 주민이 알아서 한다는 생각이 명확합니다. 이에 반해 읍면 단위의 일은 행정에서 알아서 하는 것이라는 인식이 많다는 점 때문이었습니다.

그런데 최근 제기되는 마을의 개념들을 다시 정리해 보면, 인구의 기능 면에서 이제는 읍면 단위를 하나의 마을로 보는 것이 좋겠다고 생각합니다.

이렇게 마을의 개념을 확장해 보면 마을(행정리) 간 경쟁보다는 협동이 가능하지 않을까요? 읍면 단위를 하나의 마을로 여긴다면, 마을(행정리)과 읍면이 상호 보완하는 관계가 되지 않을까요? 마을(행정리)에 개발위원회가 있듯이 읍면에도 논의 체계(리더 그룹)가 있어야 하는데, 주민자치위원회에서 하면 되지 않을까요?

이런 가능성이 꼬리에 꼬리를 물고 떠올랐습니다. 그 끝은 '읍면 단위 주민자치가 잘되면 마을만들기는 저절로 이뤄질 것'이라는 결론이었습니다.

우리는 한 걸음 나아가고 있다

이 글을 쓴 지 2년이 지났습니다. 다시 읽어 보니 주장과 꿈을 적었다는 생각이 듭니다. 모두 실현되지는 않았지만, 주민자치는 결과보다 과정이기에 홍동면은 우리들(주민, 주민자치회)이 할 수 있는 만큼 오늘도 한 걸음 나아가고 있는 것만큼은 사실입니다.

3부

마을의 계획,
마을은 우리 모두가
만들어 가는 공간 _____

마을회관

마을경관

마을건축

마을계획

3부

마을의 계획, 마을은 우리 모두가 만들어 가는 공간

마을회관 농촌공동체 복지의 중심 공간

마을경관 자연과 더불어 살아가는 주민들의 약속

마을건축 마을공동체의 삶을 담는 그릇

마을계획 10년 앞을 내다보는 실천

농촌공동체를 위한 마을회관,
어떻게 운영되어야 할까

김광선 한국농촌경제연구원 연구위원

농촌에서 마을회관은 무엇인가?

우리나라는 예로부터 농경 사회를 기반으로
발전해 왔습니다. 농경 사회의 최소 공동체 단위는 마을이었습니다. 오늘날에 비
해 기술이 발달하지 않았던 과거에는 농사가 개인이나 몇몇 가족원만으로 가능
한 일이 아니었습니다. 땅을 일구는 농사는 집단 노동이 필요한 경우가 많았고,
농사의 기반이 되는 수로 작업이나 물 관리 등은 일정 규모의 공동체가 함께해야
만 가능했습니다.

농사일만 그랬을까요? 홍수와 태풍, 기근, 역병, 전쟁 등의 상황은 마을이 함께
대처하고, 피해가 나면 함께 극복해야 했습니다. 특정 가구가 어려움에 처하면 마
을이 함께 돕고, 각 가정의 대소사도 마을의 이웃이 함께 거들었습니다. 세시풍속
도 마을이 기본 단위요, 제의(祭儀)도 마을 단위의 동제(洞祭)가 주를 이루었습니
다. 농촌 마을은 생활공동체이자 문화공동체, 생산공동체, 운명공동체였습니다.

인간 공동체의 기본 단위가 마을이었던 만큼, 오랜 옛날부터 마을 대소사를 함

께 논의하기 위한 마을회관이 다양한 형태로 있었습니다. 올해 농사에 마을 인력을 어떻게 배치할지, 어느 집 논부터 물을 댈지, 언덕배기 김씨 네가 상을 당했는데 마을 사람들이 무엇을 어떻게 도울지, 이번 동제에는 무엇을 함께 준비할지, 올해 김장은 언제 어디서 함께 할지 등 말 그대로 마을의 크고 작은 일을 함께 논의하고 결정하는 공간이 마을회관이었습니다.

친족끼리 모여 사는 동성(同姓) 마을에서는 친족 집단의 공유 재산인 정자(亭子)나 재실(齋室)에서 이러한 일이 이루어졌습니다. 그리고 각성(各姓) 마을인 일반 민촌(民村)에서는 마을 입구 정자나무가 있는 넓은 마당이나 모정(茅亭)에 마을 사람들이 모였습니다. 그러니 마을회관은 지금처럼 마을회관 간판이 걸린 '건축물'을 말하기보다는 생활공동체, 생산공동체, 문화공동체, 운명공동체인 마을의 대소사를 논의하고 결정하기 위해 마을 공동체원이 모이는, 때로는 끼리끼리 모여 담소도 하고 함께 휴식하는 '기능적 공간'을 의미했습니다.

전국 농촌에 마을회관은 얼마나 있나?

마을회관이 특정 건축물 형태를 띠면서 숫자가 확대된 때는 일제 시대부터 새마을운동을 추진한 시기입니다. 이때는 주로 마을의 행정 기관 역할과 주민의 집회 장소로서 특정 건축물 형태를 띠는 마을회관을 관이 주도해 세우기 시작했습니다. 특히 새마을운동을 통해 정부가 제공하는 시멘트와 철근을 이용해 전국의 마을 숙원 사업이던 마을도로 포장, 소하천정비, 교량 건설 등이 이루어졌습니다. 마을회관도 이때 전국으로 확산되었습니다. 마을회관에 대한 정확한 개별 통계 자료는 없습니다. 그나마 농림어업총조사의 지역 조사 최근 자료(2015년 기준)에 따르면 우리나라 농촌에 3만 6,786개의 행정리가 있는데, 마을회관(경로당 포함) 설치 및 이용 여부를 확인할 수 있는 행정리는 총 3만 6,066곳입니다. 이들 중 마을회관이 해당 행정리에 있는 비중은 93.7%에 이릅니다. 나머지 4.5%는 읍면 소재지의 마을회관을 이용하고 있으며, 1.8%는 마을회관을 이용하지 않는 것으로 나타났습니다.

이렇듯 수많은 마을회관이 세워져 지금까지 유지되는 데에는 몇 가지 이유가 있습니다. 새마을운동을 통해 많은 곳에서 마을 숙원 사업으로 마을회관을 세운 이유도 있습니다. 하지만 보다 주된 이유는 농림축산식품부, 농촌진흥청, 산림청, 행정안전부, 문화체육관광부 등 다양한 중앙 행정 기관에서 농촌 개발 관련 사업을 추진할 때 세부 사업으로 마을회관 건립 및 개보수를 직간접적으로 지원했고, 각 지자체에서도 신축과 개보수를 지원했기 때문입니다. 이제 마을회관이 우리 농촌의 대표적인 마을 단위 공공(공동)시설이라는 점을 누구도 부인하지 못할 것입니다. 더욱이 한 연구 조사 결과에 따르면 마을회관의 기능을 대체할 만한 시설이 있는 마을은 17.1%에 그치고 있어, 마을회관은 농촌의 거의 유일한 마을 단위 공공시설이라 할 수 있습니다(김동원 · 이병훈 · 김광선 · 박혜진, 2012, 「농촌지역 마을회관 이용 실태 조사 연구」, 한국농촌경제연구원).

마을회관에는 어떤 유형들이 있고, 주로 어떤 기능을 할까?

농촌의 마을회관은 각 마을 형편에 따라 다양한 목적으로 활용됩니다. 우리나라 농촌 마을회관은 크게 '복합 커뮤니티형', '보건 및 후생복지형', '공동수익 창출형'의 세 가지 유형으로 구분됩니다(김동원 외, 2012). 이는 625개 마을회관 실태 조사를 기반으로 통계 기법을 활용해 유형화한 것입니다.

첫 번째 '복합 커뮤니티형'은 농촌 마을회관 유형 중 가장 많은 23.0%를 차지합니다. 다른 유형의 마을회관과 차별적으로 갖는 주요 기능은 마을 회의소, 문화

행사 및 교육, 경로당, 사교 및 조직 활동, 경조사 등과 관련됩니다. 이들은 마을회관이 전통적으로 했던 주요 기능입니다.

두 번째 '보건 및 후생복지형' 비중은 17.8%를 차지합니다. 다른 유형에 비해 건강관리실, 청소년 교육복지, 보육 등과 관련한 기능이 우세하게 나타났습니다.

세 번째 '공동수익 창출형'은 16.7% 정도이며, 공동 수익 사업, 도농 교류 등과 관련한 기능 특성이 상대적으로 우세합니다.

이 세 유형이 우리 농촌 마을회관의 약 57.4%를 차지합니다. 남은 비중(약 42.6%)만큼 우리 농촌에 또 다른 유형의 마을회관 형태가 존재할 수 있음을 뜻합니다. 특히 농촌의 변화하는 현실과 주민 수요 등에 따라 앞으로 새로운 유형과 기능의 마을회관이 가능함을 뜻하기도 합니다.

주민들은 마을회관을 어떻게 생각하고, 주로 누가 이용하나?

농촌 마을회관은 여러 유형이며 주요 기능의 특성도 다양합니다. 이는 각 마을이 놓인 상황과 관계 있습니다. 마을 규모, 인구 구조, 주민 수요 등 다양한 요소의 영향으로 마을회관 규모, 운영 현황, 이용 실태, 앞으로 필요로 하는 점 등이 다양하게 나타납니다.

마을회관 운영 현황을 주요 항목별로 살펴보면 표 3과 같습니다. 우리 농촌의 마을회관은 대부분 경로당과 한 건축물에 복합되어 건립된 형태로, 85.4%가 이에 해당합니다. 그래서 마을회관 운영 주체 중 노인회의 비중이 적지 않습니다. 이용자층도 노인층이 46.4%에 이릅니다. 마을회관의 기능을 '경로 시설'로 인식하는 마을 비중도 37.5%로 나타납니다.

실제 활용도 면에서 본 이용 기능 또한 '마을회관이 경로당 기능을 하고 있다'는 응답이 45.2%에 이릅니다. 반면 마을회관을 주민 공동시설로 인식하는 응답 비중은 60.0%, 그리고 실질적인 기능 면에서 주민 집회 장소와 같은 마을회관 본래 기능을 한다고 인식하는 조사 응답 비중도 52.4%에 그치고 있습니다.

조사 결과, 마을회관의 가장 큰 기능이 '주민 집회를 위한 공공시설과 고령의 주민들에게 휴식처를 제공하는 경로 시설'로 자리매김하고 있음을 알 수 있습니다. 하지만 마을 상황에 따라 마을회관은 그 밖의 다양한 목적으로 활용됩니다. 방문 진료 · 영농 교육 · 건강 검진 · 정책 설명회 등이 마을회관에서 비교적 활발히 이루어지며, 겨울철 농한기에는 주민들의 공동 식사 장소로도 이용됩니다. 반면 젊은 주민들이 비교적 많이 바라는 '보육 · 공동 수익 사업 · 노동 교류 등을 위한 마을회관' 활용도는 매우 낮은 것으로 조사되었습니다.

마을회관이 만족스럽지 않은 여러 이유

마을회관 활용에 대한 만족도는 전체적으로 77.0%에 이르지만, 세대 간 만족도와 불만 사항이 큰 차이를 보입니다. 젊은층의 만족도가 노인층보다 11.3% 낮게 나타납니다. 주요 불만족 사항으로 노인층은 '필요한 시설 부족'을, 젊은층은 '여러 세대층을 위한 다양한 프로그램 부족'을 가장 높게 선택했습니다. 세대 간에 극명한 차이를 보이죠. 물론 젊은층의 요구와 관련한 보육, 판매, 가공, 공부방 시설 등을 갖춘 마을회관들도 적지 않습니다. 하지만 많은 경우 제대로 활용되지 않고 방치되어 있습니다. 따라서 단순한 시설 확충보다는 해당 시설을 활용한 프로그램과 인적 자원 부족 문제를 해결해야 합니다.

이 외에도 농촌 마을회관 운영과 관련해 건축의 특성, 소유권 문제, 기타 운영상의 애로 사항 등을 살펴보아야 합니다.

첫째, 건축 면에서 농촌 마을회관은 지은 지 너무 오래되고 규모가 작아 많은 주민들의 다양한 수요를 제대로 수용하고 다채로운 기능을 발휘하기가 어렵습니다. 2012년 한 조사에 따르면 건축한 지 20년 이상 된 노후 마을회관이 20.0%나 됩니다. 건축 이후 11년에서 20년 된 마을회관 비중도 38.5%나 되어 현 시점을 고려하면 전체 농촌 마을회관 중 절반 정도나 그 이상이 20년 이상 된 노후 건축물이라 할 수 있습니다(김동원 외 2012). 이런 마을회관은 당연히 이용이 불편하고 운영과 관리도 쉽지 않을 것입니다.

마을회관 규모도 마을에 따라 각양각색입니다. 평균적으로 마을회관 대지는 약 452.8m^2(약 137.2평)이고 건물 면적은 135.0m^2(약 40.9평) 정도입니다. 그런데 건물 면적이 99m^2(30평) 이하인 소규모 마을회관이 32.3%에 이르고, 66m^2(20평) 이하의 아주 좁은 마을회관도 11.2%에 해당합니다. 농촌의 여러 조건과 환경이 변하면서 마을회관 활용에 대한 수요도 다양해지고 있지만, 이 소규모 마을회관들은 다양한 수요와 기능을 수용하고 발휘하기가 어려울 수밖에 없습니다.

둘째, 농촌 마을회관에서는 복잡하고도 관리가 허술한 소유권 때문에 문제가 자주 일어납니다. 마을회관의 건축물과 대지 소유권이 마을, 시군, 개인 등에 분산되어 있습니다. 또 소유권 귀속과 관리가 불명확한 경우가 많습니다. 그래서 운영 핵심 인물이 마을회관을 매각해 버리고 특정인이 그 혜택을 받는 경우가 있는가 하면, 뚜렷한 대책도 없이 마을회관을 매각한 후 지자체에 새 마을회관을 건립해달라고 (정치적 영향력을 발휘해서) 압박하는 경우도 있습니다. 마을회관 소유와 운영 등에 대한 뚜렷하고 강력한 규정이 미비한 탓입니다.

셋째, 마을회관 운영과 관련한 애로 사항으로 운영과 관리에 드는 비용 문제와 세대 간 갈등이 가장 많습니다. 오래된 마을회관일수록 운영과 관리에 드는 비용이 클 수밖에 없죠. 노후 마을회관은 대부분 기름보일러를 쓰기 때문에 늘 난방비 부담이 있고, 시설 개보수에 필요한 비용도 자주 생깁니다. 더욱이 마을회관은 주민자치에 필요한 공공시설이므로 복지 시설인 노인정과 달리 공공의 별도 지원이 없는 형편입니다. 운영과 관리 비용 문제는 마을회관의 유휴화를 부추기는 주 원인 중 하나이기도 합니다(김광선·이규천, 2012, 「농촌 공동시설의 유휴화 실태와 활용 증대 방안」, 한국농촌경제연구원).

이 밖에도 마을회관이 노인층 중심으로 운영되다 보니, 마을 주민들 이용이 뜻밖에 제한되고 세대 간 갈등 양상도 나타납니다. 앞에서 말했듯이, 노인층은 마을회관에 노인들을 위한 시설을 더 확충해달라 요구하고, 젊은층은 젊은 세대도 마을회관을 활용할 수 있도록 다양한 프로그램 진행을 지원해달라고 요청하는 것이 이런 갈등의 단면을 보여 줍니다.

농촌 주민들은 어떤 마을회관을 원할까?

이처럼 마을회관을 둘러싼 운영과 이용의 한계에도 불구하고, 농촌 주민들이 마을회관에 거는 기대는 여전히 큽니다. 앞서 말했듯이 대부분의 경우 마을회관이 유일한 마을 공공시설이기 때문입니다. 그래서인지 농촌 주민들은 마을회관에서 '다양한 활동을 하고 이를 통해 마을 주민 삶의 질이 향상'되길 바랍니다.

농촌 주민들은 기존의 집회 공간이나 경로당 기능 외에도 마을회관에서 보건, 보육, 교육, 문화, 여가 등 다양한 분야의 활동이 이루어지길 기대합니다. 또 마을회관이 '농촌 주민의 일상생활을 지원하고, 공동의 수익을 창출할 수 있는 공간'으로 기능하길 원합니다.

마을회관의 중요성이 큰 만큼, 농촌 주민이 마을회관 활용에 바라는 점도 다양합니다. 이러한 수요를 충족시키기 위해 여러 노력이 있어야겠지만, 실천할 때 아래 세 가지를 유의해야 합니다.

첫째, 마을회관이 특정 주민이나 조직의 사적 공간이 아니라, 되도록 많은 마을 주민이 이용할 수 있는 공적 공간이 되어야 합니다. 둘째, 근본적으로 마을회관은 마을의 자치적 운영과 관리가 되는 공간이어야 합니다. 정부나 지자체에 지나치게 의존하면 마을회관 본래의 의미가 퇴색되기 때문입니다. 셋째, 농촌 마을의 상황이 각양각색이듯 마을회관도 해당 마을의 현재와 미래를 고려해 다양한 모습으로 존재해야 합니다. 여러 프로그램 및 기능과 시설이 모든 농촌 마을회관에 장착되고 설치될 필요도 없고 또 그럴 수도 없는 노릇입니다.

농촌 마을회관을 활성화하기 위해 필요한 네 가지

그렇다면 현재의 한계를 극복하고 주민들 수요를 충족할 수 있는, 향후 농촌 마을회관의 모습은 어떠해야 할까요? 누구나 동의하는 완벽한 정답을 찾기란 힘들 것입니다. 여러 사람의 지혜가 필요한 사안입니다. 그러한 지혜를 모으는 데 조그마한 도움이라도 되길 바라며, 농촌 마을회관 이용 활성화를 위해 앞으로 해야 할 일을 네 가지 제시하고자 합니다.

마을회관에 대한 고정 관념 바꾸기

우선 마을회관의 역할과 기능을 재정립해야 합니다. 마을회관은 농촌에 존재하는 거의 유일한 공공시설인 만큼, '농촌 마을의 거점'이라 할 수 있습니다. 그런데도 상당 부분 경로 시설로만 인식되면서, 많은 주민이 자의든 타의든 마을회관 이용을 꺼립니다.

또 마을회관을 활용하고 싶어도 제대로 된 공간, 시설, 프로그램이 부족합니다. 그래서 주민들은 이동 수단만 있으면 중심지나 인근 도시로 나갑니다. 마을회관이 주민이 원하는 서비스를 제대로 공급하지 못하기 때문입니다. 그렇다면 역발상이 필요합니다. 마을회관의 주 역할을 (서비스를 공급하는 곳이 아니라) 서비스를 공급받아 전달하는 기능으로 정하고, 이 기능을 확대하는 방안을 고려해야 합니다. 이 발상은 농촌 중심지나 인근 도시와 농촌 마을 간의 기능적 연계 속에서 마을회관의 역할을 찾자는 것입니다.

중심지나 인근 도시에는 농촌 마을보다 서비스 공급 기능이 풍부합니다. 농촌 마을회관은 중심지나 도시로부터 장비, 이동 시설, 프로그램 등을 공급받아 마을 주민들에게 전달할 수 있을 것입니다. 마을회관에서 영화를 보기 위해 상영 장비를 모두 갖추고 있어야 할까요? 건강 관리 프로그램을 진행하기 위해 마을회관에 관련 비품들을 모두 구비해야만 할까요? 검진을 받기 위해 진료 장비를 모든 마을회관이 준비해야 할까요?

기술이 발달하고 장비와 장치의 크기가 점점 작아지면서, 농촌 마을회관이 다양한 프로그램과 이에 필요한 인력, 장비, 시설 등을 필요한 때에 맞추어 제공받을 수 있는 시대가 되었습니다. 이제 마을회관은 주민들이 모이는 센터 역할뿐만 아니라, 주민 삶의 질을 높이기 위해 다양한 서비스를 중심지나 도시에서 공급받아 전달하는 역할을 확대해야 합니다.

그렇지만 소규모 마을회관은 중심지나 도시로부터 공급받아 마을 주민에게 전달하기가 어려울 수 있습니다. $66m^2$(20평)도 안 되는 좁은 마을회관에서 주민들에게 필요한 여러 서비스를 전달하기란 무리이기 때문입니다. 그러나 글머리에서 썼듯이, 전통적으로 마을회관은 마을회관 간판을 달고 있는 단일한 건축물이라기보다는 '생활공동체, 생산공동체, 문화공동체, 운명공동체인 마을'의 주민이 다함께 활용하는 집합적 기능적 공간임을 기억해야 합니다. 그 기능적 공간인 마을회관은 꼭 하나의 건축물일 필요가 없습니다. 여러 공간이 상호 작용하며 연계된 공간이 될 수도 있습니다.

농촌 마을에는 폐가, 빈집, 각종 창고, 폐교(특히 폐교된 분교), 소규모 운동 시설 등 다양한 유휴 시설과 공간이 있습니다. '5억 원짜리 마을회관과 수많은 빈집이 공존'하는 농촌 마을의 현실을 고려하면, 주민 수요 충족을 위해 마을회관을 늘리거나 새로 짓는 것만이 능사는 아닙니다. 마을회관과 기능적으로 연계할 수 있는 유휴 자원을 발굴하고 정비해서 활용하는 것이 오히려 현실적일 수 있습니다.

귀농귀촌인들의 창조적 가능성을 받아들이기

농촌 마을의 구성원이 달라지고 있는 동향을 고려해야 합니다. 지역마다 차이가 있지만, 최근 농촌의 지속적인 인구 감소세가 오히려 증가세로 돌아섰습니다. 귀농귀촌 증가가 큰 몫을 했죠. 특히 귀농귀촌인 중에는 참신한 아이디어와 전문지식을 갖추고 새로운 무엇인가를 창조하거나 문제를 창의적으로 해결하는 사람들인 '창조 계층' 비중이 높습니다. 이들은 농촌에 새로운 활력을 불어넣을 수 있다는 점에서 주목받고 있습니다(김광선·김남훈·서형주, 2019, 「농촌 활성화를 위한 창조 계층 활용 방안」, 한국농촌경제연구원). 이들은 자신의 창의성을 실현할 활동과 공간을 원합니다. 유휴화되었거나 활용도가 낮고 프로그램이 부족한 농촌 마을회관은 이들의 활동의 장이 될 수 있을 것입니다.

마을 자치와 공동체 정신에 입각한 주민들의 자발적 운영 체계 만들기

마을회관의 자율적 운영 능력을 높이고 자립 운영 기반을 마련해야 합니다. 물론 상대적으로 열악한 농촌의 여러 조건을 고려하면 정부와 지자체 등 공공의 지원도 필요할 것입니다. 그러나 근본적으로 마을회관은 마을의 자치 운영과 관리가 이루어지는 공간이어야 합니다. 그래서 주민의 자발적 참여와 자립으로 관리하고 운영해야 합니다. 이를 위해서는 먼저 마을회관 관리와 운영에 대한 주민들 간 소통이 지속적으로 이루어지고 다양한 의견을 수렴해 보다 많은 주민이 마을회관을 기꺼이 이용할 수 있어야 합니다.

마을회관의 자립적 운영을 위해서는 운영과 관리비 상당 부분을 마을 스스로 마련해야 합니다. 그러려면 한편으로는 비용을 절감하고, 다른 한편으로는 비용을 확충해야 합니다. 비용 절감을 위해서는 태양광과 태양열 등의 대체에너지 시설이나 에너지 절감 시설을 갖추어 마을회관의 운영과 관리비를 낮추어야 합니다. (이 일에는 일정 부분 공공의 지원이 필요할 것입니다.) 비용 확충을 위해서는 마을 스스로 비용을 모아야 합니다. 마을회관에서 하는 각종 프로그램에 참여할 때 일정 회비를 부담하게 하는 것이 한 방법입니다. 또 마을회관 공간과 시설을 활용한 공동 수익 사업을 추진하고 그 수익금 일부를 마을회관 운영과 관리를 위한 비용으로 적립할 수도 있습니다. 다만 마을회관의 상업적 활용이 특정 개인이나 일부 집단의 이익 추구를 위한 것이 되어서는 안 됩니다.

마을 주민의 자율성을 존중하는 다양한 방식으로 공적 지원이 이루어져야

농촌의 마을회관 활성화를 위해서는 여전히 정부와 지자체 등 공공의 지원이 필요한 부분이 적지 않습니다. 다만 모든 농촌 마을회관을 대상으로 공공에서 운영과 관리 비용을 직접 지원하는 방식이어서는 안 됩니다. 이는 오히려 기존의 여러 문제를 해결하기보다는 고착시킬 가능성이 크기 때문입니다.

대신 다양한 방식의 지원이 가능할 것입니다. 중앙 정부가 각종 농촌 지역 개발 사업을 할 때, 지원이 필요한 마을회관을 개선하는 세부 사업을 포함하도록 지침을 수립해 시행하는 것이 한 방법일 수 있습니다. 또 지자체로 이양된 마을 사업(예를 들어, 일반농산어촌개발사업의 마을사업)을 농촌 시군이 추진할 때, 노후화되고 프로그램이 필요한 마을회관을 충분히 고려해서 사업을 계획하고 실행할 수 있도록 제도 기반을 마련하는 것도 필요합니다.

마을회관 활용을 촉진하고 농촌 마을 활성화를 위해 '마을회관 개선 경진대회(가칭)'를 광역 자치단체별로, 그리고 (결승전 방식으로) 중앙 정부 차원에서 개최할 필요가 있습니다. 마을별로 제안한 마을회관 개선 계획을 평가하고 선정해서 해당 개선 사업이 실현되도록 상사업비(시상금 성격의 인센티브 사업비)를 제공하는 것도 마을회관에 대한 관심을 불러일으키는 데 도움이 될 것입니다. 이 외에 마을회관에서 공동 수익사업, 농촌 유휴 시설과의 기능 연계 등이 가능하도록 관련 규제를 완화하고 제도를 정비하는 것도 필요합니다.

마을회관에서 노인정으로,
이젠 무엇으로 쓸 것인가

김영우 예산홍성환경운동연합 전 공동의장

예산군의 365개 마을회관 겸 노인정을 탐방하다

2년 전, 약 5개월에 거쳐 충남 예산군 311개 마을, 365개 노인정을 일일이 걸어서 찾아가 보았습니다. 권역 사업이 이뤄진 몇 개 마을을 제외하고 회관이 별도로 있는 곳은 거의 없었습니다. 마을이 큰 경우 노인정이 두세 곳 더 있었지만, 대부분 회관을 노인정으로 이용하고 있어 노인정이라 불러도 무방하다는 생각이 들었습니다.

회관의 넓은 방은 할아버지방이자 회의실로 이용하고 있었고, 대부분 부엌이 있는 방은 할머니방이었습니다. 두 방의 가장 큰 차이는 할아버지방에선 화투놀이가, 할머니방에선 윷놀이가 주를 이룬다는 점입니다. 할머니방은 할아버지방보다 비좁지만 늘 붐빕니다. 어느 마을은 할아버지들이 할머니들에게 소외당해 함께 점심을 차려 먹지 못하는 곳도 있었습니다.

80세를 넘기면서 할아버지들이 먼저 세상을 뜨셔 할아버지방은 한산해지고, 할머니방은 북적입니다. 이제 할아버지들이 눈치를 보는 상황이 왔습니다.

최근에 지은 마을회관은 화장실이 안에 있지만, 대부분은 화장실이 건물 밖 옥상 계단 아래 있거나 별도로 지어진 경우가 많습니다. 바깥 화장실에 대한 할머니들의 불만이 매우 컸습니다. 그리고 마을회관 출입구가 대부분 4~5개 계단 위에 있어 잘 걷지 못하는 어르신은 오르내리는 데 불편을 겪고 있었습니다.

회관 마당에는 어디 가나 똑같은 운동 기구가 있고, 체력 단련실을 안에 둔 곳도 있었습니다. 그 마을 이장님이 강력하게 요구했다고 합니다. 방안에 놓은 기구에 올라 운동을 하며 대화하는 모습이 참 좋아 보였습니다.

마을마다 회관의 분위기는 다양했습니다. 마을 전통이나 분위기에 따라 회관 풍경은 사뭇 달랐죠. 고새울 마을회관은 마을 주민들이 돈을 모아 지었습니다. 청년 회원과 노인 회원이 어울려 화합하는 모습은 마을공동체의 원형이 아닐까 싶을 정도였습니다.

마을발전기금을 기부한 출향인들의 이름과 금액을 종이에 써서 붙여 놓은 마을도 있었습니다. 이름 옆에는 '○○○의 자(子)'라는 설명도 함께 있었습니다.

가야산 느락골 마을회관 변천사

징 소리와 마을징치

필자는 충남 예산군 가야산 느락골에서 1960년대에 태어나 지금껏 살고 있습니다. 마을회관의 첫 인상은 노래에 이어지는 마을방송입니다. 마을방송 앰프는 언제나 지직거리며 웅웅대는 바람에 귀를 쫑긋 세우고 들어야만 했습니다. 그래도 무슨 말인지 못 알아들으면 옆집에 가서 물어야 했죠. 하도 답답할 때는 징 소리를 이용했습니다. 어린 시절, 마을 어른이 징 소리로 마을 일을 알리는 모습을 봤습니다. 징을 들고 주먹으로 치는 그 어른의 모습이 지금도 생생합니다.

어르신들 말씀에 따르면, 1960년대 이전에는 마을에 징치(懲治) 전통이 있었다고 합니다. 마을 공동 부역에 참여하지 않거나 일반적인 윤리 규범을 어기는 사람에게 잘못을 묻고, 마을 규약에 따라 다스렸다(징치)고 합니다.

새마을운동과 마을회관

새마을운동이 한창이던 1970~1980년대 마을회관은 강제성이 컸지만 마을공동체의 중심이었습니다. 당시 이장과 새마을지도자의 위상은 어느 때보다 높았습니다. 이장은 부역의 형태를 띤 공동 작업 지시를 정기적인 마을방송을 통해 알렸고, 집집마다 한 사람 이상은 동원되어야 했습니다.

1970년대 중반 마을회관은 주민 회의 공간에서 한걸음 더 발전했습니다. 마을문고가 들어섰고, 일부 마을에선 공부방으로도 활용했습니다. 이때는 전국적으로 4H운동이 불붙으면서 마을별 과제와 농작물 품목별 연구 등 마을 학습 모임이 활기를 띤 시기였습니다.

부속 건물로 마을 구판장까지 설치되면서 마을회관은 전성기를 누렸습니다. 구판장은 회관 옆에 방 한두 칸이 딸린 가정집 형식으로 지어졌습니다. 생필품을 공동 구매해서 쉽게 이용하자는 취지도 살리고, 마을회관 관리인 숙소 역할도 했습니다. 하지만 어린아이들에게는 술에 취한 아버지를 모셔 와야 하는 너무도 싫은 공간이었습니다. 구판장은 마을 주막집의 좀더 세련된 형태였다고 할까요. 자동차와 마트가 발달하면서 그마저도 자취를 감추어 추억이 된 지 오래입니다.

당시는 이장의 권한이 막강해서 회관을 공부방이나 마을 청년들 토론장으로 활용하는 일이 호락호락하지 않았습니다. 회관이 또 하나의 행정 기관이 되면서 문턱이 생긴 것입니다.

노인회와 청년회의 갈등

1990년대에는 (주)교보생명이 마을 숙원 사업이던 회관을 2층으로 지어 줬습니다. 50평에 지나지 않는 대지에 최대의 용적률을 적용해서 지은 회관은 주변 마을에 자랑거리가 되었습니다.

필자는 마을회관 2층에 공부방을 만들어 운영하다가, 그토록 원하던 마을회관의 변화를 꿈꾸며 젊은 나이에 이장이 되었습니다. 그런데 마을의 중심 세력인 노인회와 화합하기가 무척 어려웠습니다. 70대가 중심인 우리 마을에서는 노인회가 막강한 힘과 재정력을 갖고 있었습니다. 마을회관을 주로 누가 사용하는가는 마을 문제의 주도권을 누가 쥐는가의 척도가 됩니다.

결국 우리 마을의 노인회와 청년회가 대립했습니다. 회관은 여름철에는 노인정으로 이용되지 않았습니다. 하지만 대학생 농활대가 여름에 회관을 숙소로 이용하자 어르신들 눈에는 불만이 가득했습니다. 환경시범마을, 녹색농촌체험마을, 농촌건강장수마을 등 마을 사업을 연이어 추진하면서 갈등은 깊어졌습니다.

노인회에서 마을 이장을 탄핵하겠다고 나섰습니다. 그분들은 보조금이 마을에 들어오면 늘 이장이 떼먹으리라는 선입견을 가졌습니다. 일제 강점기부터 마을 이장이 앞잡이 역할을 하면서 부조리의 온상이 되었기 때문입니다. 더구나 해방 후 토지개혁 때 상환액을 이장이 받아 면사무소에 납부하는 게 일반적인 방식이었는데, 이장이 돈을 받고도 납부하지 않은 경우가 비일비재했습니다. 거기에서 이장에 대한 불신이 극도로 깊어져 아직도 일부 어르신들은 '이장은 돈 떼먹는 사람'이라고 생각하기도 합니다.

마을이 생긴 이래 처음으로 추진한 정부 지원 마을 사업을 앞두고 한바탕 홍역을 치렀습니다. 결국 마을회관의 주도권을 노인회에 빼앗겼습니다.

노인정이 된 마을회관, 그마저도 위태롭다

마을잔치는 마을회관에서 치러지는 최고의 행사였습니다. 칠석, 8.15, 추석 등에 마을회관에서 잔치를 여는 전통이 꽤 오래 이어졌습니다. 우리 마을도 칠석맞이 마을잔치를 오랫동안 이어왔는데, 최근에는 대형 식당을 빌려 엽니다. 매년 어디서 잔치를 열지 논란이 되는데 부녀회의 고령화, 장소의 비좁음, 번거로움 등을 이유로 식당에서 열고 있습니다.

어떤 이는 마을회관을 노인정으로 이용해서 활용도를 높였다지만, 이용할 노인마저 급격히 줄고 있습니다. 그리고 새로 짓는 회관도 건물 구조나 기능을 보면 회의 공간이라기보다 노인정에 가깝습니다. 이런 식으로 신축하면서 마을회관이 노인정 기능으로 바뀌다 보니, 젊은이들은 회관을 기피하게 되고 마을공동체를 위한 공간으로 제 역할을 다 하지 못하고 있습니다.

최근에는 농촌 인구가 더 줄고 고령화도 심각해지면서, 그나마 노인정으로 활용하던 기능조차 위태로워지고 있습니다. 이러한 농촌 현실을 타개할 획기적인 정책을 기대해 봅니다.

마을회관 안에 화장실을 설치한다니

성주4리 먹방마을 마을회관 신축 이야기

서광수 보령시 성주면 성주4리 이장

마을을 덮친 시련과 폐탄광촌주거지개선사업

충남 보령시 성주면에 있는 먹방마을은 행정리로는 성주4리에 해당합니다. 60세대 100여 명이 살고 있습니다. 우리 마을은 과거 석탄 광산이 있던 광산촌으로, 정부의 석탄 산업 합리화 조치 이후 하루아침에 일자리를 잃고 경제적·정신적 어려움을 겪었습니다. 그 뒤로 지금까지 피나는 마을사업을 통해 발전해 온 마을이라고 자부하고 싶습니다. 2007년 이전으로 되돌아가 보면 주민들의 삶은 상상하기도 어려울 만큼 비참했습니다. 주민들은 이 어려움을 극복하기 위해 갈등과 시련 속에서 주민 스스로 변하려고 몸부림치며 지금의 마을로 변화시켰습니다.

먹방마을에는 2005년부터 2007년까지 주민들이 수십 년간 바라고 그리던 최대의 숙원 사업인 폐탄광촌주거지개선사업이 추진되었습니다. 그 당시는 개인 소유의 땅이라곤 단 한 평도 없었고, 살고 있는 집도 합법적인 건물이 단 한 채도 없는 마을이었습니다. 이런 곳에 살다 보니 당연히 최대의 숙원 사업은 살고 있는 땅과 집을 개인 소유로 불하받는 것이었습니다.

마을의 좁은 도로를 넓히고, 상하수도와 오수관 시설 등 기반 시설을 하면서 마을 전체가 공사장이 되어 버렸습니다. 이 사업으로 주민의 주거 환경과 삶의 질이 급속히 좋아지는 계기를 맞았지만, 사업 과정에서 엄청난 갈등을 겪었습니다.

마을회관을 새로 짓다

당시 주민이 살고 있던 개인주택은 말할 것도 없고, 마을회관도 너무 많이 낡고 부지 면적이 좁았습니다. 그래서 다른 부지를 찾아 마을회관을 새로 짓기로 결정했습니다.

그러나 신축하려는 곳의 부지가 너무 낮아 3미터 이상 높여야 했죠. 사업을 추진하기 전에 주민 설명회를 충분히 했지만 주변 정리가 제대로 되지를 않았습니다. 마을회관 부지를 높여 짓다 보니 주민들 눈에 너무 높아 보인 것입니다. 주민들은 지나갈 때마다 "동네 버렸어! 이렇게 동네 한가운데 높게 지으면 다른 집은 어떻게 하나!"라며 여기저기서 수군거렸습니다. 주민들에게 아무리 설명하고 설득하려 해도 들으려 하질 않았습니다. 여론의 뭇매를 맞아 가며 힘든 과정을 거쳐 마을회관 신축을 마쳤습니다.

화장실과 화단을 둘러싼 힘겨루기와 협상

그런데 추진 과정에서 더 황당한 일이 일어났습니다. 마을회관 신축 설계도면 작업을 할 때, 방마다 화장실을 넣기로 했습니다. 이 설계도를 처음 본 주민들은 난리가 났습니다.

"화장실을 방 안에 넣는다니, 무슨 소리냐?"

"내 눈에 흙이 들어가도 화장실은 절대 방 안에 안 되지!"

"어떻게 밥 먹는 방 안에 화장실을 넣을 수가 있나."

"냄새가 나서 못 살지!"

"밥맛이 나겠냐구."

"이장 고집 때문에 마을회관 버렸어."

어르신들께 수세식 화장실에 대하여 소상하게 설명을 드렸지만 막무가내로 안 된다고 반대하셨습니다. 너무 답답해서 "마을회관을 못 짓는다 해도 화장실만은 방 안에 넣어야 합니다. 화장실만큼은 절대 양보 못합니다"라고 주장했다. 이렇게 어르신들과 갈등을 빚다 보니 어르신들께 "이장이라는 젊은 놈이 싸가지가 없어! 저런 놈이 이장이라니!"라는 욕도 많이 먹었습니다.

그럼에도 어르신들과 맞서며 "마을회관에 화장실을 안 넣으면 마을회관도 안 짓겠다"고 했습니다. 그렇게 힘겨루기가 이어졌습니다. 어르신들은 "마을회관에 화장실을 넣으면 회관을 못 지어!" 하면서 제 말에 트집을 잡으며 엄청난 비난과 질책을 퍼부었습니다.

한편으로 이해가 가기도 했습니다. 그 당시 먹방마을의 주거 형태는 말로 표현하기조차 힘들 정도로 낙후되어 있었기 때문입니다. 개인 땅이 단 한 평도 없었고, 또 합법적인 건물이라곤 단 한 채도 없이 살다 보니 화장실은 수세식이 아닌 재래식뿐이었습니다. 마을 길거리에 재래식 화장실 수십 개가 있다 보니 여름이면 냄새가 나고, 특히 장마철에는 구더기와 파리가 들끓는 환경에서 살았습니다. 그래서 어르신들 머릿속에는 '화장실은 될 수 있는 한 멀리 있어야 한다'는 생각이 강하게 뿌리내렸던 것이지요.

어떻게 어르신들을 설득해야 할지 고민했습니다. 뭔가 타협점을 찾아야만 했습니다. 그때 야외 화장실이 머릿속을 스쳤습니다. 방 안에 두는 화장실은 화장실 용도가 아닌 손 씻고 세탁하는 등의 용도로 당분간 사용하고, 진짜 화장실은 2층

올라가는 계단 아래에 남여로 구분해서 두 개를 설치하는 것입니다. 이런 조건으로 타협점을 찾기 위해 어르신들과 협상을 시작했습니다.

몇 차례 설득 끝에 협상이 이루어져 마을회관 신축을 마칠 수 있었습니다. 마을회관이 완공되고 몇 년 뒤 어르신들에게 웃으면서 물어보았습니다. "방 안에 화장실이 있으니 싫으세요?" 어르신들은 빙그레 웃으면서 "이장, 미안해." 하셨습니다.

지금 마을회관 앞에는 주민들이 직접 가꾸는 화단이 있습니다. 이 화단을 처음 만드는 과정에서도 갈등이 많았습니다. 마을 주민들은 "마을회관 광장에 시멘트 포장을 해서 차도 세우고 깨끗하게 관리하자"고 했습니다. 하지만 저는 여기서도 "아름다운 계곡에 살면서 환경을 훼손할 것이 아니라 화단을 잘 조성하자"며 반대했습니다. 어르신들이 "화단의 풀은 누가 뽑나, 나무는 또 누가 가꾸고!" 하시는 바람에 또 힘겨루기가 시작되었습니다. 이것도 협상안으로 설득했습니다. 결국 최종 합의 조건은 이장인 제가 풀 매고 나무를 다 가꾸겠다는 것이었습니다.

깊어지는 갈등을 해결하기 위한 노력

이런저런 갈등 속에 무사히 마을회관을 신축했지만, 처음에는 주민들이 오질 않았습니다. 그 이유가 황당했습니다. 마을회관이 너무 멀다는 이유였습니다. 예전 마을회관 주변에 사는 분들은 마을 여론을 주도하던 세력이었는데, 이분들께서 일부 주민들을 자기 집으로 초대해 절대 신축한 마을회관에 가지 말자면서 여론을 호도한 것입니다. 저는 화가 나서 "오지 마세요, 젊은 사람들만 사용하겠습니다"라고 했습니다. 이렇게 서로 힘겨루기로 어르신과 젊은 사람 간의 갈등은 더욱 깊어졌습니다.

지금 마을회관은 마을 중앙에 있고, 주민들의 생활 반경은 마을회관을 중심으로 멀어야 200미터 거리밖에 안 됩니다. 그렇기 때문에 거리가 멀어서 못 온다는 말은 핑계에 불과했죠. 자신의 집 가까이에 있던 마을회관을 개인 집처럼 마음대로 사용하다가, 조금 멀리에 신축하다 보니 예전처럼 쓸 수 없다는 투정이었던 것입니다.

이런 생각을 하면서도 저를 비롯해 마을의 젊은 분들이 직접 찾아뵙고 어르신들이 새 마을회관으로 오시도록 무릎 꿇고 빌면서까지 설득했습니다. 돌아보면 웃음이 나오지만 지난날의 이런 사연이 없었다면 지금의 먹방마을도 없을 것입니다.

마을회관을 신축하면서 주민 교육이 중요하다는 점을 절실하게 느꼈습니다. 그래서 주민 역량을 높이기 위해 현장 포럼을 2년간 했습니다. 이런 교육을 통해 주민들이 조금씩 변해가는 모습을 보며 보람도 크게 느낍니다. 저 또한 주민들 덕분에 훨씬 성장할 수 있었고, 우리 마을 주민들이 없었다면 지금의 저도 없었을 것입니다.

항상 과거의 교훈과 초심을 잃지 않는 마음으로 먹방마을 주민들을 사랑하면서 최선을 다하자, 살기 좋은 마을을 만들기 위해 계속 노력하자. 오늘도 이런 결심을 해봅니다.

3부
마을의 계획, 마을은 우리 모두가 만들어 가는 공간

마을회관 농촌공동체 복지의 중심 공간

마을경관 자연과 더불어 살아가는 주민들의 약속

마을건축 마을공동체의 삶을 담는 그릇

마을계획 10년 앞을 내다보는 실천

농촌 경관, 마을 사람들이 가꾸는 삶의 무늬

김정섭 한국농촌경제연구원 선임연구위원

시골 풍경을 보면 알 수 있는 것

　　　　　　　　사람의 겉모습에는 그이의 인생 역정이 담겨 있습니다. 그래서 '나이 마흔이 넘으면 자기 얼굴에 책임을 져야 한다'는 우스갯소리도 있습니다. 수십 년 논밭에서 농사지으며 살아온 할머니의 거친 손을 보면 고단하고 부지런했을 삶을 그려 보게 됩니다. 그런 손을 사진으로 찍는 사진작가도 있습니다. 인간이 만들어 낸 사물의 겉모습에도 그것이 생겨나기까지의 사연과 곡절이 드러납니다. 경관에 대해서도 같은 말을 할 수 있습니다.

　저는 직업상 농촌으로 출장 다닐 일이 많습니다. 고속도로, 국도, 지방도로, 마을 길 등 크고 작은 길을 운전하면서 몇 시간을 보냅니다. 언젠가부터 차창 밖 논두렁을 유심히 보는 버릇이 생겼습니다. 봄부터 초가을까지 동네마다 다른 논두렁을 감상하면서 이런저런 짐작을 합니다. '이 동네 논두렁은 가지런하게 풀을 깎아 놓았네. 바짝 밀어 놓은 스포츠머리 같아. 논두렁에 바짝 붙은 풀이 새파란 걸 보니 농약도 안 치고 죄다 예초기로 작업했군. 이 동네 사람들은 부지런하기도 하지.' 이런 식이죠.

농촌 경관은 깨끗하든 지저분하든 아름답든 보기 싫든 마을 사람들 삶의 무늬입니다. 무늬라고 하면 겉치장을 떠올릴 수도 있겠지만 그런 뜻이 아닙니다.

수십 년 아껴 쓴 가구에는 일부러 만들려 해도 만들 수 없는 시간의 무늬가 남습니다. 기분에 따라 돈을 주고 사는 요즘의 가전제품과는 다릅니다. 조촐하지만 있어야 할 살림 도구들이 적절히 놓여 있는 부엌을 보신 적 있는지요. 그런 살림살이는 집주인의 정갈한 삶을 보여 줍니다.

그렇게 무늬는 속에 쌓인 삶의 모습이 겉으로 드러난 것입니다. 그래서 경관을 보고 사람을, 지역사회를 알 수 있습니다. "탈바가지를 여럿 갖추고 있는 사람과 다르게, 그 무늬가 양파이면 대체로 그것은 양파이며, 그 무늬가 옥수수이면 대체로 그것은 옥수수"(김영민, 〈무늬만 남고 얼룩은 가라〉, 《시사저널》, 1999년 12월호)이기 때문입니다.

농촌 경관에서 느낄 수 있는 것들

도시 경관은 법률이 정한 바에 따라 구체적으로 결정되는 게 많습니다. 도심에서는 건물 높이가 얼마 이하여야 하고, 몇 층 이상 건물 앞에는 조형 예술 작품을 설치해야 하며, 아파트 단지에는 그 규모에 따라 녹지가 어느 정도 있어야 한다는 식입니다.

건물주나 건축 공사 시행사가 법을 지키는 것으로 경관 형성 문제가 끝납니다. 그러니 도시에 사는 사람들은 경관 문제가 남의 일이기 쉽습니다. 높은 고층 건물이나 특이한 시설물이 들어서면 구경거리로 눈길을 끌 뿐이지요.

하지만 농촌 주민에게 경관은 형성 과정부터 일상생활과 직결됩니다. 뒷산 소나무를 잘라내고 태양광 전지판 시설이 들어선다고 할 때, 내 땅이 아닌데도 주민들이 반대하는 이유가 '경관 훼손'입니다.

유럽 국가들의 농촌 마을이 주택 지붕 색깔이 똑같고 건축 스타일이 비슷해서 깔끔하고 예뻐 보이는 것도 마을 주민들이 경관 문제를 두고 규칙을 합의하고 지켰기 때문입니다. 한국이나 외국이나 농촌 경관은 마을 주민 공동의 문제입니다. 그래서 경관이 잘된 마을을 지나노라면 이 마을 주민들이 얼마나 합심해 있는지를 느낄 수 있습니다.

도시 경관을 구성하는 소재는 대개 콘크리트, 아스팔트, 철강 따위입니다. 잔디와 분수대가 있는 잘 가꿔진 공원을 보아도 '자연스럽다'고 하지 '자연'이라고 말하지는 않습니다. 그와 달리 농촌 경관은 인간 활동이 만들어 낸 풍경이라도 자연 자체와 잘 어울려 자연의 일부분이 됩니다.

이렇게 자연이 스며든 농촌 경관과 인위적인 도시 경관은 어떻게 다를까요. 저는 그것을 '다양한 감각 경험'이라고 부르고 싶습니다. 경관이라고 하면 흔히 시각적 경험만을 떠올립니다. 특히 도시 경관이 그렇습니다. 도시에서는 '보는 것' 말고 느낄 만한 것이 별로 없습니다. 그러나 농촌 경관은 다릅니다.

제가 좋아하는 시골 경관이 있습니다. 사과꽃 활짝 핀 따스한 4월의 봄날, 충남 예산군 어느 과수원 동네 경관입니다. 차 한 대 지날 만큼 좁은 길 양쪽으로 오래된 사과나무들이 늘어서 있습니다. 사과꽃이 절정이라 하얀 눈송이가 내려앉은 듯한 풍경입니다. 그리고 달콤한 사과꽃 향기가 있지요. 바람이라도 불면 꽃잎이 떨어져 앉습니다.

'동구 밖 과수원 길 아카시아 꽃이 활짝 피었네. 하얀 꽃 이파리 눈송이처럼 날리네. 향긋한 꽃 냄새가 실바람 타고 솔솔……' 동요 〈과수원길〉 노랫말처럼 이것이 농촌 경관입니다. 보고, 듣고, 냄새 맡고, 만질 수도 있는 경관입니다.

땀 흘리고 공들여 형성한 경관과 장소의 의미

제가 일하는 한국농촌경제연구원은 서울에 있다가 2015년 여름 전라남도 나주로 옮겨 왔습니다. 연구원 건물 곁에 텃밭이 있습니다. 농작물을 키우기 원하는 직원들에게 몇 평씩 나누어 줘 텃밭 농사를 지을 수 있게 했습니다.

농업이나 농촌 정책 연구를 하는 기관이지만 젊은 직원들은 대부분 시골 출신이 아닙니다. 농사는 처음이지요. 고작 서너 평밖에 안 되는 '농장'마다 고추 모종이나 상추 몇 포기 심으면서 퇴비를 주네, 비닐 멀칭을 하네, 물을 주네, 야단법석입니다. 점심시간마다 텃밭 농사를 돌보는 발길이 분주합니다. 또 저 같은 구경꾼들은 텃밭 경관을 감상하며 이야기 나눕니다.

사람들은 자신의 의견이 반영되거나 노동을 투입한 장소에 애착을 두게 마련입니다. 어떤 장소를 만드는 데 땀 흘리고 공들인 만큼 정이 들게 마련이지요. 여럿이 의견을 나누며 가꾼 장소는 더 그렇습니다. 돈 문제가 아니지요. 농촌 경관을 가꾸는 일이 건축업자가 건물을 새로 짓고 조경수 몇 그루 심는 사업으로 끝날 수는 없는 까닭입니다.

하다못해 마을 진입로에 무성한 잡초를 제거하는 일에서도 그런 이치가 드러납니다. 누군가에게 하루 일당을 주고 일을 시키는 것과 마을 사람들이 예초기를 들고 함께 풀을 깎는 것은 큰 차이가 있습니다. 앞의 경우는 '제초 서비스를 구매한 것'에 불과하지만, 뒤의 경우는 '마을 경관을 가꾸는 일에 사람들이 협동한 것'이기 때문입니다. 물론 그만큼 수고로운 일입니다. 그러나 수고 없이 얻은 것이 즐거움이나 보람을 가져다주는 경우는 드뭅니다.

이것은 일종의 진정한 지리(地理), 즉 있는 그대로 느껴지고 이해되는 장소의 지리이다. 다시 말해서 이때의 장소는 개인과 공동체 모두에게 상징적이거나 기능적인 생활 중심지이다. 그것은 인간이 만들어 낸 형태와 경관의 다양성 속에서, 자연적 문화적 조건과 조화를 이루는 형태로 표출되는 지리이다. 그것은 규모나 상징성에서 인간다움을 가지고 있다. 무엇보다도 우선적으로 그 장소에 살면서 애착을 갖고 있는 내부자들이 노력한 결과의 지리이며, 또 오로지 이 내부자들 혹은 감정이입적으로 장소를 경험하고자 하고 또 그럴 수 있는 사람들에게만 자명한 지리이다(에드워드 렐프,『장소와 장소상실』, 김덕현·김현주·심승희 옮김, 논형, 2005, 239~240쪽).

그런 의미에서 농촌에 사는 사람들이 도시에 사는 사람들보다 운이 좋습니다. 스스로 마을 경관을 가꾸는 일이 허용되기 때문입니다.

도시에서는 자기 집 앞 경관을 가꾸거나 마을(이라는 게 있는지 의문이지만) 경관을 가꾸는 일이 원천 봉쇄되어 있습니다. 건물 앞에 버려진 쓰레기도 구청이나 동사무소에서 해결해야 할 일이고, 자투리땅이 있다고 해서 주민 마음대로 꽃밭을 만들 수도 없습니다. 내가 사는 장소의 경관을 나와 이웃이 함께 가꾸는 경험은 이제 아무나 누릴 수 없는 귀한 일이 되었습니다.

어떤 장소의 경관을 직접 가꾸는 경험은 특히 어린이나 청소년에게 중요한 의미를 지닙니다. 요즘 아이들은 제 방을 청소할 줄도 모릅니다. 옛사람들은 청소를 도(道)라 여겨 아이들에게 청소를 버릇 들이게 했습니다. 그런 면에서 농촌은 청소년들이 마을 경관을 스스로 가꾸면서 오래된 지혜를 몸으로 배울 수 있는 기회가 주어지는 곳입니다.

농촌의 경관은 그냥 생겨나는 게 아닙니다. 그저 볼거리이기만 한 자연 경관이 아닙니다. 마을 사람들이 의논하고 수고한 노고와 지혜가 땅에 스며들어 형성된 문화 경관입니다. 자연과 시간과 인간이 어울려 오랜 기간 성숙해 형성된 인문 경관입니다. 그래서 농촌 마을의 경관은 그 동네 사람들 삶의 무늬이며 지역사회의 얼굴이라 하겠습니다. 소중하게 가꾸지 않을 수 없습니다.

농촌 경관의 변화사와 공간 주권

복권승 사회적협동조합 공동체세움 이사

　　과거 우리 주변 경관을 결정짓는 요소는 지질 운동과 풍화 작용으로 생긴 높은 곳과 낮은 곳, 절벽과 계곡, 들판과 바다 같은 지형 요인이 대부분이었습니다. 이렇게 정해진 지형에 물이 가져오는 침식과 퇴적, 기후에 따른 나무와 풀 같은 생물의 식생 변화의 결과물이 경관이었습니다.

　　그런데 점차 사람들이 모여 살면서 경관의 개념이 바뀌기 시작했습니다. 사람들은 자신이 살아가는 공간을 변화시키고 싶은 욕구를 가졌고, 문화와 삶의 방식에 따라 자신이 사는 곳을 꾸미기 시작했습니다.

　　이 글에서는 농촌 사회에서 인간이 자연 경관을 바꾸어 온 과정을 소개합니다. 그 과정에서 나타난 인위적인 경관과 자연의 어우러짐, 그런 경관을 갖게 된 원인과 앞으로 삶터를 일굼에 있어 나가야 할 방향에 대해서도 짧게나마 풀어 봅니다.

선사시대 농경

　　　　1990년대 초반, 경기도 고양시와 충북 청주시 소로리에서 볍씨가 발견되었습니다. 이 발견으로 한반도 농업의 역사는 지금으로부터 1만 3천~1

만 7천 년 전까지 거슬러 올라가게 되었고, 적어도 그 무렵부터 자연이 아닌 사람에 의해 주변 경관이 적극적으로 변화했음을 알게 되었습니다. 또한 충남 부여의 송국리에서 청동기 시대의 거주지 유적이 발굴되면서 목책과 원형·방형 구조로 이루어진 취락 양식을 꽤 자세히 알게 되었습니다. 그 이후 경관의 변화는 역사적 사료와 그림 등 다양한 자료를 통해 어떻게 변화해왔는지 알 수 있습니다.

화전, 가만두면 들과 산은 숲이 된다

초기 농업의 가장 극적인 경관 변화는 불을 이용해 밭을 일군 화전이었습니다. 지리학자와 생물학자들은 연 강수량이 750밀리미터를 넘는 온대 지방은 특별한 외부 간섭이 없는 한 대부분의 땅이 울창한 숲이 된다고 말합니다. 인간은 이렇게 숲으로 변한 땅에서 농사를 짓기 위해 불을 사용했습니다. 숲을 불태운 자리에서 농사를 지었습니다. 화전은 한반도의 경관을 바꾸는 데 큰 역할을 했습니다.

계단식 밭과 저수지

수 천 년 전부터 우리 조상들은 가축의 힘을 빌어 밭을 갈았습니다. 움집의 모습은 바닥에 주추를 놓고 나무 기둥을 올리는 방식으로 점차 규모가 커졌습니다. 또한 산골짜기와 산비탈을 깎아 계단식 밭과 같은 다양한 형태의 경작지가 나타났습니다. 고대 국가의 권력이 커지면서 충북 제천 의림지나 전북 김제 벽골제 같은 저수지가 축조되어 또 하나의 경관이 이루어졌습니다.

고려 시대 송나라 사신 서긍이 쓴 『고려도경(高麗圖經)』에 보면 "산간에서 농사를 많이 짓는데 지형의 높낮이에 따라 힘써 일군다. 멀리서 보면 산골짜기에 사다리를 놓은 듯이 논과 밭이 있다"고 했습니다. 이 말에 따르면, 고려 시대에는 저습지와 평지 개간은 많이 이뤄지지 않았음을 유추할 수 있습니다. 이후 고려 말기 문익점이 중국에서 가지고 온 목화가 전국으로 보급되어 기존 농토를 크게 확대시키고 농촌 경관 또한 크게 변화시켰을 것입니다.

물의 나라가 된 농촌

조선 중기에는 냇둑과 수전의 개발로 마을 풍경이 대대적으로 바뀌었습니다. 냇둑이 생기면서 하천변 땅에 물을 댈 수 있게 되어 쌀 재배가 여러 곳으로 보급되었습니다.

농사 방법의 변화는 여름내 또는 사철 내내 들판에 물을 대는 저습지 경관을 만들었고, 5월이면 어김없이 시끄러운 개구리 소리 풍경도 연출되었습니다. 논농사와 이앙법의 보급은 경관을 극적으로 변화시켰습니다. 가뭄으로 논에 물을 대기 어려울 때에는 윗논부터 차례로 물을 대고 빼는 차례논이나 두레논으로 농사와 관련한 합의 구조와 공동 노동 조직이 발달되었습니다.

신기술로 농업 생산량이 늘면서 집집마다 광과 곡간 같은 창고가 더 많이 필요해져 집 구조는 복잡해졌습니다. 또한 집성촌을 중심으로 기존의 서낭당과 자연 제당뿐 아니라 사당, 산신당, 상여집 같은 마을 건물들이 많이 세워졌습니다.

산업화로 공간 주권을 도시에 넘겨주다

19세기 후반, 동학혁명 같은 민중 활동들은 외세와 국가 권력에 의해 좌절되었습니다. 일제 식민지가 된 뒤로는 도시화와 산업화가 진행되었죠. 농민이 자발적으로 경관을 만들고 주도적으로 활동하던 농업에도 국가 권력이 지나치게 개입했습니다.

일제의 농업 정책은 우리나라의 토지를 빼앗기 위한 대규모 조사 사업인 토지 조사사업으로 시작되었습니다. 이를 바탕으로 일제는 더 많은 농작물 수탈을 위해 새로운 기술과 다양한 품종을 보급했습니다. 또 농민의 부역으로 저수지와 냇가 둑과 보를 만드는 사업을 진행해 농촌 경관을 변화시켰습니다. 농촌의 필요로 최적화되어 가던 경관 주도권은 일제로 넘어가게 되었는데, 이는 '농촌 사회의 공간 주권 상실'이라 하겠습니다.

교통과 통신의 발달로 정신없이 변모하는 농촌 풍경

농촌 경관은 점점 더 국가 정책으로 결정되고 국가에 의존하게 되었습니다. 오늘날 흔히 볼 수 있는 거대한 교각 구조물로 된 넓은 도로 같은 경관이 대표적인 예입니다. 이런 구조물들은 점령군처럼 마을 경관을 압도하고 논밭 작물 생육에 상당한 영향을 미치기도 합니다. 이런 도로는 도시와 도시를 빠르게 연결하기 위해 농촌 경관을 희생시킨 경우입니다.

수십 미터가 넘는 철탑과 가공선이 전기를 실어 나르는 모습도 일상적입니다. 마을 산비탈에 생경하게 펼쳐진 태양광 패널 또한 최근의 변화 모습입니다. 이것들은 농민이 원해서 만든 풍경이라기보다는 도시 자본으로 에너지를 사고파는 상황이 농촌 경관을 희생시킨 결과물인 경우가 많습니다.

이렇듯 마을 경관은 시대와 국가 정책에 따라 변화했습니다. 일제 때에는 일본 군인들의 군복을 만들기 위해 하얀 목화밭으로 변해야 했고, 전쟁 때에는 폭격으로 민둥산을 보이기도 했습니다.

잎담배를 건조하기 위한 높은 건조장으로 마을의 스카이라인이 바뀌기도 했고, 1980년대에는 비닐 멀칭과 하우스들이 밭의 풍경을 덮어 버렸습니다. 1990년대에는 조립식 창고들이 마을 모습을 바꾸었고, 2000년대 초반부터는 거대한 비닐 두루마리 화장지 같은 곤포사일리지(수분이 많은 목초, 야초, 사료 작물 등을 비닐로 겹겹이 감아 진공으로 저장해 발효하는 것)로 논바닥의 겨울 경관이 바뀌었습니다.

마을 도랑은 U자형 관으로 된 직선 수로로 바뀌었고, 신작로 가로수길은 위정자의 선호도에 따라 미류나무에서 플라타너스, 벚나무, 메타세콰이어에 이어 이팝나무까지 변화를 거듭하고 있습니다. 밤이 낮만큼이나 환한 야간 점등 시설 재배도 늘어나고 있습니다.

외부의 욕심이 만든 경관인가, 농촌 주민들이 원하는 경관인가

농촌은 일제 강점기 수리조합과 공려조합, 이후 농업기반공사의 활동으로 저수지와 하천의 보밀도가 높아져 가마우지와 논병아리가 늘었습니다. 물떼새와 맹꽁이 대신 수면성 오리가 늘고, 상류에 소류지가 생기면서 원앙의 개체 수도 다시 늘고 있는 상황입니다.

숲이 우거지면서 산토끼는 줄고 멧돼지가 늘었으며, 비료 보급과 더불어 하천에 풀이 무성해지고 고라니가 늘었습니다. 이렇게 경관이 바뀌면 자연 생태계 또한 변화해 농민에게 새로운 고민거리를 안깁니다.

새마을운동 이후 도시 경관이 시골에 이식되었습니다. '농어촌표준주택'이란 용어로 같은 모양의 집들이 늘어섰고, 농촌에도 아파트가 들어섰습니다. 이런 공간이 과연 농촌의 노동에 적합한 환경인지 생각해 봐야 할 문제입니다.

농촌이 과거의 풍경으로 다시 돌아가야 할까요? 농어촌체험마을 같은 사업을 벌이면서, 농촌의 삶을 교과서적인 목가적 경관으로 몰아가는 경향도 나타납니다. 그 땅에 사는 주민이 아닌 외부의 욕심이 만든 경관이 아닌지 살필 일입니다.

정부는 현장의 주민들이 원하는 경관과 삶이 무엇인지 살펴야 하고, 농촌은 자신의 경관을 주도적으로 개선해 가는 권리를 찾아야 합니다.

이제 시골을 시골 사람에게 돌려줘야 합니다. 이는 경관에 대한 '공간 주권의 회복'입니다.

빈집의 사회학, 농촌 주거 환경과 빈집 문제

최령 사단법인 생활환경디자인연구소 대표

날로 심각해지는 농촌의 빈집 문제, 정부도 방안 마련에 나서다

농촌의 빈집 문제가 심각합니다. 이러한 빈집 문제 해결을 위해 2020년 2월 11일, 빈집 신고제와 빈집 정비 계획 수립 및 빈집 실태 조사 등을 주요 내용으로 하는 「농어촌정비법」 개정안이 공포되었습니다. 농어촌정비법에서 빈집은 시장·군수·구청장이 확인한 날부터 1년 이상 아무도 살지 않거나 쓰지 않는 건축물로 정의합니다. 농림축산식품부에 따르면, 2020년 농촌 빈집은 5만 5천여 동으로 이 가운데 2만 3천여 동이 위생·안전·경관상의 이유로 철거가 필요한 빈집으로 조사됐습니다.

농촌의 빈집은 대부분 자녀가 출가하고 고령의 부모만 살다가 세상을 떠나거나, 질병 등으로 병원이나 요양원, 자녀의 집 등으로 이주하면서 생깁니다. 이때 집을 임대하기도 하지만 대부분은 부모의 쾌차 후 귀가를 목적으로 또는 자녀들의 노후 귀촌 등을 전제로 비워두거나 세제 상의 문제로 철거하지 않은 채 방치되는 경우가 많습니다.

이렇게 방치된 집은 점점 노후화되어 임차인을 찾기 어려워집니다. 살 만했던 집임에도 불구하고 시간이 갈수록 급속도로 허물어지고 쓰레기가 쌓이며 잡초가 무성해져 마을의 흉물로 변해 갑니다.

농촌 빈집을 자원화하는 다양한 노력의 시작

빈집 사업을 통해 귀농귀촌인 주거지로 활용하기

최근 농촌의 빈집을 자원화하는 방안이 여러 형태로 나타나고 있습니다.

첫 번째는 '농업 농촌 및 식품산업기본법'에 의거한 '귀농인의 집' 조성 사업입니다. 이 사업은 방치된 빈집을 고쳐 농촌으로 이주하려는 귀농귀촌인을 위한 터전으로 활용하는 사업입니다. 2020년 기준, 전국에 357곳이 조성되었습니다. 이 사업으로 빈집의 지붕, 화장실, 주방 등을 수리하고 도배와 장판 등 시설 개선과 이동식 조립주택 구입, 임대료 지원 등이 가능합니다. 충북 증평군 죽리마을은 이 사업으로 빈집을 리모델링하고, 국가균형발전위원회의 '취약지역 생활여건 개조 사업'을 통해 빈집 철거를 동시에 시행하여 귀농인 유치와 마을 자원으로 요긴하게 활용하고 있습니다.

두 번째는 충남 청양군 비봉면 면 소재지인 녹평리처럼 '일반농산어촌개발사업'을 활용하는 방법입니다. 비봉면은 '농촌중심지활성화사업'을 통해 중심지에 흩어져 있던 빈집을 철거해 작은 쉼터와 버스정류장을 만들고 주민들의 안전한 보행을 위한 충분한 폭의 보행 공간을 확보하는 등 삶터로서 확보해야 하는 기본적인 성능을 최대한 확보했습니다.

리모델링 사업을 통해 관광 시설로 활용하기

관광객을 위한 시설로 빈집을 활용하는 방법입니다. 국가나 지자체의 정책 사업을 활용해 주민 주도로 정비하는 방법이 있고, 개인이나 기업 등이 사업으로 하

(위) 충남 청양군 비봉면 중심지 활성화 사업 실시 전. 중심 도로를 따라 노후된 빈집이 이어져 있고 보행로가 제대로 확보되지 않아 주민들의 안전이 위협받았다. (아래) 충남 청양군 비봉면 중심지 활성화 사업 실시 후. 중심 도로를 따라 노후된 빈집이 철거되고 평탄한 보행로와 주민 쉼터, 버스정류장 등이 설치되어 주민 안전 확보는 물론 쾌적한 마을로 변화했다.

는 방법도 있습니다.

강원도 정선의 고한마을은 2018년 국토부 소규모 재생사업으로 빈집을 수리해 호텔로 객실화하는 '고한18번지 마을호텔' 사업을 시행하고 있습니다. 충남 공주 봉황동의 마을호텔은 주민의 아이디어로 빈집을 객실로 리모델링해 민박, 식당, 카페, 사진관 등과 연계해 서비스를 제공하고 있습니다.

마을의 빈집을 리모델링해 새로운 기능으로 쓰는 사례는 일본의 마을만들기에서 많이 찾아볼 수 있습니다. 일본 이시카와현(石川縣) 와지마시(輪島市)에서 진행한 '고향 통째로 호텔'이 대표 사례입니다. 150년 된 억새 지붕 집은 호텔 객실이 되고, 지역민이 기른 식재료로 마을 식당을 호텔 식당으로 운영합니다. 한지 만들기 체험도 할 수 있고 허브 오일 마사지 서비스도 받을 수 있습니다. 마을을 잘 둘러볼 수 있도록 자전거 대여 시스템도 마련해 놓았습니다.

또 일본 나라현(奈良縣) 나라시(奈良市)에는 오래된 거리인 나라마치(奈良町)가 있는데 이 거리의 전통 가옥들을 상가로 리모델링해 관광객을 불러모으고 있습니다. 오래된 거리의 빈집으로 방치되어 인적조차 드물었던 마을이 새로운 활기로 북적거리고 있습니다.

빈집을 마을 자산으로 만들어 지역도 살리고 주민도 살린다는 의식의 전환이 우선 필요합니다.

빈집은 어떻게 고쳐야 할까

가장 먼저 고려해야 하는 점은 안전입니다. 전기 배선 등에 의한 화재, 가스 누출, 재난 등으로부터 안전한지와 구조적으로 무너질 위험이 없는지 먼저 점검하고 고쳐야 합니다.

다음으로는 위생 및 가사 작업 등을 보다 편리하고 쾌적하게 할 수 있도록 욕

일본 나라마치 거리. 노후 주택을 철거하고 새로운 상가 건물로 재건축한 모습(왼쪽)과 오래된 주택을 개조해 이탈리안 레스토랑으로 활용한 모습(오른쪽).

실과 부엌을 손봐야 합니다. 이때 놓치지 말아야 하는 것이 어르신을 위한 시설을 설치하는 일입니다. 어르신들이 편리하고 안전하게 다닐 수 있도록 단차 없애기, 손잡이 설치, 미끄럼 방지 등 위험과 불편이 없는 디자인을 도입해야 합니다. 그리고 단열 성능을 높여 더위와 추위를 예방하고, 주거 관리 비용도 절약할 수 있도록 해야 합니다.

빈집을 청년 귀농인을 위한 주거로 활용할 때에는 요즘 청년들의 눈높이를 고려해 욕실이 딸린 1인 1실 주거를 제공해 기본적인 주거권을 확보해 주었으면 합니다. 농촌에서 살기로 어렵게 결심한 청년들의 삶을 안전하고 편리하게 지켜 주어 농촌에 정착하게 하는 일이야말로 인구가 줄어드는 농촌에서 반드시 우선해야 할 일 중 하나입니다.

이렇듯 주택 자체를 요소별로 손보는 것 외에 필수적으로 고려해야 하는 것은 마을과의 관계입니다. 어떻게 마을과 조화를 유지하고 또 마을을 변화시킬지에 대한 고민을 반드시 해야 합니다.

국립산림과학원(2018)에 따르면, 유럽의 마을 경관에서 가장 아름답다고 손꼽히는 사례가 체코의 체스키 크룸로프입니다. 체코 공화국 남동쪽에 자리한 체스

체코 체스키 크룸로프 마을 경관을 지키기 위해 파사드를 남긴 채 전통 기법으로 수선 중인 주택(왼쪽). 각 주택이 마을이란 큰 그림 안에서 개조되어 아름다운 마을 경관을 이루고 있습니다(오른쪽).

키 크룸로프는 13세기의 도시 구조와 역사 건축물을 지금껏 온전하게 유지하고 있습니다. 중세와 르네상스 건축물이 잘 보존되어 있을 뿐더러 새롭게 짓는 건축물도 지역 건축가와 기술자가 그 지역에서 나는 자재를 활용해 경관을 해치지 않게끔 노력하며 마을 경관을 지켜가고 있습니다.

우리나라에서는 최근 전남 신안군 박지도와 반월도가 섬 전체를 보라색으로 디자인했습니다. 심지어 마을 주민들이 옷을 보라색으로 통일해 입는다 해서 화제가 되었죠. 이렇게 하나의 색상이나 모습으로 디자인하는 것을 시각적 통일 기법이라 하는데, 경관을 개선하는 가장 기초적인 방법 중 하나입니다. 모두가 이런 방법을 도입하면 문제겠지만, 하나둘 정도 가장 기초적인 사례가 있는 것은 다양성 면에서 나쁘지 않습니다.

하지만 농촌 경관은 눈에 보이는 모습만 뜻하지 않습니다. 아카시아향으로, 처마 끝을 따라 떨어지는 빗물 소리로, 돌담의 거친 감촉으로 기억되는 것도 경관입니다. 그래서 마을 경관을 계획할 때에는 그 마을에 사는 주민들과 의논해야 합니다. 충분한 회의를 거쳐 경관 지침을 정하고, 정해진 지침에 따라 마을과 조화를 이루도록 빈집을 수선할 때 아름다운 마을 경관을 만들고 유지할 수 있습니다.

이렇게 한 채 한 채의 집들이 모여 마을 경관을 이루고, 그 모습이 사람들 기억에 각인됩니다. 이질적인 집 한 채가 세워지면 오랫동안 지켜온 마을 경관이 그 집 한 채로 말미암아 무너져 내리기 시작합니다. 그러니 빈집을 어떻게 처리할 것인가 하는 고민은 마을이라는 큰 그림 안에서 함께 풀어야 할 중요한 숙제인 것입니다.

단순 건축물이 아니라 삶의 터전인 빈집, 기록화와 마을 차원의 고민이 시급하다

돌이켜보면 빈집도 한때는 어느 가족의 생활을 담는 소중한 곳이었습니다. 아이가 태어나 자라고 또 누군가의 죽음까지도 함께 했던 삶의 모든 순간을 담고 있는 살아 있는 공간이었습니다. 솥을 걸고 불을 지피고 햇볕 좋은 날에는 마당에 나물을 말리던, 일상의 삶과 농사일이 공존하던 공간이었습니다.

빈집은 단순한 건축물이 아닙니다. 빈집은 '공간'이라는 하드웨어가 주요 내용이긴 합니다. 하지만 누군가의 삶을 담았고 마을과 공존했던 삶의 터전으로 빈집을 바라보았으면 합니다.

빈집을 고치기 전에 그 집의 흔적과 거기에 살던 이들의 이야기, 그리고 마을이라는 큰 틀에서 그 집이 가졌던 의미를 기록으로 남겼으면 합니다. 또 빈집 문제를 마을 주민 모두가 함께 고민하고 해결 방안을 찾아 봅시다. 집 한두 채 바뀐다고 당장 성과가 눈에 보이진 않겠지만, 시간의 흐름 속에 그 모습들이 쌓여 멋진 마을 경관을 이루게 될 것입니다.

3부
마을의 계획, 마을은 우리 모두가 만들어 가는 공간

마을회관 농촌공동체 복지의 중심 공간

마을경관 자연과 더불어 살아가는 주민들의 약속

마을건축 마을공동체의 삶을 담는 그릇

마을계획 10년 앞을 내다보는 실천

마을과 농촌 건축은 모두의 것이다

김승근 우석대학교 건축학과 교수

일터와 삶터가 공존하는 농촌 마을

일터(논과 밭)와 삶터가 공존하는 농촌 마을은 오랜 시간 마을공동체를 이루어 왔습니다. 그러나 1970년대 새마을운동으로 도시화와 산업화가 되면서 농촌 공동체는 서서히 붕괴되고 마을은 쇠락해 갔습니다. 더욱이 저출산 고령화의 직격탄을 맞은 현재의 농촌은 암울하기만 합니다. 정부는 사회 구조 변화에 따라 다양한 정책으로 농촌을 활성화하려 했지만, 지난 시간을 돌아보면 아쉬움만 남습니다. 마을 사업은 농촌의 아름다운 어메니티(amenity, 어떤 지역의 장소 · 환경 · 기후가 주는 쾌적성)를 잃어버리고, 활용되지 못한 공공시설물은 또 다른 빈집이 되어 풍경의 쓸쓸함을 더하고 있습니다.

권역이라는 틀에서 벗어나 새로운 콘텐츠를 담는 '모두의 건축'으로

몇몇 마을을 모아 권역이라는 틀 안에서 새로운 질서를 만들려는 기형적인 정책은 결국 슬그머니 자취를 감추더니 이제는 누구도 떠올리고 싶지 않은 추억의 뒤안길로 사라졌습니다. 권역이 남긴 덩치 큰 공공시설물(센터 건물)은 이제 아무도 찾지 않는 골칫거리로 마을 입구나 정체성 잃은 장소에 방치되어 있습니다.

권역 사업은 마을마다 서로 다름을 인정하면서 미래 농촌 마을의 공공시설(복합 커뮤니티)을 계획하고자 한 정책이었습니다. 하지만 주민 참여가 학습되지 않은 마을 주민들은 피로감만 쌓여 갔고, 급조된 추진위원회는 주도적이지 못했습니다. 마을 돌담과 안길, 오래된 민가는 훼손되었고 맑은 개울은 복개되어 오랜 세월 마을 주민과 함께한 역사적 장소와 생태적인 분위기는 점점 사라졌습니다. 새마을운동이 보여 준 관 주도 정책의 한계를 극복하기 위한 권역 사업이었지만, 결국 오래된 마을 풍경과 주변 환경을 무시한 정책이 되어 버렸습니다.

게다가 공공시설물 계획은 규모가 큰 시설을 이용하거나 지어 보거나 운영한 경험도 없이 추진한, 조금은 무모한 과정이었습니다. 정책을 입안한 중앙 정부도 시행하는 주체(농어촌공사)도 지방 정부의 담당자도 확신 없이 사업에 참여한, 그래서 좋은 결과를 기대하기는 무리한 사업이었습니다. 돌이켜보면 왜 좀 더 적극적으로 문제점과 대안을 제시하지 못했을까, 필자도 새로운 정책에 참여하면서 뭔가를 바꿀 수 있으리라는 소박한 기대로 들떠 있지 않았나 반성해 봅니다.

이제는 도시든 농촌이든 재생이 대세입니다. 오래된 것은 고쳐 쓰고, 유휴 시설에는 새로운 기능을 불어넣어 지역에 활력을 되찾으려는 노력이 필요합니다. 그런데 이런 일은 누구나 쉽게 할 수 있는 일이 아닙니다. 경험 많은 다양한 전문가들이 정확한 진단과 처방을 하고 그에 따라 실행해야 합니다. 따라서 철저한 준비 과정이 필요합니다. 전국 각지의 권역 센터 건물을 전수 조사해 다양한 활용 방안을 마련해야 합니다. 첫 단추를 잘못 끼웠다면 과감하게 풀고 다시 끼워야 합니다. 자꾸 다른 단추를 끼우려 한다면 결과는 뻔합니다. 잘못을 인정하고 초심으로 돌아가 환골탈태해야 좋은 결과가 있을 것입니다.

분명한 것은 마을을 지키며 사는 사람들, 바로 그들의 안목이 농촌 마을의 공간과 경관을 만든다는 사실입니다. 그러기 위해 헝클어진 권역 사업에서 센터 건물의 재구조화 작업이 필요합니다. 미래의 농촌 문화와 새로운 콘텐츠를 담아 내는 공간으로 재구성하는 농촌 뉴딜의 새로운 모델을 만들어야 합니다. 농촌 주민과 도시민이 함께하는 공유 공간으로 누구나 쉽게 이용하고 활용하는 '모두의 건축'이 되어야 합니다. 농촌 마을 문제는 어쩌면 미학의 문제, 철학의 문제일지도 모르겠습니다.

4년 전 귀촌을 결심하다

마을 연구자이자 건축가로 농촌에 정착하려는 생각은 늘 갖고 있었습니다. 집을 새로 지어야 할지 있는 집을 고쳐 써야 할지 고민하다가 시골에 있는 외갓집을 고쳐 살게 되었습니다. 7년 동안이나 방치된 외갓집은 기둥이 넘어져 폐가가 되어 있었습니다. 잡초와 나무가 무성하게 자라 이웃집에 피해를 주고 있었습니다. 전국적으로 사회 문제인 농촌 빈집의 활용 방법을 찾는 연구자로서 실증적 현상을 찾고자 선택한 귀촌이었습니다.

우리나라 농촌 빈집은 어제오늘의 문제가 아니라 오래된 문제입니다. 앞으로도 해결이 쉽지 않아 사회 구조적 현상으로 더욱 가속화될 것으로 보입니다.

우리 마을에는 농가 주택 67호가 있는데 여섯 채가 빈집이고 마을회관이 하나 있습니다. 빈집은 대부분 흙집으로 슬레이트가 얹혀 있거나 녹이 슬어 구멍 난 양철판이 파손되어 뼈대만 앙상하게 남았습니다. 마을 주민들은 그렇게 흉물스러운 빈집들을 어제도 있었고 내일도 있을 일상의 풍경으로 받아들이는 듯합니다.

농촌 주거는 도시와는 다르게 형성 단계부터 친족과 혈연으로 이루어져 토지소유가 매우 복잡합니다. 종중을 중심으로 장손이 유산으로 물려받은 토지에 주택을 짓고 지상권만 등기하거나 아예 불법 건물인 경우도 많아 해결이 쉽지 않습니다. 또 도시에 사는 자식들이 언젠가는 돌아와 고쳐 살겠다는 막연한 생각으로 방치해두기도 합니다.

집수리, 고차 방정식 풀기

집수리는 과거로의 여행으로 시작되었습니다. 외할아버지와 외할머니의 생활을 엿볼 수 있는 소중한 경험이었습니다. 그분들은 집터를 잡고 향(向)을 생각하고 목재와 그 밖의 건축 재료를 구입해 방 세 칸과 부엌, 헛간과 광이 딸린 집을 지었습니다. 평면 구조는 마을 주거 공간의 전형적인 유형을 보여 줍니다. 대부분 마을 주민들이 품앗이로 집을 지었으므로 비슷한 재료와 평면 구조를 가지게 된 것이지요.

외갓집은 방학이면 언제나 동생들과 함께 와서 지내던 곳이었습니다. 방학 숙제는 뒷전이고 마을에 펼쳐진 논과 개천, 뒷동산에 올라 뛰놀았습니다. 마을을 지키는 오래된 나무들이 내게 말을 건다는 것도 알게 되었습니다. 전기가 들어오지 않아 호롱불을 켰고, 밤에는 동네 형들을 따라다니며 총총한 별을 보았습니다. 외갓집 우리에는 소 한 마리와 돼지 몇 마리가 살았습니다. 마루 밑에는 백구와 황구가 들어앉았고, 마당에는 언제나 닭 몇 마리가 뭔가를 쪼아 먹고 있었습니다. 생각만 해도 가슴이 뭉클해지는 곳이었습니다.

이렇게 어린 시절 추억의 공간인 외갓집을 이제는 딸과 함께 뜯어보고 살펴보는 시간 여행을 1년여 동안 계속했습니다. 기둥과 서까래의 묵은때를 벗겨 내고, 안방과 윗방과 사랑방은 하나의 공간으로 열고, 부엌은 입식으로 바꾸었습니다. 흙벽은 보존하면서 단열은 외단열 방식으로 하고, 화장실을 내부로 들여 샤워 시설을 갖추었습니다. 설비와 난방은 온돌을 유지하고 냉난방 덕트를 설치해 더위

방치된 외갓집은 **흉물스럽고**, 금방이라도 무너질 듯한 위험에 노출되어 있었습니다.

와 추위에 대비했습니다.

집을 수리하면서 어려움이 많았습니다. 70년도 더 된 재료의 물성들은 지금 재료들과는 미묘한 차이가 있어 그 둘의 접합과 강도를 찾기가 쉽지 않았습니다. 오히려 철거하면서 버리지 않고 모아 놓은 흙과 재료를 사용하면 더 훌륭한 해결책이 된다는 걸 발견했습니다. 그래서 빈집을 수리할 때 나오는 부재나 재료들은 어느 하나 버릴 게 없었습니다.

75년 전에 축조된 상량문을 맞이했을 때는 외할아버지와 외할머니의 마음을 느낄 수 있었습니다. 그러기에 집을 철거하고 새로 짓는 것보다 이렇게 고쳐 쓰는 게 훨씬 가치 있는 일이라고 생각합니다. 집수리는 시간과 공간, 과거와 현재를 담아내는 오래된 미래입니다. 폐가였던 외갓집에 다시 숨을 불어넣는 1년여의 여행은 아주 소중한 경험이었습니다.

집수리를 처음 시작할 때에는 마을 어른들이 철거하고 새로 지으라 해서 속상하기도 했습니다. 하지만 그런 마을 어른들도 집이 변해가는 모습을 보고는 고쳐 짓기 잘했다는 쪽으로 바뀌어 갔습니다.

지자체나 국가에서 농촌의 빈집을 사들여 옛것을 보존하면서 현대적 기능을

보존과 활용에 중점을 두어 리모델링을 한 외갓집의 전경과 내부.

담는 리모델링을 한 뒤 공유 공간으로 활용하는 정책이 필요합니다. 예를 들면 청년 귀농귀촌자들의 임대 주택, 예술가들의 문화 스튜디오, 마을의 게스트하우스 등으로 활용한다면 새로운 활력이 될 것입니다.

저출산 고령화 사회의 농촌 마을은 인구 감소로 마을 소멸에 직면해 있습니다. 이제는 공격적인 정책 대안으로 국가와 지자체가 빈집을 공공 자산으로 활용해 누구나 손쉽게 이용하는 빈집 프로젝트를 추진해야 합니다. 그래서 마을의 빈집도 채우고 농촌을 떠났던 사람들도 돌아오는 '농촌 뉴딜'을 추진해야 합니다.

가깝지만 멀게 느껴지는 마을회관

농촌의 마을회관은 대부분 경로당과 겸해서 사용합니다. 경로당이 지자체의 보조금을 지원받기 때문입니다. 그래서 마을회관은 마을의 유일한 공공건물로 자리하고 있습니다. 제가 사는 마을의 마을회관은 지어진 지 20년이 지나 증개축과 리모델링을 했지만 근본적인 해결이 되지 못해 여름엔 곰팡이가 피고, 건물 내부 계단의 단차가 높고 동선이 복잡해 불편하며, 주방이 비좁고 내부 환기가 잘되지 않아 악취와 습기가 차서 불쾌한 환경입니다. 또한 부속 건물이나 다용도실은 샌드위치 패널로 덧대거나 증축하여 불법으

필자가 설계한 두모리 마을회관 계획안. 예산에 맞춰 연차적으로 연결해 최종 완성하려는 단계적 계획입니다.

로 이용하고 있습니다. 더욱이 마을회관에 어르신들이 이용하는 방 외에는 다른 용도로 쓸 수 있는 공간이 없는지라 마을 회의나 다른 작은 모임을 할 여건이 안 됩니다. 그러니 마을 주민 누구도 즐겨 찾을 수 있는 공간이 아닙니다.

건축은 기능을 담는 그릇입니다. 마을회관은 주민의 사회 활동과 공동생활 등 다양한 요구를 담는 곳이어야 합니다. 마을회관이 모두의 건축으로 새롭게 재구성되어 마을 주민 모두가 사용하는 그릇으로 거듭나길 바랍니다.

팬데믹 시대의 또 다른 선택지가 되어야 할 농촌을 위해

귀촌 첫해에 어르신 한 분이 돌아가셨습니다. 2년 차에도 한 분이 돌아가셨고, 3년 차에는 두 분이, 올해는 상반기에만 벌써 두 분이 돌아가셨습니다. 또 요양원으로 가시거나 거동이 불편해 외출하지 못하는 분이 속속 늘고 있습니다. 며칠 전까지도 삶은 감자를 나눠 주던 이웃집 어르신이 어느 날 갑자기 몸져눕거나 혼자 생활할 수 없게 되어 정든 마을을 떠납니다. 그럴 때마다 속이 상하고 빈집 대문을 보면 그리움만 쌓입니다. 이렇듯 막연히 생각만 하던 고령화 사회가 빠르게 진행되는 현실을 직면하니, 농촌 정책이 시간을 다투는 일임을 확실히 알게 됩니다. 조금 더 적극적인 계획으로 진행되었으면 하는 바람입니다.

시골에 살며 가장 불편한 점은 쓰레기 분리수거입니다. 음식물 쓰레기야 미생물을 혼합해 액비로 만들어 거름으로 쓸 수 있지만, 폐비닐과 각종 플라스틱 용기와 기타 재활용 쓰레기 문제는 심각하다 못해 재앙으로까지 느껴집니다.

우선 마을 주민들이 분리수거에 관심이 없습니다. 그냥 각자 쓰레기를 모아 태워 없애니 누구도 잘잘못을 느끼지 못합니다. 이장과 마을 지도자에게 말해도 문제의식이 없어 더 걱정입니다.

마을 주민들은 분리수거를 하려 해도 수집 장소가 문제이고, 모아 놓아도 면에서 가져가지 않는다고 핑계를 댑니다. 개별 소각으로 손쉽게 처리하는 것을 당연하다고 여기는 현 상황이 답답합니다. 지자체에서도 더욱 적극적으로 마을 환경에 대한 해결 방법을 내야 합니다.

현재 세계는 코로나19 상황을 겪고 있습니다. 코로나19를 계기로 많은 언론에서 물리적 거리와 사회적 거리가 공존하는 농촌 마을을 주제로 기사를 쏟아내고 있습니다. 세계적으로 전염병이 크게 유행하는 팬데믹 상황에 직면해 새롭게 주목받는 농촌의 가치가 '오래된 미래'가 아닐까요. 새로운 농촌 르네상스를 희망해 봅니다.

농촌 건축과 주민 참여: 내 집은 내 손으로

최성재 농촌디자인주식회사 대표

농촌 마을 건축의 절차

건축 절차는 농촌과 도시가 다르지 않습니다. 도시와 농촌의 건축에서 적용되는 법은 같습니다. 다만 적용 범위가 다를 뿐인데요. 농촌 지역에서 건축 설계는 건축 사무소에 품질을 따지지 않는 최저 설계비를 주고 인허가를 진행합니다. 또는 시공 업체가 설계 초안을 만들고 설계 사무소는 인허가 대행만을 합니다. 시공사도 건축 전문성이 없고 경험만 있는 업자인 경우가 대부분입니다. 건축에 드는 비용을 무조건 싸게 하려고 하기 때문입니다. 이러한 선택이 결과적으로는 손해가 된다는 것을 모릅니다. 알려주는 이가 없기 때문이죠.

건축물의 품질은 설계와 시공이 반반씩 책임이 있습니다. 설계에서 이미 절반의 품질이 결정된다는 뜻입니다. 나머지 절반은 시공사 몫입니다. 쓸모없는 면적이 차지하는 시공비는 얼마나 될까요. 그 비용을 주민 참여형 설계로 진행한다면 어떨까요?

건축의 일반적 절차는 대지 선정 → 건축 설계 → 허가(신고) → 착공 → 시공 → 사용 승인(준공) 순으로 진행됩니다.

대지 선정

대지 선정에는 사전 고려 사항이 많습니다. 목적 건축물의 용도상 개발 행위 등이 가능한지 법령을 먼저 검토해야 합니다. 마을사업 시행 단계에서 지역이나 지구가 건축물 용도와 맞지 않아 건축을 못 하는 경우가 종종 있습니다. 또한 목적 사업에 맞는 위치인지, 확장성은 있는지, 건축물이 생기면서 주변에 피해나 영향을 끼치지는 않는지, 사용자와 운영자가 편의성을 갖는지 등을 고려해야 합니다.

건축 설계

건축 설계를 간단히 표현하면, 건축주의 요구에 맞는 건축물을 설계하는 과정입니다. 건축 설계는 건축물 품질의 절반을 차지하는데, 건축주는 시공비보다 설계비를 아끼려고 하는 경향이 있습니다. 효율성 있는 공간 설계는 불필요한 면적을 줄입니다. 불필요한 면적을 평당 단가로 환산한다면 설계비와는 비교가 되지 않죠. 올바른 설계는 건축물 품질 확보와 비용을 줄이는 확실한 방법입니다.

건축 설계에서는 건축주의 명확한 요구가 중요합니다. 농촌 지역의 건축주는 건축물에 대한 요구가 명확하지 않을 때가 많습니다. 단순히 다목적 시설이라는 이름으로 불분명한 용도를 요구하는 경우가 많죠. 다목적 시설의 다목적에는 주목적과 부목적이 구분되어야 합니다. 명확한 주목적이 있는 시설에 결합 가능한 부목적을 탑재하는 것이 좋은 방식입니다. 사용자의 대상 설정도 불분명할 때가 많습니다. 예측 가능한 사용 대상자를 사전 설정하는 일은 건축물의 규모와 형식을 결정하는 중요한 요소입니다. 예산 등을 고려한 현재 여건에 맞는 계획 설정과 미래 계획에 의한 증축과 확장을 고려해야 합니다. 마을사업을 진행할 때, 미래 계획을 포함한 마을 마스터플랜이 건축 설계에 반영되어야 합니다. 기본 계획을 세울 때, 하드웨어가 근본적이고 전문적으로 다루어져야 하는 이유는 이런 사항

말고도 많습니다.

마을사업을 진행할 때 건축물 설계에서 주민 참여 방법을 신중히 고려해야 합니다. 마을 주민은 건축 전문가가 아니죠. 비전문가인 주민이 건축 계획에 어떻게 참여할 것인가는 중요한 과제입니다. 전문 기술 용어를 주민이 이해할 수 있는 말로 전달해야 합니다. 또한 어려운 도면을 보기 쉽게 만드는 일도 필요합니다. 일반적인 방법으로 조감도와 투시도를 활용하죠. 특히 건축 모형은 건축의 형태를 이해하는 데 도움이 많이 되지만, 모형 제작에 시간과 비용이 많이 든다는 단점도 있습니다. 마을사업에서 다양한 시각화 방법을 지원하는 정책 대안을 찾는다면 주민 이해를 돕는 데 도움이 될 것입니다.

허가와 착공 신고

건축물 설계가 끝나면 허가(신고)를 진행합니다. 용도별로 일정 규모 이하를 건축 신고로 정하고, 건축 허가와 구분합니다. 건축 허가는 건축 · 기계 · 전기 · 통신 · 소방 등 건축 내용을 기본으로 의제 사항을 다룹니다. 의제 사항에는 개발 행위 · 농지 전용 · 산지 전용 · 하천 점용 · 배수 설비 · 정화조 · 에너지 절약 계획 등 다양한 것들이 있습니다.

건축 허가를 마치면 착공 신고를 해야 합니다. 착공 신고를 하지 않고 공사를 진행하면 민원 발생 시 미착공으로 벌금을 낼 수도 있습니다.

시공과 준공

건축물은 시공사 역량에 따라 품질의 차이가 큽니다. 건축물의 품질을 단순히 몇 마디로 표현하기는 어렵습니다. 새 건축물이 당장 하자가 없다고 높은 품질이라고 단언할 수도 없습니다. 앞으로 생길지도 모르는 하자를 예측해서 미리 막을 수 있는 경우도 많습니다. 주민들은 구조적이고 기술적인 부분은 알 수 없기에 건축물의 마감을 비교하는 경우가 많습니다. 그러니 마을 시설을 누가 전문적으로 확인할 것인지도 중요합니다.

건축이 마무리되면 사용 승인을 신청합니다. 흔히 말하는 준공 과정입니다. 사용 승인이 처리되어야만 사용할 수 있습니다. 사용 승인과 관련한 우스운 사례가 있습니다. 건축주와 행정이 허가 과정부터 다툼이 많았습니다. 건축주가 행정에 권리 주장이 심했고, 행정은 일방적으로 당하기만 하는 상태에서 허가가 끝났습니다. 허가 후에도 이런저런 민원이 많아 행정과 불편한 관계가 계속되었습니다. 그러다 사용 승인 시점에서 행정은 건축주가 이미 몇 개월 전부터 건축물을 사용하고 있었다는 사실을 확인했습니다. 사용 승인을 받지 않은 건물에서 생활하면 안 된다고 했지만, 건축주는 대수롭지도 않은 걸 가지고 별스럽게 군다고 윽박질렀습니다. 이 사건은 행정 명령으로 이어졌습니다. 선 사용을 하면 표시가 나는 대표적인 시설이 정화조입니다. 결국 건축주는 정화조를 파내고 행정 확인을 받은 후 다시 묻고 사용 승인을 내야 했습니다.

건축 관점에서 보는 마을사업 진행 과정과 문제점

지금까지의 마을사업이 하드웨어 중심으로 잘못 진행되었다고 말하는 이들이 많습니다. 그런데 정말 마을사업이 하드웨어 중심으로 진행되었을까요? 필자는 지금까지의 마을사업이 소프트웨어 중심이었다고 생각합니다. 주민의 관심이 건축과 하드웨어에 있다고 그것이 하드웨어 중심이라고 말할 수는 없습니다.

마을사업은 컨설팅사에 의존적입니다. 그런데 컨설팅사는 대부분 하드웨어를 근본적 시각으로 볼 수 있는 인력이 없습니다. 있어도 종합적 경험이 부족한 경우가 대부분이죠. 컨설팅 과정에서 하드웨어에 대한 올바른 이해와 협력이 이루어졌다면 유휴 시설이 넘쳐나는 지금의 마을사업이 되지는 않았을 것입니다. 누가 무엇을 어떻게 사용할 것인지에 대해서는 무수한 말을 하고 있지만, 그 말을 건축과 공간으로 연결하지 못하는 게 지금의 현실입니다.

필자가 공간 디자인이라는 생소한 영역을 시도한 것이 이 때문입니다. 하드웨어적 시설이나 공간으로 마무리되는 마을사업에서 하드웨어를 근본적인 시각으로 바라보는 전문가가 필요합니다. 농촌 마을사업에서 소프트웨어적 접근과 하드웨어적 접근의 중간 역할을 누군가는 해야 합니다.

마을사업을 단계별로 진행한다고 합니다. 여러 분야에서 다양한 노력이 있었죠. 건축과 공간 분야에서도 근본적 노력이 필요합니다. 예비 계획에서 기본 계획 수립까지 컨설팅사의 역할이 주를 이룹니다. 주민은 회의 몇 차례 참여하는 게 대부분입니다. 설계 과정도 마찬가지입니다. 보이지 않는 건축에 대하여 말할 수 있는 주민은 많지 않습니다. 그러다 건축물 형태가 어느 정도 보이기 시작하면 의견이 쏟아집니다. 수정할 수 없는 시점이 되어서야 주민 의견이 본격화되는 것이죠.

예비 계획 단계에서부터 첫 단추를 잘못 끼우고 시작합니다. 사업비 확보가 목적일 뿐, 서식을 채우기 위한 공모 계획서를 작성합니다. 기본 계획 단계도 회의 몇 번으로 끝납니다. 기본 계획에서 하드웨어가 도면과 조감도는 물론 금액까지 표현되지만, 실시 설계 단계에서 바뀌는 이유가 무엇일까요? 기본 계획자는 건축과 하드웨어를 모르고, 설계자는 농촌의 현실과 정책, 농촌의 정서를 모릅니다. 단순히 건물로만 인식합니다.

주민 참여형 농촌 건축 사례

필자가 처음부터 공간 디자인 컨설팅을 했던 것은

아닙니다. 마을 건축 관련 자문을 하던 중 기본 계획 수립을 하는 컨설팅사와 협업적 용역으로 하드웨어 컨설팅을 했습니다. 기본 계획 수립 용역사는 하드웨어를 전혀 이해하지 못했고 건축 도면만을 요구했습니다. 건축물은 실내외 공간에서 공간별로 지닌 속성이 있습니다. 그 속성은 사용하는 사람과 용도에 따라 변합니다. 변하는 속성을 예측하고, 예측에 따르는 공간 크기와 설비 그리고 필요한 내용을 채워야 합니다. 또 가변성을 가질 수 있는지 고려해야 합니다.

전북 고창군 사동마을

전북 고창군 사동마을의 체험 관광형 슬로푸드마을 조성사업 컨설팅을 했습니다. 공간 디자인을 하면서 주민 공동시설 전체 계획을 통해 현재 계획을 단계별로 세웠습니다. 우리 마을은 무엇을 하고 싶고, 그것을 할 수 있는지 주민과 함께 검토합니다. 마을 자원과 공간 정보를 분석하여, 마을의 공간 벨트를 구분합니다. 마을의 조닝(zoning, 도시 계획이나 건축 설계에서 공간을 사용 용도와 법적 규제에 따라 기능별로 나누어 배치하는 일) 계획을 세웁니다. 건축 계획에서도 실내외 연결성에 대한 구상과 프로그램을 논의하며, 구상 단계에서부터 도면보다는 모형으로 주민의 이해를 돕습니다.

공간 디자인 컨설팅은 2회 이상의 1박 2일 리더 워크숍을 원칙으로 합니다. 마스터플랜을 약식 과정으로 진행하고, 건축에 대한 논의는 모형을 놓고 하면 시설 형태 이해와 문제 도출이 시각적으로 쉬워집니다.

리더 워크숍을 한 뒤 열린 회의에서 있었던 일입니다. 마을 회의에 처음 참석한 젊은 주민이 대놓고 시비를 겁니다. 마을 내부 문제 때문이라는 걸 알지만 기분이 상합니다. 부정적 질문에 대한 답변을 계속합니다. 몇십 분이 흘렀을까요? 옆에서 지켜보던 주민 세 분이 나섭니다. 리더 워크숍을 다녀온 분들입니다. 우리가 설명하겠다며 젊은 주민을 둘러싸고 앉습니다. 젊은이가 하는 질문에 이렇게 결정한 이유가 무엇인지, 의문 과정이 어떻게 진행되었는지, 전방위적으로 검토하고 토론했던 상황들을 막힘없이 설명했습니다. 그렇게 젊은 주민을 이해시킨 세 분이 제게 오더니 이렇게 말씀하시더군요. "워크숍 다녀온 보람이 있죠?" 1박 2일 워크숍을 통해 주민 스스로 토론하고 결정한 내용을 요약하고 반복한 것입니다.

이해가 어려운 기술적 내용과 아직 지어지지 않은 건축물을 그림 몇 장으로 토론하는 게 쉬운 일은 아닙니다. 어느 마을에서는 지난한 과정을 거쳐 건축물 주변을 이용한 프로그램까지 고려한 개념을 제시했지만, 세부 구상을 진행하면서도 다툼은 계속되었습니다. 위원장은 건물만을 말하면서 컨설팅사는 마을이 원하는 것은 다 해 주어야 하는 '을'이라는 발상이었습니다. 하지만 공간 디자인 입장에서는 시간이 걸리더라도 정리할 것은 정리하고 체계적으로 건축 계획을 완성해야 했습니다. 그 뒤 건축물 형태가 나오고 세부 마감이나 색채 등을 결정하고 나니 위원장 마음에 들었던 모양입니다. 마을회관과 추가적인 건축물도 계획해달라고 부탁받았지만, 정중히 거절했습니다. 컨설턴트는 '을'이 아니라 마을과 적극적 관계를 맺는 협력자입니다.

전북 임실군 치즈마을

전북 임실 치즈마을은 기본 계획에서 정한 건축물이 신축과 리모델링이었습니다. 예산은 약 15억 원 정도입니다. 검토 과정에서 신축 용도와 리모델링 용도가 바뀌어서 적용되었다는 것을 발견했습니다. 내용을 설명하고 설득하여 신축 사업과 리모델링 사업을 바꾸어 적용했습니다. 추산해 보니 약 5억 원 정도를 절감하는 판단이었습니다.

소규모 축제와 행사가 많은 임실 치즈마을이므로 축제와 체험 프로그램 등을 연동한 광장 계획을 세웠습니다. 방문객과 운영자 입장을 고려하여 수많은 조정을 했고 완성 단계에 있습니다. 마을의 경관 축을 분석하고, 축의 설정에 따르는 포인트를 명확히 하여 마을 스스로 우선순위를 판단할 수 있도록 도왔습니다. 경관 축의 중요성을 인식한 상태에서 다른 사업과의 연동은 해결의 실마리를 쉽게 찾도록 했습니다. 2차적 경관 축이 신설되는 것을 제안했고, 주민들은 1차 시범 사업을 통해 성과를 확인한 뒤 다음 해의 확장 계획에 동의했습니다. 또한 다른 사업과 연동하여 더 큰 규모에서 경관을 만드는 계획을 준비 중입니다.

농촌 건축에서 건축가의 역할과 어려움

좋은 건축은 좋은 건축주, 좋은 설계자, 좋은 시공자가 결합해야 완성됩니다. 농촌 건축에서는 좋은 건축주를 만나기가 어렵습니다. 앞서 말했듯이, 명확한 요구를 가진 건축주가 드뭅니다. 설령 건축주가 명확한 요구를 가지고 있더라도 그에 상응하는 비용을 낼 의사가 없는 경우가 대부분입니다. 좋은 건축주가 적은 농촌 지역에서 건축가는 좋은 건축가가 될 기회가 많지 않습니다. 슬픈 현실입니다. 설계자는 대부분 농촌에 대한 이해가 부족하고 건축적으로만 접근할 뿐입니다. 그러니 작품성은 있는데 실용적이지 못한 건축물이 많을 수밖에요.

마을사업에는 설계자의 더 많은 역량과 조건이 필요합니다. 농촌 정서 이해는 물론, 마을이 하려고 하는 사업을 이해해야 합니다. 정책과 변화하는 트렌드를 읽어 내고 건축 공간에 녹여 내야 합니다. 방문객과 운영자 및 주민의 요구를 명확히 읽어 내고 이를 적용해야 합니다. 축제와 체험 프로그램 같은 건축적이지 않은 내용까지도 이해하고 적용하는 공간을 만들어 내야 합니다. 그런데 이 모든 것을 저비용으로 학습하면서 농촌 건축을 위해 노력하는 건축가가 얼마나 될까요. 건축가 입장에서는 기회 비용을 포기하는 희생일 수밖에 없습니다.

농촌 마을 건축이 성공하기 위해 필요한 조건들

민간 전문 감독관 양성

마을사업에서 건축 또는 하드웨어의 비중은 큽니다. 마을사업을 담당하는 주무관은 대부분 건축직이 아닙니다. 건축물의 감독관이 없는 것입니다. 건축사를 감리자로 지정하고 대체하는 경우가 많습니다. 솔직히 건축사는 시공의 세부를 모른다고 해도 과언이 아닙니다. 지역에서 민간 전문 감독관을 소규모 양성하고 이들을 활용하여 건축물의 감독관을 담당할 수 있는 제도를 제안합니다.

마을 리더와 활동가의 절제된 태도

마을 리더에게 부탁하고 싶습니다. 이번 사업에서 짓는 건축물 하나에 대한 집착에서 벗어나기를 부탁드립니다. 마을 전체의 마스터플랜을 평소에 준비해야 하고, 행정은 이를 지원해야 합니다. 준비된 마스터플랜에 따른 우선순위의 시설 계획은 준비된 시설 계획이며 그에 따라 리스크를 줄일 수 있습니다.

마을 리더가 건축 전문가가 될 필요는 없습니다. 또한 건축 전문가처럼 행동하지 말아야 합니다. 집 몇 채 지어 본 경험으로 전문가가 될 수 없습니다. 건축 업자도 마찬가지입니다. 건축 업자는 건축업을 하는 사람이지 모든 건축에 대한 전문가는 아닙니다.

농촌 건축에 대한 적절한 정책 지원과 소프트웨어적 접근

농촌 건축은 미래 계획에 의해 준비된 마스터플랜에서 시작해야 합니다. 마스터플랜 과정에서 마을을 바르게 이해하고 주민 입장에서 분석한 구상을 제안할 수 있는 농촌 건축가를 양성하는 정책 지원이 있어야 합니다. 농촌 건축에 대한 프로세스를 개발해야 합니다. 주민이 참여할 수 있는 방법론과 건축물의 시각화 방법이 우선 필요합니다.

건축은 종합 예술입니다. 건축을 하나의 단순 분야로 보는 인식도 개선해야 합니다. 건축은 다양한 기획에 의한 구체적인 계획이고 결과물입니다. 복잡다단한 과정을 거쳐 이루어져야 좋은 건축이 된다는 것을 인식하고 인정해야 합니다. 건축과 공간을 하드웨어로만 보지 말고, 소프트웨어로 접근해 올바른 지역 개발 모델을 만들어 가려는 노력이 끊임없이 필요합니다.

다시 보자, 마을회관
사회적 공간으로서의 마을회관

김옥선 홍성군 마을만들기지원센터 팀장

1970년대 새마을회관의 이론과 실상

마을회관은 일제 강점기 공회당으로 시작해 새마을운동이 본격화된 1970년대 전국 대부분의 농촌에 만들어졌습니다. 새마을운동이 시작되면서 마을 회의를 할 공공장소가 필요했기 때문입니다. 1975년 새마을지도과에서 발행한 『새마을운동 길라잡이』에는 새마을운동에 대한 자세한 정보와 방법 등이 서술돼 있는데, 이 가운데 마을회관에 대한 정의와 활용도를 살펴봤습니다.

먼저 마을회관을 "마을에서의 여러 가지 행사를 개최하고 주민의 공통 관심사가 되는 일을 토의하여 지혜를 모으고 협동의 계기를 마련하는 장소"라고 정의합니다. 새마을운동의 이념인 근면, 성실, 협동의 개념이 들어 있는 대목이죠. 눈여겨볼 만한 사항으론 "우리가 주의해야 할 것은 대개의 우리 농촌의 경우 마을회관이 있지만 회관만 지어 놓고 이를 활용하지 못하는 경우가 많다"고 지적한 부분입니다. 그래서 그 대안으로 "애써 지어 놓은 마을회관을 그대로 놀릴 것이 아니라 이를 생산적으로 활용해 나가야 되겠다는 것이다"라고 강조합니다. 이를 위해 영농 기술과 사회 교육의 교육장으로, 탁아소 또는 유치원으로, 소규모 공장으로, 가내 부업장 등 농가 소득 향상을 위한 생산관으로, 각종 후생 시설을 확충해 주민 복지 향상을 위한 종합 복지관으로 연중 활용함으로써 새마을운동의 요람이며 산실의 역할을 하게 한다고 기술했습니다.

이를 위해 회관은 외부와 교통이 편리하고 진입로에서 가까워야 하며, 다른 복지 시설이 들어설 수 있도록 부지의 여유가 있는 곳으로 선정 기준을 명시했습니다. 마을 주민 수에 따라서도 크기를 제시했는데 40가구의 경우 연건평 150~180㎡, 대지 300~350㎡, 60가구는 연건평 180~230㎡, 대지 360~460㎡, 100가구는 연건평 230~300㎡, 대지 460~600㎡ 등입니다. 더불어 회관 내부 구조는 회의실, 사무실, 공동 목욕탕, 구판장, 마을 도서관, 관리인 숙소 등으로 구분해 제시했습니다.

새마을운동으로 마을회관을 만들기 전에도 회관이 없지는 않았습니다. 대부분 마을에는 소위 '개갈 안 나는 움막' 형태의 회관이 있었습니다. 새마을사업을 하면서 회의할 장소를 임시방편으로 만들어 썼습니다. 이후 정부 지원으로 시멘트를 보조받아 주민들이 시멘트 벽돌을 만들어 조적 공사를 했습니다. 그러니 회관의 다양한 공간 활용도를 고려하기는 어려운 조건이었습니다. 회관이라고 해봤자 칠판과 시계 하나만 걸려 있는, 싱크대조차 없는 곳이 대부분이었습니다.

마을회관 활용도가 낮은 이유

현재 홍성 관내 마을회관은 1980년대 후반에서 1990년대 후반 사이에 만든 건물이 대부분입니다. 지은 지 30년 가까이 되다 보니 결로와 추위에 약합니다. 마을회관 내부 구조도 남자 방, 여자 방, 거실, 부엌으로 거의 대동소이합니다. 남자들은 대부분 마을회관을 이용하지 않습니다. 장곡면 광성3리의 경우 남자 어르신들은 광성1리 마을회관으로 가고, 광성3리 마을회관은 여자 어르신들만 이용합니다. 여자들끼리 편하게 이용하라는 남자들의 배려라고 합니다.

회관 부엌은 여자들의 전담 공간입니다. 마을총회가 열리는 날은 준비해야 할 음식이 많아 회관을 확장해 쓰기도 합니다. 마을회관 부엌은 공동 부엌 개념으로 접근해야 합니다. 금마면 석산마을은 2014년 마을회관을 새로 지었는데, 여느 마을회관과 비슷한 구조지만 부엌 공간이 돋보입니다. 널찍한 부엌 양쪽으로 싱크대와 조리대가 있고, 한쪽에는 대량의 음식을 조리할 수 있는 가스와 솥을 설치했습니다. 부엌과 연결된 거실에는 일반 집에 있는 싱크대가 놓여 있어 적은 양의 음식을 만들 때 이 공간을 이용합니다.

우리나라에 싱크대가 보급된 때는 1970년대입니다. 1971년, 싱크대 스텐을 만드는 공장이 세워지면서 아파트를 중심으로 싱크대가 보급되었고, 농촌에는 1980년대 초반에야 보급되었습니다. 그러나 아직도 마을회관에서는 부엌 외부에 큰 솥을 걸어 음식을 만들고 수돗가에 쪼그리고 앉아 설거지를 합니다.

마을회관이 진정한 사회적 공간이 되려면

마을회관은 공동 공간으로서의 활용과 기능이 중요합니다. 공동 공간은 공동체를 구성하는 마을 주민들이 서로의 관심을 공유하고 마을 일을 의논하는 공간입니다. 더불어 주민들의 휴식 공간이 되어야 합니다. 그러나 현재 마을회관의 활용도는 1년에 한 번 마을총회를 할 때 말고는 대부분 여자 어르신들의 쉼터로 쓰입니다. 마을회관의 활용도가 이렇다면 그에 맞는 공간을 계획해야 합니다.

마을의 회의 장소는 주민 모두가 모이기 때문에 보다 넓은 공간이 필요합니다. 그런데 지금 마을회관에서 열리는 총회 모습을 보면 주민 모두가 거실에 앉기에는 너무 비좁습니다. 공간을 일률적으로 분배했기 때문입니다. 주민이 모두 모여 앉을 수 있는 회의 장소와 쉼터로서의 공간을 구분하는 것이 오히려 현재 마을회관 현실에 맞는 공간 계획이 아닐까요.

그 좋은 사례를 남긴 이가 건축가 사무엘 막비(Samuel Mockbee)입니다. 그는 미국 앨라배마주 헤일카운티에서 놀이터, 야구장, 개인 주택 등을 학생들과 함께 지으며 건축의 사회적 책임을 다하기 위해 노력했습니다. 건물을 짓는 장소와 그 지역 문화에 어울리고 지역 사회의 현실적 문제들을 해결하는 데 기여하는 건물을 '좋은' 건축물이라고 그는 생각했습니다. 따라서 그는 건축 과정에서 건축주와 끊임없이 소통하며 지역 여건에 맞는 건물을 자재 재활용과 기부 등을 통해 무료로 지었습니다. 사무엘 막비는 작고했지만 그의 신념과 철학을 계승하는 이들이 지금도 헤일카운티에서 활동하고 있습니다(『희망을 짓는 건축가 이야기』, 안드레아 오펜하이머 딘, 2005, 공간사).

마을회관을 신축할 때 시공업체와 설계자 선정 등이 대부분 입찰로 이루어집니다. 주민들 의견은 형식적으로 반영될 뿐이죠. 정형화된 마을회관 구조가 여기에서부터 비롯된다고 한다면 지나친 말일까요. 각 마을 실정에 맞는 마을회관 구조와 형식, 이를 고민하는 건축가, 마을공동체 환경을 고민하는 주민들의 적극적인 참여, 이런 것들이 함께 모일 때 비로소 마을회관은 우리 모두의 공동 공간이 될 것입니다.

농촌 건축을 바라보는 세 개의 입장

건축 설계자의 입장 **정민철** 협동조합 젊은협업농장 이사
마을 추진위원장의 입장 **안현경** 마을연구소 일소공도협동조합 이사
행정 공무원의 입장 **이윤정** 마을연구소 일소공도협동조합 책임연구원

농촌 건축에 주도적으로 관여하는 건축 설계자, 마을 추진위원장, 행정 공무원은 각자의 입장
과 경험에서 농촌 건축을 바라봅니다. 이들의 입장을 보다 진솔하고 심층적으로 확인하고 적
절한 대안을 모색하기 위해 인터뷰를 했는데, 통상적인 대담 형식과 다르게 인터뷰를 진행한
필자들이 각각의 관점에서 인터뷰 내용을 해석하는 형식으로 전합니다.

건축 설계자의 입장

농촌 건축 설계를 도와달라는 요청을 받았다

고향이 농촌입니다. 고향 마을회관을 볼 때마다 왜 농촌의 회관은 모두 똑같은
지 의아했습니다. 좀 더 고급 자재를 쓰거나 최근의 건축 경향을 따르라는 요구까
지는 아니더라도 설계자가 조금만 더 고민했다면 최소한 주변 경관과 어울리게
지을 수는 있었을 텐데, 건물이 농촌 경관을 훼손한다는 생각이 들 정도였습니다.

일부 이해되는 면도 있습니다. 저도 건축을 공부했지만, 학교에서는 건물 설계
도를 그릴 수 있는 기술자를 키울 뿐입니다. 도시나 사회에 대한 배움 없이 구조
적 안정성과 외국의 유명 건물이나 미학을 배웁니다. 더군다나 건축학자 대부분

이 농촌에 살아 본 적 없으니 농촌 사회를 이해하고 설계할 수는 없겠죠.

발주자가 원하는 설계도를 그려 줄 수는 있지만, 발주자의 말을 듣고 공감하며 설득하는 능력은 배우지 못했으니 건축가의 사회적 책무를 모를 수밖에 없습니다. 저 역시 사회로 나와 여러 분야의 전문가와 시민사회 단체들과 교류하면서 건축의 중요성과 건물이 세워지는 과정을 새로 배웠습니다.

욕을 먹었다

농촌 마을에 어울리는 설계를 하려면 먼저 그 마을을 둘러보고 사람들을 만나 이야기를 들어야 합니다. 건물 용도에 대한 이야기뿐 아니라 어린 시절의 기억과 지금의 생활과 미래의 계획에 대해 들어야 합니다. 그리고 어떤 농사를 짓고 마을에서 하고 싶은 일은 무엇인지 알아야 합니다. 한 달이면 좋겠지만, 어렵더라도 보름은 마을에 살면서 이야기를 나누어야 합니다.

그런데 회사에 이런 포부를 말했다가, 그 돈 받고 그 일에만 매달리면 회사 망한다고 부장님에게 욕을 먹었습니다. 게다가 설계하고 단가를 내기 위해 다른 업체에 용역을 맡기려면 시간이 부족하니, 대충 의견 받아 책상에 앉아 설계도를 그리라고 합니다. 시간이 부족하다면 행정과 싸워서라도 올바른 건물을 지어 보자고 호기롭게 말했다가 그랬다가는 다시는 행정과 일 못 한다고 더 욕을 먹었습니다. 제가 봐도 그게 현실이니 할 말은 없습니다.

좋은 일 한다 생각하고 휴일에 내려가 지내면서 마을 사람들을 만나 봐야겠습니다. 그럼 또 주말에 일하러 간다고 가족들에게 욕을 먹을 테지요.

또 욕을 먹었다

마을에 좋은 건물이 지어져 사람들이 잘 이용하면 마을 전체가 좋을 텐데 추진위원회 사람들은 자기중심으로 요구를 합니다. 개인의 숙원 사업을 이번 기회에 해결하려는 듯합니다. 마을이라는 공적 영역의 일을 안 해봐서 그렇고, 또 개인적인 필요 사항을 요구하는 게 나쁜 일은 아니겠죠. 하지만 회의 때마다 말하는 사람이 정해져 있습니다. 그 사람들이 목청을 높이면 다른 주민들은 듣고만 있으니 개인의 제안이 전체 의견이 되어 버립니다.

주민들의 이런저런 요구를 다 들어주면 건축비가 초과됩니다. 그래도 열심히 해봐야지요. 나중에 설계도를 보여 주며 주민들을 설득할 수 있을 것 같습니다. 주민 의견을 토대로 나름 고민하며 설계도를 그렸습니다. 올해 건축대상을 신청해도 될 것 같습니다.

주민 설명회를 했습니다. 건물의 전체적인 계획보다 본인들이 제안한 공간에만 관심을 보입니다. 자기가 낸 제안이 반영되지 않았다고 야단입니다. 큰일입니다. 그 제안들을 모두 쑤셔 넣으면 공간 배치가 이상해지는데….

지붕을 최근 전원주택의 지붕과 벽체용으로 많이 사용하는 징크로 하자고 했더니 양철판은 축사에나 올리는 거라고 한옥 기와로 하랍니다. 어떻게 해야 하나요. 건축비가 모자란다고 했더니 자기들도 집을 지어 봐서 아는데 건축비가 왜 이리 비싸냐고 합니다. 관급 공사의 세부 내용을 일일이 설명할 수도 없습니다.

설계도를 보고 모르겠으니 실물로 보여 달랍니다. 건축 모형을 만들려면 경비가 많이 든다는 사실을 모르니, 제가 밤새도록 만들어야 합니다. 시간만 좀 주어진다면 주민들과 어울리며 충분히 설득할 수 있을 것 같은데, 마감 일은 코앞으로 다가왔습니다.

또, 또 욕을 먹었다

담당 공무원이 기본 계획서를 주면서 거기 있는 대로 실지 설계도를 그리면 된다고 합니다. 기본 계획서처럼 설계하면 일단 주변과 맞지가 않습니다. 야트막한 언덕과 길게 늘어선 농가 주택 가운데 왜 우뚝 솟은 2층 건물을 배치한 건지 이해가 안 됩니다.

아니, 이해는 됩니다. 기본 계획서를 만든 컨설팅사는 적은 경비로 건물 설계를 하기 위해 평소 알고 지내는 설계 업자에게 용역을 주었을 것입니다. 혹은 건축학과를 갓 졸업한 사람에게 맡겼을 게 뻔합니다. 아마도 현장은 한 번쯤 와 보고 컨설팅사에게 용도 설명만 들었을 겁니다. 농촌이니 당연히 유행하는 한옥 느낌으로 설계했을 것입니다. 또 기본 계획서는 세부적인 건축 예산을 추정할 수 없으니 평당 단가로 계산해 놓았을 테고요.

더군다나 1년이 지난 지금은 마을 사람들의 요구가 또 달라져 있습니다. 이를 어찌해야 하나 이리저리 궁리하는데, 갑자기 내일 서류 들고 군청으로 들어오랍니다. 제가 이 일만 하는 것도 아닌데 갑자기 들어오라면 어떡하냐고 대꾸하고 싶지만, 웬 갑질이냐고 또 욕먹을 테니 속으로 삭일 수밖에 없습니다. 어떻게 하지. 그냥 설계도를 대충 빨리 그려 주는 게 최선일까요. 그나마 다행히 마을의 상징이라는 항아리나 나비 모양 건물은 아니라는 데서 일단 위로를 찾습니다.

또, 또, 또 욕을 먹었다

총괄 책임자가 없으니 누구 장단에 맞추어야 하는지 모르겠습니다. 주민과 행정만 설득하면 될 줄 알았는데, 그 중간에 정부 출자 기관이 또 있습니다. 이들은 그래도 전문가니 말이 통하겠지요. 일단 기술적인 부분은 말이 통합니다. 그래서 마을 전체를 보고 마을의 미래를 생각하며 설계하자고 했더니, 과업 지시서, 사업 예산, 사업 지침 등만 들먹입니다.

주민에게 도움이 되는 새로운 방식을 제안했습니다. 그랬더니 사례를 가지고 오랍니다. 그것도 감사에 문제가 없다는 것이 확인된 사례를요. 머리를 짜내 다시 제안했더니, 그렇게 해서 칭찬받았지만 결국 감사에 걸려 시말서를 썼다는 부정적인 사례만 늘어놓습니다. 아무 문제가 없는 사례라면 최소한 10년 전 것일 텐데, 새로운 시도가 이렇게나 어려운가 싶습니다.

그래도 군청은 나은 편입니다. 군청 공무원에게는 최소한 농촌에 대한 애정과 지역을 발전시켜야 한다는 선한 의지가 보입니다. 주민 의견에도 신경을 씁니다. 그들이 건축과 공간을 설계하는 전문가가 아니라는 걸 인정하니 설득할 수도 있습니다. 전문가가 더 어렵습니다. 주민 눈치도 보지 않으니 첩첩산중이죠. 주민들과 합의한 것은 또 어쩌나요. 저는 이제 어떻게 해야 할까요.

필요는 주민들이 알고, 행정은 이를 지원해야 한다

이건 마치 모든 사람을 예비 범죄자로 보고 범죄를 막기 위해 촘촘히 장벽을 친 사회 시스템과 비슷합니다. 서로가 버리는 카드만 던질 수 있는 시스템입니다. 이렇게 모두가 적응하는가 싶습니다. 마을회관이 왜 그렇게 지어졌는지 이제야 이해가 됩니다. 하지만 정말 뭔가 방법이 없을까요.

답답해서 마을 주민들을 다시 만났습니다. 자주 만나다 보니 마을 전체를 생각하면서 고민하는 주민도 있음을 알았습니다. 상황을 설명하고 어찌해야 할지 모르겠다고 하소연을 했습니다. 듣고 있던 이장님이 주민들과 군청에 찾아가 협박을 해서라도 우리가 원하는 대로 해보자고 하십니다.

그래, 필요는 주민들이 알고 있고, 행정은 이를 지원해야 합니다. 행정이 아니라 주민이 주인입니다. 주민이 주인이 되려면 역량이 있어야 합니다. 사업을 진행하면서 주민들끼리 갈등이 있다고 할지라도 주인 의식을 갖는 것이니 나쁜 게 아닙니다. 해결해 가는 경험을 쌓는 게 역량을 높이는 과정입니다.

그런데 이번 사업이 그냥 이대로 가다가는 후진 사례로 남을까 두렵습니다. 시범 사업으로 시작했지만, 이렇게 법과 제도를 먼저 내세우니 혁신이 되긴 그른 게 아닌가 싶습니다.

설계자에겐 개인의 희생이 필요하다

가격 입찰이 아니라 공모 사업 방식으로 건축을 하기로 했습니다. 제안 공모 방식도 있고, 현상 공모 방식도 있죠. 행정이나 출연 기관은 복잡한 절차를 거치는 공모 방식이 귀찮고 문제가 될 소지가 있다며 입찰을 선호합니다. 그러니 주민들이 강하게 요구해야 가능합니다. 공모 방식은 공모 과정에서 돈도 들어갑니다.

주민들은 건축 면적을 줄여서라도 그 경비를 만들겠다고 합니다. 현상 공모가 최선이지만, 그나마 제안 공모로도 마을에 애정을 가지는 설계자를 구할 기회는 만들어집니다. 공모 방식으로 한다고 무조건 괜찮은 설계자를 구할 수 있는 건 아닙니다. 마을에서 설계자를 구하러 다녀야 합니다. 마을에 애정을 가진 설계자를.

이런 상황에서는 마을 주민들의 역량과 의지가 가장 중요합니다. 물론 그런다고 설계비가 늘어나지는 않습니다. 설계자에겐 개인의 희생이 필요합니다.

마을 주민들과 친해졌으니 가족을 데리고 놀러 갈 수 있는 고향이 생긴 것 같습니다. 이장님은 마을에 건물 지을 일이 생기면 무조건 의견을 구합니다. 이제는 마을에 고용된 설계자가 된 듯합니다. 아니, 마을 사람이 된 듯합니다.

또, 또, 또, 또 욕을 먹었다

설계한 건물이 어떻게 활용되는지 오랜만에 보러 갔습니다. 그런데 제가 설계한 건물이 없습니다. 지붕 처마는 1미터 짧아졌고, 곡선 처리한 건 직각이 되어 버렸습니다. 없던 외부 계단이 생기고, 문 위치도 바뀌었습니다. 담당자에게 물어보나 마나 예산 부족, 주민 요구라는 답이 돌아오겠지요.

이장님을 만나 반갑게 인사하니, 설계를 잘못해 비가 새고 화장실 물이 안 내려간다고 야단치십니다. 이장님께 그건 시공 문제라고 답할 수가 없어서 죄송하다고 했습니다. 왜 설계도만 던져 주고 공사 과정에 자주 와서 설계대로 되는지 확인하지 않았냐고 타박하십니다. 설계를 한 사람은 감리를 할 수 없게 규정되어 있는 법과 제도를 설명할 수는 없어서 다시 죄송하다고 했습니다. 이젠 욕먹는 건 맷집이 생겼는지 아무렇지도 않습니다.

마을 추진위원장의 입장

마을 추진위원장을 맡았다

2008년, 건강상의 이유로 고향에 내려왔는데 어쩌다 보니 이듬해부터 시작된 마을사업에 뛰어들게 되었습니다. 추진위원장이 될 수 있었던 건 우리 마을이 집성촌이고, 제가 마을에 낼 수 있는 땅이 많았던 것도 한몫한 듯합니다. 대거리도 서슴지 않고 치고 나가는 성격 탓에 처음엔 욕도 많이 먹었지만, 10여 년이 지난 지금까지도 추진위원장을 하고 있습니다.

지금은 코로나19로 어려운 시기지만, 우리 마을은 농촌 체험과 교육, 농산물 가공과 유통 등 다양한 사업으로 수익을 내 우수 마을로 인정받았습니다. 상도 여러 번 받고 전국에서 마을 견학도 많이 왔죠. 마을사업을 하며 센터 설계 때부터 참여해 지금까지 센터를 운영하고 있습니다.

속이 터졌다

비싼 건물을 짓는다고 하니 주민들 의견이 많았습니다. 그런데 그 의견이 당장 눈에 보이는 것, 하나만 생각하고 둘은 생각하지 않고 내는 것들이라 속이 터졌습니다. 그렇다고 의견을 받아들이지 않으면 마을사업에 '반대를 위한 반대'만 하게 될 테니 무시할 수도 없었습니다.

권역센터를 만들 때 가장 먼저 생각한 건 마을 정체성을 어떻게 나타낼 것인가였습니다. 건물이 근사하다고 도시 사람들이 농촌에 오지는 않으리라 생각했습니다. 사람들이 농촌에 오려는 이유는 무엇일까요? 농촌에 어울리는 건물은 어떠해야 할까요? 저는 전통 건축의 모습으로 지어야 한다고 생각했습니다. 그렇다고 완전 한옥을 짓자는 것은 아니었습니다. 활용성도 중요하기 때문입니다. 기와, 문틀 같은 모양은 살리되 한옥이 지닌 개방성과 기능을 가져와야 합니다. 툇마루같이 사람들이 편하게 모이는 공간 기능을 살려야 한다고 생각했습니다.

마을 설계사가 필요하다

다행히 건축 설계를 할 때 마을 출신의 유명한 분에게 자문을 할 수 있었습니다. 청와대 설계에 참여한 분이어서 주민들이 그분 의견에 꼼짝을 못 했습니다. 십여 차례 마을을 오가며 어떤 방향으로 문을 내야 안 춥고 볕이 잘 드는지 같은 세세한 부분까지 꼼꼼히 살펴주셨습니다. 그분 덕에 제 의견도 슬쩍 반영할 수 있었죠. 그런데 이런 건축 설계 전문가가 없는 마을은 어떻게 해야 할까요. 마을 주치의나 마을 변호사처럼 마을 설계사도 한 사람씩 있으면 어떨까 생각했습니다.

상황이 이러했으나 주민들 의견을 다 이길 수는 없었습니다. 주민들이 집은 무조건 남향이라고 권역센터 건물도 남향으로 지어야 한다고 극구 주장했습니다. 그래서 원래 생각한 넓은 부지가 아닌, 지금의 좁은 부지에 짓게 되었습니다. 지금도 후회되는 결정입니다. 아이들이 뛰어놀 수 있는 공간이나 경제 활동 공간 등 다양한 부속 공간을 지을 수 있도록 넓은 부지에 지었어야 했는데, 많이 아쉬운 부분입니다.

또 속이 터졌다

설계 때 하나하나 관여해 만든 것들이 시공 과정에서 완전히 틀어졌습니다. 농어촌공사에서 공개 입찰로 선정된 설계사와 시공사 때문이었습니다. 설계가 실제와 100% 안 맞는 수가 있으니 일부 변경은 어쩔 수 없다 해도, 설계자의 의도를 이해하며 시공해야 하는데 그러지 않는 겁니다. 그러니 하나하나 붙잡고 늘어지는 수밖에 없었습니다. 주민들이 오가기 쉽도록 낮게 설계한 센터 입구는 건물이 웅장해야 한다며 6단을 높여 놓았습니다. 속이 터지고 맥이 빠졌습니다.

건축 과정은 무수한 회의의 연속입니다. 다시 수많은 회의를 하며 싸웠습니다. 현장 사무소 소장만 세 번 바뀌었습니다. 날마다 현장에 살다시피 했으니 건축이 뭔지 잘 모르는 눈에도 뭐가 잘못되고 있는지 보이더군요. 현장에 주인이 없으면 소장 멋대로 짓게 됩니다.

용처 변경이 가능한 예비비 책정이 필요하다

애당초 2층으로 설계한 건물인데, 시공비가 부족하다고 높은 층고는 놔두고 2층을 없애기로 했습니다. 2억 원이 절감되었죠. 그런데 건물 기와에만 1억 원이 넘게 든다고 합니다. KS 인증 기와에 8천만 원, 기와를 얹는 인건비가 3천만 원이라니요. 진짜 기와일 필요가 없다, 기와 모양이면 된다고 말해도 막무가내였습니다. 결국 기와 부분은 어떻게 해도 바꿀 수 없었습니다.

외국에는 시공 예산에 예비비가 많아서 설계 변경 때 쓸 수 있는 금액이 있습니다. 하지만 우리나라는 '일위대가(一位代價)'라고 해서 벽돌 한 장 가격까지 정해져 있습니다. 시공할 때 적절히 바꿀 수 있는 금액이 책정되면 좋겠습니다.

원래 설계에서 2층은 숙소로 만들려고 했습니다. 다시 센터를 지을 수 있다면 숙박 시설을 꼭 만들고 싶습니다. 그래야 외부에서 오는 사람이 머물며 지역 연구나 다양한 일을 벌일 수 있을 테니 말입니다.

또, 또 속이 터졌다

저온 저장고는 사업성이 있으니 좀 크게 짓자고 주장했는데 안 된다는 답이 돌아왔습니다. 이것만은 양보하기 어려웠습니다. 타협안을 제시했지만, 그도 받아들여지지 않았습니다. 주무관, 팀장, 과장까지 찾아가도 안 된다고만 했습니다. 결국 군수를 찾아가 "이거 안 해 주면 나도 그만두겠다"고 엄포를 놓았습니다. 군수가 담당자에게 전화를 걸어 "이거 할 수 있는 거면 해 줘라. 마을 추진위원장 생각이 더 우선이야"라고 해서 겨우 관철되었습니다.

예전 공동체는 마을에서 경조사, 농사, 보육과 같은 공동의 목적이 있었기에 유지되었습니다. 지금의 마을만들기도 공동체의 새로운 목적이 정해져야 합니다. 농촌 문제를 현장에서 보지 않고 책상에서 보면 그림이 안 나옵니다.

마을공동체의 새로운 목적을 정해야 한다

저는 당시 우리 마을의 인구 피라미드를 그려 봤습니다. 어르신 인구가 너무 많았습니다. 20년 뒤에는 어떤 마을일지 생각하면 아찔했습니다. 그래서 마을사업의 목적을 '사람들이 들어오는 마을, 아이들이 태어나는 마을'로 정했습니다. 또 구자인 박사가 말한 '경제 공동체'를 만들기 위해서는 수익 사업에 맞는 시설 규모도 중요했습니다.

행정은 주민들이 건축물을 제대로 활용하지 않을 거라 가정하고 공간을 최소화하려고 합니다. 크게 잘될 거라는 기대는 없고 문만 닫지 않으면 된다고 보는 것일까요. 당사자인 주민들과는 전혀 다른 입장입니다. 이런 부분을 설득하는 일도 온전히 마을 추진위원장의 몫입니다.

지나고 보니 아쉬운 것들

건물을 한번 짓고 나니 많은 것을 알게 되었습니다. 다시 한번 권역센터를 짓는다면 훨씬 더 잘 지을 수 있겠습니다.

권역센터는 마을 주민들이 쓰려고 지은 건물입니다. 그때에 비해 지금 마을에는 30가구가 더 늘었습니다. 아이들도 14명이나 있어 우리 마을 때문에 학교에 스쿨버스도 생겼습니다. 주말이면 아이들이 친구를 데리고 권역센터에 와서 놉니다.

그런데 만들고 보니 외부인들이 많이 찾아옵니다. 체험, 교육, 선진지 견학 등 단체 방문이 많아졌습니다. 외부인이 많이 올 걸 알았다면 좀 더 크게 지어야 했습니다. 지금은 강당도 식당도 작습니다. 이런저런 아쉬움이 많지만, 원래 주민들이 쓰려고 만든 거였으니 할 말은 없습니다.

나중에 마을 어르신 인구가 더 늘면 권역센터를 주간보호센터 같은 곳으로 쓸수도 있을 것입니다. 다른 지역의 권역센터처럼 쓸데없이 칸막이를 많이 하지 않았으니 리모델링이 그다지 어렵지 않을 것 같습니다. 건물 용도는 변하게 마련입니다. 그걸 감안해 공간 활용을 처음부터 너무 특정해서 짓지 않는 게 좋습니다.

농촌 건축, 마을 추진위원장 혼자만 책임질 것인가?

귀향하기 전에 도시에서 대지 조성 사업을 했습니다. 그런데 건축은 또 다른 영역이더군요. 더군다나 농촌 건축은 여러 사람 의견을 모아서 하다 보니 책임지는 주인이 없어서 이래도 그만 저래도 그만인 경우가 많습니다. 또 반대로 이건 이래서 안 되고 저건 저래서 안 된다고 하는 경우도 많아 결국 '그게 그거인 건물'이 생겨나기 쉽습니다.

마을 건물을 지을 때는 공동체의 목적을 잘 알고, 그에 맞게 어떤 부분은 타협해 나가고 또 어떤 부분은 밀어붙여야 합니다. 주민들의 요구 사항을 잘 알고, 설계 과정에 참여하며, 시공 과정에 설계가 잘 반영되는지 따져보아야 합니다. 이걸 전부 추진위원장 혼자 감당하기엔 사실 너무 버겁습니다. 설계 업체나 시공 업체가 알아서 잘해 주면 좋겠지만 그들은 무엇보다 이윤이 남아야 합니다. 그러니 누가 책임지고 이 일을 할 것인가요? 결국 마을 추진위원장과 주민들이 열심히 공부하는 수밖에 없습니다.

마을 건축물, 남겨진 주민들의 몫

건축물은 공동체가 지향하는 내용이 담긴 그릇입니다. 마을사업을 어떻게 하고 무엇을 할 건지가 분명히 정해져야 그것이 건축물에도 담기게 됩니다. 이제는 다른 권역에 가서 권역센터만 봐도 그 마을 공동체가 얼마나 열심히 준비했는지 잘하고 있는지 그런 게 좀 보입니다. 잘 지은 마을 건축물은 쓰임이 많습니다.

가령 홍성군 장곡면 오누이권역센터를 보면 공동체의 목적이 분명하게 보입니다. 하지만 아쉽게도 보통은 '크고 그럴듯하게 지은' 건물인 곳이 많습니다. 어떤 마을은 비싼 한옥 문짝까지 만들어 붙인 곳도 있습니다. 그 의견을 낸 사람은 지금 그 마을에 살지도 않는다고 들었습니다. 무엇보다 그렇게 만들어진 건물들이 제대로 쓰이지도 않고 있습니다. 센터 앞 잔디밭에 풀만 무성합니다. 아까워 죽겠습니다. 잘 관리하고 잘 쓰는 것이 가장 중요한데 말입니다.

행정 공무원의 입장

오랜만에 만났다

마을만들기 업무를 떠난 뒤 오랜만에 만났습니다. 다들 저 보고 얼굴도 좋아지고 젊어진 것 같다고 합니다. 사실 몸이 안 좋아 한동안 병원 신세를 졌습니다. 그런데도 다시 마을만들기 쪽으로 와서 같이 고생하면서 늙어가잡니다. 하아, 고생스러웠던 그 시절이 주마등처럼 떠오릅니다.

어려웠다

권역사업을 담당하면서 여러 건물을 동시에 지었습니다. 처음 계획 설계 단계부터 주민 의견을 최대한 반영하려 노력했습니다. 그런데 설계라는 게 머릿속에 있는 걸 다 표현할 수는 없지 않은가요. 하지만 주민들은 자기들 제안을 다 반영해야 한다고 생각합니다. 도면을 처음 볼 때는 잘 모르니 가만있다가 조감도 같은 실물을 보면 그제야 '이게 잘못됐네', '이렇게 하면 안 되네' 말이 많아집니다.

처음에는 내 집이 아니니까 담당 공무원이 알아서 해 주려니 하고 신경도 안 쓰다가 건축이 진행되면서 요구 사항이 늘어납니다. 대부분 거창하게 지으라 하고, 이런저런 기능을 넣어 달라는 요구가 많아집니다. 예산이 한정되어 있으니 그 요구를 다 들어주다가는 다른 큰 사업 한두 개를 그만둬야 할 판입니다.

공공건물은 단순하게 지어야 관리하기 편하고 쓰기에도 좋습니다. 주민들 요구에 따라 여러 기능을 집어넣어도 실제 지어 놓고 보면 잘 쓰지 않는 경우가 허다합니다. 소박하게 지어 잘 쓰면 좋을 텐데요. 그리고 쓰다가 부족한 점을 발견하면 그때 추가할 수 있도록 설계에 미리 반영해 두면 될 터인데….

정말 어려웠다

어차피 정해진 돈으로 해야 하니 건물을 크게 지으면 다른 걸 못하지만, 작게 지으면 다른 걸 할 수 있다고 주민들에게 자세히 설명합니다. 밤이고 주말이고 최대한 자주 찾아갑니다. 선택은 주민들 몫이니 마을에서 합의를 보시라고 합니다. 마을 추진위원장이 지도력이 있으면 그래도 합의가 됩니다. 물론 주민 전체 의견을 반영한 합의는 아닙니다. 하지만 할 수 없습니다. 다음 단계를 위해 더 이상 시간을 끌 수는 없으니까요.

사실 공무원 입장에서도 건물을 지어 본 경험이 없으면 건축을 모릅니다. 내가 살 집을 짓는 것과 마을사업으로 건물을 짓는 일은 많이 다릅니다. 일단 마을사업은 건축주 역할을 하는 이가 너무 많습니다. 그나마 건축 경험이 있는 마을 추진위원장을 만나면 좀 낫죠.

이런 사례가 있습니다. 추진위원장이 마을에 땅을 제공하기로 하고 동의서에 도장까지 찍어 예비 계획서를 제출해 선정되었습니다. 그런데 막상 사업이 진행되자 왜 나만 땅을 내놓아야 하냐고 말을 바꿨습니다. 그렇다면 이 사업을 포기하는 수밖에 없다고 설득하며 1년이나 싸웠습니다. 사업비를 반납하겠다는 공문도 대여섯 차례나 보내고, 심야 회의도 열 번 넘게 했죠. 이런 고생 끝에 사업이 시작되었습니다.

마을사업은 단계별 접근이 필요하다

마을사업은 주민들이 작은 사업부터 해보고 나서 큰 사업을 해야 합니다. '역량 단계별 지원 체계'가 백번 타당합니다. 소액 사업을 우선 해보고 희망마을 선행사업을 하다가 싸우고 포기하면 거기서 끝내야 합니다. 이 과정을 잘 넘기고 의욕이 있으면 다음 단계로 넘어갈 수 있습니다. 단계적으로 접근하는 게 맞고, 그나마 검증된 방식입니다.

　주민들이 처음부터 사업비에 욕심을 내면 조심해야 합니다. 권역사업처럼 큰 사업에 뛰어들면 더더욱 경계해야 합니다. 권역사업을 추진하면서 주민들에게 심한 말도 많이 했습니다. 역량강화사업으로 견학도 가고 교육도 하면서 한 가구당 2천만 원도 넘게 투자한 뒤, 회의를 하자고 하면 안 나옵니다. 이럴 거면 집집마다 2천만 원씩 내놔야 한다고 얘기해도 귓등으로도 안 듣습니다. 공무원이 아무리 심한 말을 해도 주민들한테는 씨알도 안 먹힙니다.

정말 정말 어려웠다

　담당 공무원이 주민들과 더 자주 만나 협의하면서 설계하면 좋겠지만 그럴 여력이 없습니다. 다들 맡은 업무가 너무 많아 시간이 부족합니다. 그리고 현재 사업비를 빨리 집행해야 다음 사업비도 따올 수 있습니다. 설계 단계에서 마냥 시간을 끌고 있을 수가 없습니다. 대행사(농어촌공사, 충남개발공사)와 건축사를 참여시키는 마을 회의도 자주 열 수가 없습니다. 그러다가는 내년도 사업 신청에서 떨어지기 딱 좋으니까요. 또 공무원에게는 승진도 중요한데, 사업 하나만 마냥 붙잡고 있을 수도 없습니다.

　어느 마을에서 설계 공모를 해보자는 제안이 들어왔습니다. 들어보니 절차도 번거롭고 비용도 많이 드는 방식입니다. 그래도 좋은 건축 사례를 만들기에 괜찮을 것 같습니다. 대행을 맡은 공기관에서도 순순히 따라줍니다. 예산은 최대 5천만 원 이상은 어려울 듯했습니다. 액수도 얼마 되지 않는데 설계 공모에 참여할 건축가가 있을까 걱정이 되었죠. 그런데 마을에서 공모에 참여할 건축가들까지 구했다고 합니다. 게다가 마을 회의에서 주민들을 설득해 설계 공모 예산을 위해 센터 건물 면적을 줄이기까지 합니다. 괜찮은 건물이 지어질 듯한 예감이 들었습니다. 실제로 그 건물은 잘 지어져 지금도 잘 운영됩니다. 결과까지 보람 있는 드문 사례입니다.

그렇다고 설계 공모가 괜찮은 건물을 짓기 위한 정답일까요? 현실은 그렇지 않습니다. 설계 공모를 해도 일은 고생스럽고(공무원, 대행사), 돈은 안 되고 욕만 먹는(건축가) 이런 일을 누가 하려 할까요? 전국에서 마을사업으로 설계 공모를 했다는 사례는 지금까지 들어본 적이 없습니다. 앞에서 말한 그 마을이 유일한 사례인 듯합니다. 설계 공모는 건축가를 찾는 일부터가 큰 숙제입니다. 지역에 건축 전문가로 구성된 민간단체나 광역기구라도 있으면 도움이 될 텐데요. 정말 어려운 일입니다.

이 어려운 일을 누가 하려 하겠는가

또 건축은 애써 설계 작업을 잘해도 시공에서 잘못되는 경우가 허다합니다. 시공사도 공모로 선정하면 되지 않을까 하는 의견도 있습니다. 하지만 시공사는 현행 제도로는 가격 경쟁 입찰로만 선정할 수 있습니다. 대신 감리라도 잘 정하면 좀 낫습니다. 마을사업을 공기업 대행으로 시행하는 시스템 자체가 나쁘다고는 생각하지 않습니다. 공무원은 아무래도 전문성이 떨어지고 행정 업무가 많아 세세하게 챙기기 힘들기 때문입니다.

행정의 역할은 대행 기관을 잘 관리 감독하는 데 있습니다. 그런데 요즘 젊은 공무원들은 대행 기관에 의존하는 경향이 많습니다. 대행 기관의 일 처리가 늦어지거나 주민들과 마찰이 있을 때 행정이 중간에 나서서 잘 잡아주어야 합니다. 그냥 대행 기관에 맡겨만 놓으면 주민들 불만이 쌓이게 되고 사업 진척이 잘될 수 없습니다.

저는 전문관 임기까지 포함해 마을만들기 업무를 4년 조금 더 했습니다. 관내에서 마을만들기사업으로는 첫 전문관이었죠. 농식품부 공모 사업 심사를 갔다가 이런 제도가 있다는 걸 처음 알았습니다. 멋모르고 신청해 전문관이 된 셈입니다. 중앙 정부에서 전문관 제도 개선을 위해 회의를 한 적도 있지만 별로 달라지는 것은 없었습니다. 솔직히 3년 임기를 채우고 도망가고 싶은 마음도 들었지만, 다들 이 업무를 싫어하니 후임자가 없어 애를 먹었습니다.

열정 있는 주민, 의식 있는 건축가, 착실한 시공사, 여기에 현장 사정을 잘 반영한 각종 사업 지침, 그리고 이를 중간에서 잘 조정할 행정 공무원. 이 모두가 잘 맞물려져야 마을에 제대로 된 건축물이 지어집니다. 하지만 그때나 지금이나 크게 달라진 건 없어 보입니다. 중간지원조직이 생겼다고는 하나 하드웨어 건축에는 초보들입니다. 그런데 이런 어려운 업무를 저더러 다시 하라고요?

행정의 조직 문화가 바뀌어야

이 업무를 할 때 거의 혼자 뛰다시피 했습니다. 지금도 마찬가지겠지만 이제는 몸도 따라 주지 않습니다. 공무원이니 가라면 갈 수밖에 없겠지마는, 자발적으로 가고 싶은 마음은 들지 않습니다. 어렵기만 하고 인센티브도 없는데 어느 공무원이 이런 일을 맡고 싶을까요. 농식품부에서 인센티브를 준다 하고 해외도 보내주고 했지만 그건 그저 위로 차원에 불과합니다. 공무원에게 가장 큰 인센티브는 승진입니다. 열심히 했더니 가산점도 주고 상도 주고 승진도 빠르다면 누가 안 하겠습니까. 공무원 개인의 희생을 요구할 게 아니라, 행정의 조직 문화가 먼저 바뀌어야 합니다.

3부

마을의 계획, 마을은 우리 모두가 만들어 가는 공간

마을회관 농촌공동체 복지의 중심 공간

마을경관 자연과 더불어 살아가는 주민들의 약속

마을건축 마을공동체의 삶을 담는 그릇

마을계획 10년 앞을 내다보는 실천

마을계획과 주민 주도 마을만들기에 대한 회고

서정민 지역재단 지역순환경제센터 센터장

왜 주민 주도 마을만들기인가?

1993년 12월 우루과이라운드 협상이 타결되고 1995년 1월 WTO 체제가 본격 출범하면서 한국 농업은 전면적인 시장 개방 소용돌이에 휘말리게 되었습니다. 정부는 개방 농정을 추진하는 한편, EU 회원국의 대응 방향에 따라 농촌 정책과 환경 정책을 본격 검토하게 됩니다. 이것이 현재 마을만들기 사업을 포괄하는 일반농산어촌개발사업의 토대가 됩니다. WTO 체제에서 농업에 대한 직접 보조가 제한되면서 농업 소득 증대 전망이 불투명해지자, 농촌의 쾌적성 향상과 도농 교류, 사회적 경제 등 농촌 정책을 중심으로 기존 농정 패러다임을 전환했습니다.

이 무렵 우리나라는 지방자치제도가 부활했습니다. 1995년 6월 27일 지방의회뿐 아니라 단체장까지 주민 직선으로 뽑는 지방선거가 실시되어 관선 지방자치단체장이 민선으로 바뀌었습니다. 지방자치시대가 열렸지만, 중앙 정부의 다양한 정책 프로그램에 수동적으로 대응하는 기존 추진 체계에는 큰 변화가 없었습니다. 중앙 부처에서 사업을 기획하면 농촌 현장에서는 비판적 검토 없이 개별 분산적으로 집행하는 결과가 이어졌습니다.

중앙과 지방이 수직적으로 연결되어 수행했던 기존 농정 추진 체계를 수평적 협력 체계로 전환해야 한다는 요구가 지속되었습니다. 농촌지역개발 추진 방식도 중앙 주도에서 지방 주도로, 더 나아가 행정 주도에서 주민 주도로 전환하는 방향이 중시되었습니다. 그 결과 더디기는 하지만 농촌지역개발 정책은 '주민 참여에 기초한 정책 추진 체계'로 전환되었고, '주민 주도 상향식 마을만들기'가 시행되었습니다.

주민 주도 마을계획이란?

사전적 의미로 계획이란 '앞으로 할 일의 절차, 방법, 규모 따위를 미리 헤아려 작정함, 또는 그 내용'을 말합니다. 중앙 집권적 통치 체제에서 추진하던 정책은 사업 내용이나 방식, 추진 일정, 사업 지구 선정 등 중앙정부의 획일적 계획이나 지침에 의존할 수밖에 없습니다. 지역의 특수성이나 창의성, 주민들의 개발 수요 등을 반영할 여지가 거의 없었죠.

이러한 한계를 극복하기 위해 주민 주도로 마을계획을 작성할 수 있는 새로운 제도를 검토하기 시작했습니다. 마을계획은 "첫째, 일정 범위(행정리, 읍면 등)에 생활하는 주민들의 참여와 주도로 공동체가 안고 있는 과제를 발굴하고, 둘째, 그 해결을 위해 필요한 구체적인 계획을 주민 합의를 통해 수립하고, 셋째, 공동체(주민) 스스로 계획의 추진 주체가 되어 실행하는 방식"을 말합니다. 농촌지역개발 정책에서 실질적으로 주민 주도 상향식 마을계획이 도입된 것은 2002년에 시작한 각종 체험마을사업과 2004년에 시작한 농촌종합개발사업(권역사업)이라 할 수 있습니다.

왜 주민 주도 마을계획 수립인가?

농촌이 안고 있는 복잡한 과제를 행정 주도로 풀기에는 한계가 있습니다. 지역의 특성이나 조건의 차이를 반영하지 못하는 중앙이나 행정 주도(또는 용역사 주도)의 마을계획은 주민을 주체가 아닌 객체로 만듭니다. 주민 수요와 동떨어진 사업 계획이 실질적 효과는 없이 유지와 관리 부담만 늘어나는 등 주민 참여가 없는 사업 계획의 부작용을 우리는 이미 충분히 경험했습니다.

이제 마을공동체의 운명을 주민 스스로 결정할 수 있게 주민에게 자기 결정권을 돌려줘야 합니다. 주민 주도의 마을계획을 통해 주민들은 마을의 과제를 스스로 발굴하여 우선순위를 결정하고 삶의 질 향상을 위해 동원 가능한 자원들을 고민하게 됩니다. 이 과정이 바로 주민 역량 강화 과정이기도 합니다. 마을사업을 하며 주민들이 이해 충돌로 갈등할 수도 있지만, 공동의 목적을 달성하기 위해 함께 일하는 과정에서 공동체는 더욱 공고해집니다.

주민 주도 마을계획의 새로운 관점, 보충성 원리

주민 주도 마을만들기는 농촌 공간을 행정리, 읍면, 시군 3개 층위로 구분하고, 공간별로 '보충성 원리'를 적용하여 차별화된 마을만들기를 추진해야 합니다. 보충성의 원리란 행동의 우선권이 언제나 소단위(마을 또는 읍면동)에 있고, 소단위의 힘만으로 처리할 수 없는 사항에만 차상급 단위(시군 광역, 중앙 정부 순으로)가 보충적으로 개입할 수 있다는 것을 의미합니다.

일반적으로 농촌 주민들에게 마을은 내가 사는 행정리 또는 자연 마을입니다. 그러니 행정리 단위에서 주민들의 관계성 회복을 통한 공동체 복원이 중요하고,

공동체 프로그램을 지속적으로 추진할 수 있도록 지원해야 합니다.

현재 초고령화 사회인 농촌 실정을 고려할 때 주민 주도 마을만들기의 핵심 공간은 읍면이 되어야 합니다. 주민자치의 최소 단위이자 주민 생활권의 핵심 공간으로 읍면 지역 사회를 유지하는 것이 향후 행정리 단위 마을만들기에도 중요합니다. 그래서 읍면과 행정리와 주민 단체가 참여하여 '주민자치회'를 구성하는 일이 선결 과제라 할 수 있습니다.

농촌 정책에도 읍면 주민자치회를 일반농산어촌개발사업의 핵심 주체로 인정해 주민 대표성을 가져야 합니다. 주민자치회가 주도하는 자치 계획과 매년 개최하는 주민총회를 통해 지역의 과제와 희망 사업을 결합해 공공성을 확보해야 합니다. 누가 추진위원인지도 모르는 소수의 지역 리더들이 사업을 결정하는 기존 읍면 단위 사업 방식에서 벗어나야 합니다. 지역 주민 다수가 직접 참여하여 지역 과제를 도출하고 사업을 선정하는 민주적인 의사 결정 과정으로 사업 추진 동력을 확보해야 합니다.

행정리 마을은 마을계획에 기초하여 마을자치 활동을 하는 것이 기본입니다. 나아가 개별 행정리 사이의 연결망을 통해 주민 대표 기구로서 읍면 주민자치회를 구성하고, 주민자치회는 개별 행정리에서 해결할 수 없는 읍면 지역 과제에 대응합니다. 읍면 단위 마을계획을 수립하고 주민총회를 개최하여 민주적 의사 결정을 거쳐 실행하도록 합니다. 지자체에서는 행정리와 읍면 단위로 마을계획을 수립하고 실행할 수 있도록 지원 체계를 정비하는 것이 중요합니다. 읍면에서 해결할 수 없는 지역 과제(의료, 교통, 교육 등)는 지자체 주도의 실행 계획을 통해 보충성의 원리를 실현하도록 합니다.

실행 학습 방식으로 역량 강화 패러다임 전환

농촌의 취약한 주민 역량을 보완하고 마을만들기 사업의 지속성과 안정성을 확보하려면 주민들의 실천 노력 자체가 학습 효과를 가지는 액션러닝(action learning) 방식으로 역량 강화 패러다임을 전환해야 합니다. 마을계획 수립 단계부터 일방적인 강의 중심의 집체 교육에서 벗어나 사업 정보를 제공하는 설명회 개최, 소액 사업 지원 등을 통해 주민들의 자발적 참여를 촉진해야 합니다.

운영 관리가 필요한 하드웨어 사업은 설계 단계부터 실행 조직을 발굴해 용역사의 지원 없이도 자생력을 가지도록 해야 합니다. 각종 문화 복지 프로그램도 용역사가 아니라 주민 가운데 주체를 발굴하여 사업 기간 동안 기술 이전이 이루어지도록 해야 합니다. 이를 통해 주민들이 직접 경험을 축적할 수 있도록 실질적인 역량 강화 방식으로 전환해야 합니다.

이런 과정에서 읍면 단위 마을계획의 실행력을 높이기 위해 활동가를 발굴하고 현장 실행 조직(LAG, Local Action Group)을 구성할 수 있습니다. 귀농귀촌자 또는 지역 청년과 여성 등 지역 인재들이 참여하는 현장 실행 조직 구성은 읍면 지역 사회의 마을만들기 생태계 변화에 중요한 전환점이 될 것입니다.

주민 주도 마을만들기를 실현하기 위한 마을계획을 세우려면

행정과 용역사 등 지역 외부에서 주도하는 일방적인 마을계획에서 빨리 벗어나야 합니다. 사업 기간 동안 다양한 정보 제공과 실행 학습 방식을 통해 주민들이 자발적으로 참여하도록 이끌어야 합니다. 매년 읍면 주민총회를 열어 지역에서 추진한 사업에 대한 정보를 공유하고, 다음해 지역에서 우선 추진하려는 의제를 주민 스스로 결정해야 합니다. 주민총회에서 결정한 의제를 행정에서 지원하고 지역 실행 조직이 실행하도록 지원 체계를 획기적으로 전환해야 합니다. 이러한 변화는 읍면 지역 귀농귀촌자, 청년, 여성의 일자리를 창출하고, 지역 주민들이 지역 사회 활성화의 실질적인 주체로서 책임과 권한을 행사할 수 있게 합니다.

기초자치단체는 보충성의 원리에 따라 행정리와 읍면에서 접근할 수 없는 대규모 프로젝트나 읍면 연합 프로젝트를 발굴하고 추진해야 합니다. 이러한 정책 사업 목록을 만들어 제안하고, 각 읍면에서는 지역 여건과 특성에 맞는 사업을 선택해 융복합할 수 있도록 지자체의 지원 체계를 정비해야 합니다.

읍면 주민자치회 전환과 발전계획 수립
그리고 주민총회

박현미 NGF연구소 나는 대표

"설문 조사를 했는데, 한번 오셔야겠어요." 전화를 끊고 사무실로 향합니다. 지레짐작으로 '설문 조사가 잘 안 됐구나. 어떻게 해야 하지?' 걱정하며 사무실에 도착했습니다. "웬만하면 우리가 결과를 정리해 보려고 했는데…." 책상 위에는 설문지 1,002장이 쌓여 있었습니다. "와! 이걸 어떻게 다 하셨어요?" 감탄이 절로 나왔습니다.

주민자치회 워크숍을 연 뒤 한 달여 동안 주민자치위원들은 주민들을 만나 주민자치회가 왜 필요한지 설명하고 주민들의 필요와 욕구를 조사했습니다. 설문지 1,002장에는 그동안 고생한 주민자치위원들의 노력이 선명하게 쌓였습니다.

주민자치니까 주민들을 만나 보자

2019년 충남형 주민자치회 시범 사업 대상지로 선정된 천안시 성환읍은 그해 9월 4일 정식으로 주민자치회로 전환했습니다. 9월부터 새로 구성한 주민자치위원들은 주민자치회 분과 구성, 운영 계획, 자치 계획을 수립해 12월 주민총회를 열기로 했습니다.

주민자치회의 출발은 과정을 설계하는 일인데, 그것은 질문을 만드는 일이기도 했습니다. 일단 주민자치위원들이 주민자치를 정확히 이해하고 스스로 학습하는 구조를 만들어야 했습니다. 그리고 주민자치위원들과 주민들이 서로 소통해 주민자치 계획을 세워야 했고, 주민 참여를 확대하며 공동의 노력을 지속할 방법을 찾아야 했습니다.

그러한 필요에 따라 계획한 두 차례 워크숍에서 주민자치위원들은 주민자치회 운영 계획을 세우고, 분과를 구성했으며, 12월까지의 일정에 합의했습니다. 워크숍에서 합의한 가장 중요한 결정은 바로 '주민자치니까 주민들을 만나 보자'였습니다.

주민들을 만나서 주민자치회 전환 과정을 설명하고 자치 계획을 세우기 위해 주민들의 필요와 욕구를 조사하기로 한 것입니다. 조사 양식은 간단하게 하고 모든 조사는 한 사람씩 직접 만나서 하기로 했습니다. 그렇게 해서 성환읍 주민자치위원들은 한 달 동안 주민 1,002명을 만난 것입니다.

어떻게 하면 잘할 수 있나요?

성환읍 주민자치회뿐 아니라 같은 해에 선정된 천안시 백석동과 풍세면 주민자치회도 주민 필요와 욕구 조사를 가장 중요한 점으로 꼽았습니다. 주민자치회 운영 계획과 분과별 실행 계획을 세우는 과정에서 모두 '주민자치회에서 주민보다 중요한 것은 없다'는 결론이 나왔고, '그러니까 만나 보자'고 결정했습니다.

주민자치위원들은 주민들과 만나 마을의 시급한 문제가 무엇인지 물었고 장기적인 지역 발전에 대해서도 이야기했습니다. 일대일로도 만났고 분과와 단체가 만나기도 했습니다. 주민자치회에 별 관심이 없거나 주민자치회 자체를 모른다는 주민도 만났으며 마을 문제에 대한 견해와 처지가 다른 주민도 만났습니다.

주민자치위원들은 자치 계획을 세우는 과정에서 "어떻게 하면 잘할 수 있나요?"라는 질문을 가장 많이 합니다. 이 질문을 바꾸어 표현하면 "어떻게 하면 주민을 잘 이해하고 주민의 숨은 요구를 제대로 파악할 수 있을까요?"일 것입니다.

시간과 상황의 제약 때문에 '주민자치위원인 나도 주민이니 주민으로서 생각하면 될 거야'라는 생각은 너무 안일합니다. 주민을 만나서 묻고 확인하는 과정이 없으면 어떠한 결정을 내릴 때마다 계속 추정해야 하고, 그러다 보면 최악의 선택을 하게 될지도 모릅니다. 그러니 제일 좋은 방법은 주민들을 직접 만나는 것입니다. 주민의 마음을 느끼고 이야기를 들으며 공감대를 형성하고 그런 가운데 결정을 내려야 합니다.

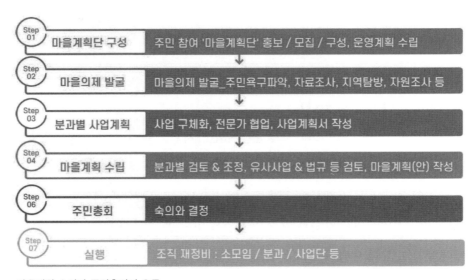

마을계획 수립과 주민총회의 흐름

주민총회, 이걸 우리가 다 했다고?

읍면 주민총회를 준비하는 일은 재미나고 떠들썩하고 활기찹니다. 가을걷이로 바쁜 시기에 풍세면 주민자치위원들이 행정복지센터 2층에 모였습니다. 그동안 주민자치회를 구성하고 학습하고 회의 구조와 분과를 만들었습니다. 주민들을 만나 필요와 욕구를 조사해 주민자치회가 우선 해야 할 일을 정하고, 비전과 핵심 가치를 만들고, 분과별 자치 계획 제안서도 만들었습니다.

이제 주민총회가 남았습니다. "주민들 모셔다가 잘 대접하면 되잖아." 하는 사람도 있고, "그래도 총회인데 형식은 갖춰야지.", "주민자치회로 바뀌고 나서 첫 대면 자리인데 썰렁하면 되겠어?" 하는 사람도 있습니다.

주민을 초대해 공론의 장을 마련하고 '나'와 '너'가 소통해 '우리'라는 공동의 가치를 만드는 주민총회는 어떻게 준비해야 할까요? 우선 커다란 전지를 벽에 붙이고 지금부터 주민총회가 끝난 다음까지 일정표 칸을 만들었습니다.

"지금부터 '쓸모 있는 걱정'을 하시는 거예요. 걱정되는 것, 해야 할 것, 했으면 하는 것, 어떤 것이라도 적고 이야기 나눠 주세요."

어느새 벽면이 꽉 찼습니다. 그러면서 차분차분 이야기를 나누다 보니 주민총

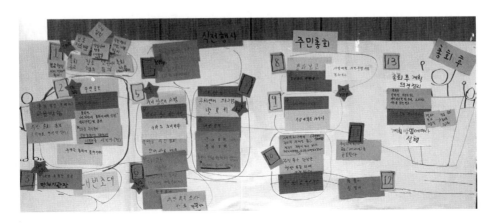

회를 어떻게 준비해야 할지 순서가 정해졌습니다. 누가 무엇을 할지, 마을 사람 누구한테 도움을 청해야 할지, 행정과 협조해야 할 부분은 무엇인지, 살펴봐야 할 관련 법은 없는지 하나씩 정리가 되었습니다. 모든 실무가 사무국장에게 몰리고 있던 상황에서 사무국장의 얼굴이 밝아졌습니다. 그렇습니다. 결국 나누는 게 실무입니다.

예산읍 주민자치회 주민총회에서도 마찬가지였습니다. 읍면에서 잔치 준비 한 번 안 해본 사람이 어디 있을까요. 모두 베테랑인 분들인데, 주민총회 자리는 유독 어려워했습니다. 하지만 막상 한두 가지 고리가 풀리면 그야말로 떠들썩하고 재미나고 유쾌한 마을 축제의 장이 펼쳐졌습니다.

예산읍 주민자치위원은 고루 구성되어 있습니다. 마을에 오랜 애정을 가지고 주민자치위원회 시절부터 활동한 분도 있고, 마을에 갓 들어와 아이를 키우며 마을 활동을 시작한 분까지 다양했습니다. 모두 열의를 가지고 주민총회를 준비했지만, 일을 풀어가는 방식이 서로 달랐습니다.

주민총회가 주민자치의 내용을 논의하고 결정하는 주민 공론의 장이라면, 주민자치회 역시 수평적 관계를 유지하며 민주적 의사소통 구조를 가져야 합니다. 두 시간의 워크숍 동안 주민총회 준비를 뒤로 미루고, 회의 구조를 만들고 논의했습니다. 그뒤 한 달여 동안 잦은 회의와 대화를 하며 주민총회를 차근차근 준비했습니다.

예산읍 주민총회에는 남녀노소 많은 주민이 모였습니다. 식전 행사로 행정의 평생학습팀과 협동해 평생학습 한마당을 열었습니다. 예산읍 자율방범대와 적십자봉사회, 보건소, 청소년 봉사자 등 크고 작은 기관이 참여해 주민들을 환대했습니다. 곳곳에서 주민 의견을 수렴하는 주민총회 자리는 떠들썩하고 활기찬 공론장이 되었습니다.

여러 가지 마을계획 실행 방법

주민총회에서는 분과별 사업 계획, 주민 제안 사업, 마을 발전에 대한 의견을 모으고 결정합니다. 더 나아가 단위 사업별로 누가 실행할지, 어떤 자원을 활용해야 할지, 예산 규모는 어느 정도로 할지 등도 검토해서 실행 방안을 꼼꼼히 준비해야 합니다.

주민자치회 사업으로 추진할 수도 있고, 분과에서 주관할 수도 있습니다. 주민자치회와 지역 단체가 함께 추진할 수도 있고, 행정리 단위 마을과 함께 추진할 수도 있구요. 사업 예산 규모가 크거나 장기적인 일이라면 정부나 지자체에 공모하여 예산을 확보해 실행할 수도 있습니다. 주민 숙원 사업이거나 행정 기관에서 추진하는 사업이라면 시군 지자체나 읍면 행정에 건의할 수도 있습니다. 일례로 성환읍 주민자치회는 행정리 마을과 협업해 '마을정원 조성', '마음이 편한 놀이터' 등 마을만들기 공모 사업을 진행했습니다.

갈 길은 확실하고, 멀다

주민자치는 단순한 참여를 넘어 주민 스스로 내가 사는 곳에 대한 자기 결정권을 확대하는 일입니다. 그 일에 주민자치회는 의사 결정 기구로서 제도적으로 길을 열어 주는 역할을 합니다.

주민자치회 위원 선출 방식과 권한 부여, 사무국 기능 등 풀어야 할 과제가 많습니다. 그리고 주로 행정의 동원 대상이었던 농촌 지역에는 '읍면의 문제를 주민 스스로 해결하는 의사 결정 기구'라는 말이 진정성 있게 다가오지 않습니다. 그러니 행정도 주민자치회도 마을도 섣부른 결과를 내려고 하면 안 됩니다. 그보다는 우선 마을 환경을 분석하고 사업을 진행할 때 벌어질 여러 단계에 대해 미리 회의하고 합의를 끌어내는 게 바람직합니다.

마을 사람들이 마을만들기 사업을 하든, 주민자치회 활동을 하든, 평생학습 프로그램을 하든 모두 마을 일입니다. 행정가들은 다른 부서의 행정에 대해서는 문외한일지라도, 마을 사람들은 행정가들처럼 마을 일을 네 분야 내 분야라는 칸막이로 나누지 않습니다. 주민자치, 마을만들기, 사회적 경제, 도시 재생 이 모든 것이 주민자치 활동이고 마을 일입니다. 그러니 행정은 마을 일을 주도하려 하지 말고 시의적절한 지원 방안을 마련해야 합니다. 민간 조직이 더욱 활성화되어 주민과 행정이 대등하게 만나는 구조가 되어야 합니다.

사람이 어떤 일을 할 때 하지 못할 이유를 대자면 한도 끝도 없다고 합니다. 반대로 어떤 일을 할 때 그 일을 해야 할 이유가 단 한 가지만 있어도 된다고 합니다. 그러니 어느새 쌓인 설문지처럼, 꾸준하게 일을 하다 보면 '이걸 우리가 다 했다고?' 하는 순간이 꼭 올 것입니다.

농촌현장포럼, 마을만들기의 디딤돌

하종중 아산시 월랑리 장수마을 위원장

다시는 공장이 마을을 넘볼 수 없도록

도시 근교 농촌이 대부분 그러하듯, 월랑리도 자연 부락이 하나둘 소리 없이 사라지고 있습니다. 마을에 공장 하나 허용한 것이 화근이 되어 난개발 공장들이 마을을 삼켜버리는 경우도 심심찮게 생겨납니다.

2014년, 마을을 떡하니 가로막는 공장 신축을 막으려고 장수마을 주민들이 결집했습니다. 이미 건축 허가가 난 상황이었죠. 치열한 다툼 끝에 건축물 위치 변경 등을 골자로 한 절충안을 수용하기로 일단락되었지만, 마을공동체를 할퀴고 간 갈등의 상처는 오롯이 마을에 남았습니다.

"우리 마을을 지켜내기 위해 사후 약방문식으로 대처할 게 아니라, 다시는 공장이 우리 마을을 넘볼 수 없도록 아름답고 살기 좋은 명품 마을을 만듭시다!"

그렇게 충남 아산시 음봉면 월랑리 장수마을은 마을을 지키려는 주민들의 자발적 참여로 마을만들기 사업을 시작했습니다.

작은 도서관, 바자회, 마을 극장, 정월대보름 윷놀이, 장수마을 가을 음악회, 어버이날 행사, 어르신을 위한 산타클로스, 마을 가꾸기의 날 등 마을공동체가 할 수 있는 크고 작은 여러 행사를 맨주먹으로 해나갔습니다. 웹서핑으로 마을만들기 관련 정보를 찾고 행정 기관을 방문해 도움을 구했습니다.

"마을사업을 하려면 먼저 농촌현장포럼을 신청해 보세요!"

그래서 2015년, 첫 농촌현장포럼을 개최했습니다. 살기 좋고 행복한 마을공동체를 만들겠다는 일념으로 달려온 1년간의 변화에 힘입어 60여 가구의 마을에서 주민 90여 명이 참여했으니 놀랄 만한 일이었습니다. 농촌현장포럼은 또 하나의 마을 축제 같았습니다.

꽃피우다, 마을의 슬로건이자 브랜드

당시의 경험을 토대로 농촌현장포럼의 성과와 아쉬웠던 부분, 그리고 농촌현장포럼 이후 주민자치 시대의 마을 경영을 위한 '마을자치규약' 제정의 필요성을 이야기해보려 합니다.

성과 1. 마을만들기 사업에 대한 공감대 확산

농촌현장포럼의 굵직한 수확 중 하나는 주민들이 마을만들기 사업이 필요하다는 걸 느꼈다는 점입니다. 마을만들기를 이해하고 마을공동체가 지향하는 가치를 함께 인식하는 것은 마을사업을 하는 데 엄청난 상승 효과를 만들어 냅니다. 마을만들기 사업은 결코 만만한 일이 아닙니다. 마을공동체 구성원 한 사람 한 사람이 놓인 배경과 상황이 다르니 말입니다. 그래도 농촌현장포럼의 주민 교육과 선진지 견학을 통해 마을만들기 사업 현장을 직접 보고 들으면서 마을만들기 사업에 대한 마을공동체의 공감대가 확산되었습니다.

성과 2. 마을 리더의 위상 정립

마을 리더가 공동체로부터 신뢰를 받지 못하면 마을사업은 한 발짝도 나아갈 수 없습니다. 선진지 견학 때 그 마을 리더가 들려주는 경험담, 리더로서의 수고와 아픔, 희생과 헌신, 마을공동체에 대한 꿈과 비전 같은 생생한 경험담은 마을 리더를 믿고 협력하고 격려해달라는 효과적인 메시지로 귀결되었습니다. 그 덕에 주민과 마을 리더 간에 있을 수 있는 불확실함이 신뢰와 믿음으로 바뀌는 바탕이 마련되었고, 마을 주민에게 공식적으로 리더로 인정받을 수 있었습니다.

성과 3. 장수마을 슬로건 도출과 선언문 선포

'꽃피우다'는 대다수 주민이 참여한 농촌현장포럼에서 진행 촉진 기법으로 선정한 장수마을의 슬로건이자 브랜드입니다. 꽃으로 마을을 단장하고, 주민 스스로의 삶에 꽃을 피우며, 나아가 마을을 찾는 이들의 삶에도 꽃을 피울 수 있는 마을이 되겠다는 의지를 담았습니다.

그리고 농촌현장포럼을 통해 도출된 마을 발전 계획과 비전 체계도를 바탕으로《장수마을 선언문》을 만들어 알렸습니다. 선언문의 내용은 아래와 같습니다.

월랑2리 장수마을공동체는 주민 스스로의 힘으로 안전하고 행복한 자립복지마을을 만들고자 다음과 같이 선언한다.

하나. 우리는 삶의 터전인 마을의 자연환경을 오염으로부터 지키고, 아름다운 환경을 가꾸는 일에 함께할 책임과 권리가 있다.

하나. 우리는 선조로부터 전해 받은 소중한 문화적 유산을 계승 발전시키고, 풍요롭고 다양한 예술적 경험을 누리고 참여할 책임과 권리가 있다.

하나. 우리는 평생학습의 즐거움을 통해 마음의 풍요와 행복감을 누리는 공동체적 자아실현
　　　 을 추구한다.

하나. 우리는 마을과 주민의 필요를 마을 안에서 마을공동체 스스로의 힘으로 창출하여 경제
　　　 적 자립 마을을 실현한다.

하나. 우리는 생로병사의 문제를 마을공동체 속에서 풀어 내어 외로운 사람이 없는 복지마을
　　　 을 구현한다.

2015년 10월 17일

충남 아산시 음봉면 월랑2리 장수마을 주민 일동

이 마을 선언문은 마을 행사 때마다 마을자치회장이 낭독함으로써 마을만들기 사업이 나아가야 할 목표와 방향을 잃지 않도록 기능하고 있습니다.

이제는 마을자치규약 제정이 필요하다

농촌현장포럼의 효과로 장수마을은 지자체에서 시행하는 공동체활성화소규모사업, 희망마을선행사업, 그리고 농식품부의 창조적마을만들기(일반농산어촌개발사업)에 이르기까지 한 걸음 한 걸음 큰 어려움 없이 진행할 수 있었습니다.

하지만 그동안의 마을사업 면면을 들여다보면 대부분 마을 리더들의 역량과 열정, 헌신으로 이루어져 왔다는 사실을 부인할 수 없습니다. 이는 비단 장수마을만의 현실이 아닙니다. 마을사업을 추진하는 곳마다 마을 리더의 피로감을 호소하는 목소리가 빠지지 않고 등장하기 때문입니다.

농촌현장포럼이 마을사업이 가야 할 방향을 정하고 시동을 거는 디딤돌 역할

을 했다면, 이제는 마을공동체가 리더에게 의존하지 않고 민주적으로 작동하는 주민자치 형태로 바뀌어야 합니다. 마을만들기가 질적 성장을 할 수 있도록 또 다른 디딤돌이 필요한 시점입니다.

마을 경영의 원칙 수립과 성공 여부는 '마을자치규약'에 달려 있습니다. 마을자치규약 제정이 마을공동체를 한 단계 성장시키는 것을 목표로 한다면, 그것이 농촌현장포럼의 사후 관리 형식이 되든 제2차 농촌현장포럼이 되든 상관없습니다. 다만 마을만들기 출발 시점에서 농촌현장포럼이 그랬듯이, 마을자치규약 제정이 마을 구성원의 공감대 형성의 장이 되었으면 하는 바람입니다.

2020년, 6회(12시간)에 걸쳐 '아산시 마을만들기 대화마당'을 열었습니다. 전문 강사로부터 '마을자치규약 표준안'에 대한 설명을 듣고 토론하고 실습하는 학습 모임이었습니다.

마을자치규약(안)에는 회원의 정의, 재산 관리, 문서 관리, 각종 회의, 선거와 조직 관리 등 마을자치의 준거가 되는 핵심 요소들이 두루 담겼습니다.

마을자치규약을 공론의 장으로 이끌어낸다는 건 여전히 어려운 숙제입니다. 그러니 처음 농촌현장포럼이 그랬던 것처럼 행정과 전문가 집단의 체계적인 도움이 필요합니다.

마을공동체 구성원들에게 마을 상황에 맞는 마을자치규약의 필요성을 알리고 논의 과정을 통해 만들어 갈 수 있도록 하는 것, 바로 이 지점이 마을만들기 사업의 질적 성장을 위한 두 번째 디딤돌이어야 합니다.

자치 분권 시대의 농촌현장포럼과
마을 발전 계획 수립
청양군 중간지원조직 입장에서 바라본 개선 방향

노승복 청양군 지역활성화재단 마을공동체지원센터 센터장

농촌 정책의 패러다임이 바뀌었다

2018년, 대통령 소속 자치분권위원회에서는 자치 분권 및 지방 행정 체제 개편을 효과적으로 추진하기 위해 '자치분권종합계획'을 발표했습니다. 이에 따라 기획재정부는 '재정분권계획'을 발표하고, 농식품부에서도 농촌마을만들기 사무를 지방으로 이양하고 재정도 이관했습니다.

자치분권종합계획의 핵심은 농촌 마을 정책을 지자체가 주도적으로 만들고 추진한다는 것입니다. 지자체의 정책 역량이 매우 중요하게 되었죠. 그럼 지자체에서는 누가 정책을 만들어야 할까요? 예전처럼 행정이나 전문가가 정책을 세우는 게 아니라, 마을의 주인인 주민이 주도해 행정과 함께 민관 협치(거버넌스)를 통해 세워야만 합니다.

마을만들기에서 가장 중요한 관점은 중앙 정부에서 정책을 기획해 전달하는 하향식 행정이 아니라, 공간과 사람이 중심이 되는 주민 주도의 상향식 행정 방법

입니다. 농촌 정책의 패러다임이 바뀌어 주민들의 자치 역량이 더욱 중요해졌습니다. 하지만 주민 주도로 마을만들기 사업을 추진할 수 있도록 도와주는 정책 체계는 아직 제대로 갖춰지지 않았습니다. 지금도 많은 사업이 지자체 행정과 컨설팅 회사 중심으로 진행되고 있습니다.

자치 분권 시대의 청양군 마을만들기 정책

청양군은 자치 분권 시대에 대응하기 위해 군정 목표를 '공동체 회복'으로 정하고, 마을공동체 정책의 총괄 조정 부서로 '농촌공동체과'를 충남 최초로 두었습니다.

또한 마을만들기 중간지원조직을 마을만들기, 주민자치, 사회적경제, 도시재생, 푸드플랜 등의 영역을 연계 통합하는 통합형 중간지원조직으로 확대하고 운영 방식으로 재단 법인을 출범시켰습니다.

조직 이외에도 사업의 혁신을 모색했습니다. 2019년, 청양군 마을만들기 중장기 계획을 세우고 '함께이음' 정책을 발표했습니다. 함께이음 정책은 '민관 협치와 주민자치가 조화로운 자치 공동체 실현'을 비전으로 삼고 있습니다. 공간, 사업, 사람을 잇는 3대 핵심 이음을 통해 주민 주도 마을계획 수립, 체계화된 사업지원 전략 구축, 민관 협력 네트워크 구축을 목표로 합니다.

청양형 마을만들기 단계별 전략(5단계 10개년 계획)에서 농촌현장포럼은 행정리 마을 단위에서 처음으로 시작하는 주민 주도 마을사업입니다. 주민들이 다양한 의견을 모으고 협의하여 마을발전계획을 세우도록 여러 전문가(진행촉진가, 상담가, 현장활동가, 중간지원조직, 농촌활성화지원센터)가 참여해 지원하고 있습니다.

중간지원조직 입장에서 바라보는 농촌현장포럼의 문제

지금 농촌 마을은 여러 문제가 드러나고 있습니다. 무엇보다 인구 감소와 고령화로 행정리 단위에서 자체적인 발전 동력을 잃어가는 마을이 늘고 있습니다. 주민 주도 마을사업을 하고 싶지만, 마을 어르신 몇 분만 둘러앉아 "우리 마을엔 그런 걸 할 사람이 없다"는 한탄만 나오는 실정이죠. 마을에 몇 남아 있는 청년들도 대부분은 마을 밖에서 직장 생활을 하고, 마을에서 일하는 청년들은 일하느라 너무 바쁩니다. 그리고 내 일이 아니라고 관심도 별로 없습니다.

마을 사람들이 모여 마을 일을 의논하는 장소인 마을회관은 어르신들만 쓰는 공간이 되어 버린 지 오랩니다. 그나마 마을에서 의논할 일이 있을 때도 마을 리더인 이장과 사이가 좋지 않은 사람들은 개별 연락에서 배제되기도 하고, 그들도 '어디 잘되는지 두고보자'는 식으로 참여를 안 하기도 합니다.

마을 일을 돕기 위해 제아무리 능력 있는 전문가가 오더라도 목소리 큰 몇 사람만 의견을 제시하는 상황 역시 쉽사리 변하지 않습니다. 마을 주민 한 사람이라도 더 참여할 수 있게 주말이나 저녁에 식사를 겸해 워크숍을 진행하면 식사를 마친 뒤 바로 가버리기도 합니다.

인구 감소, 고령화, 자치 기능 약화, 행정 의존성, 마을공동체 파괴 등 구조적인 문제 외에도 농촌현장포럼을 진행하면서 부딪치는 문제는 셀 수 없이 많습니다. 그 예를 몇 가지 들어 봅니다. 대상 마을 선정 회의나 현장포럼에 주민 참여 부족, 전문가들의 사전 준비 미흡, 코로나19로 마을회관 폐쇄, 진행 촉진가와 상담가의 역량 부족, 농촌 마을 현장에 맞지 않는 진행 절차와 과정, 바쁜 농번기에도 진행해야 하는 일정, 마을 자원이나 특성과 관계없이 정해지는 견학지 선정, 향후 마을사업 진행과 읍면의 계획과의 연결성 문제 등등입니다.

중간지원조직 입장에서 제안하는 개선 방안

현재의 지침이나 방식에서 개선해야 할 부분에 대한 방안을 제안해 보고자 합니다. 우선은 주민 참여 문제입니다. 마을발전계획을 세우려면 많은 주민이 모인 농촌현장포럼을 통해 다양한 의견이 나와야 합니다. 그래야 마을계획이 풍부해집니다. 평소에도 마을회관에 나와 있는 어르신 몇 분, 마을 방송에서 나오라고 하니 동원된 어르신, 이런 분들만 모여서는 안 됩니다. 다양한 계층의 주민이 참여할 수 있는 방법을 고민해야 합니다.

다음은 사후 관리에 대한 필요성입니다. 농촌현장포럼이 마무리되면 마을의 비전 체계도가 만들어지고 마을발전계획과 세부 실행 계획이 수립됩니다. 하지만 농촌현장포럼에 참여하지 않은 사람들이 '난 그때 없었는데', '내가 낸 의견도 아닌데'라며 '우리 모두의 마을계획'이라고 인정하지 않습니다. 참여했던 주민도 사업 종료와 더불어 '그런 게 있었지' 정도에 그칩니다.

진행 촉진 기법을 통해 현장포럼을 진행하는 가장 큰 이유는 공동의 기억을 만들고 공유하고 소통하는 '집단 기억'의 중요성 때문입니다. 비전 체계도를 현수막으로 제작해 마을회관에 달아 놓거나, 마을계획을 마을 총회에서 설명하고 마을 주민 모두와 공유해야 합니다.

또한 농촌현장포럼 진행 마을은 마을만들기협의회에 가입해 인근 마을이나 면 소재지와 협력 연결망을 구축해야 합니다. 행정리 단위의 자원 조사나 마을계획이 읍면 단위 자치계획과 이어져 의제 발굴이 되어야 하고, 시군 단위 마을만들기 기본 계획, 농업농촌 발전 기본 계획, 군 관리 계획, 농촌 협약 등으로 연결되어야 합니다. 이러한 연계 속에서 마을 주민의 필요가 읍면 자치계획과 행정계획에 반영되고, '주민 스스로 만들어가는 농촌마을 정책'도 가능해집니다.

이제는 농식품부 마을만들기 사업이 지방으로 이양되면서 기존 일반농산어촌

개발사업의 지침이나 가이드라인에 얽매이지 않고 지자체에서 자체 계획에 맞는 농촌현장포럼 구상이 가능해졌습니다. 이에 따라 청양군은 2021년부터 중간지원조직이 시군 역량 강화 사업으로 농촌현장포럼을 직접 시행하고 있습니다.

지방 이양 이후 농촌현장포럼의 활용 방향

2020년, 충남형 마을만들기 사업의 시행 지침이 제정되면서 사전 준비 단계가 더욱 강화되었습니다. 앞으로는 이 사업에 신청하려면 마을조직도 작성, 마을규약 정비 등 마을자치 시스템이 우선 구축되어야 합니다. 마을사업을 추진할 기반이 먼저 구축되어야 그 뒤에 이어지는 행정 사업도 가능하다는 취지입니다.

농촌현장포럼은 마을만들기 사업을 처음 진행하는 마을이라면 가장 먼저 해야 하는 프로그램입니다. 이 프로그램의 주된 목적은 '주민 주도 상향식 마을발전계획 수립'입니다. 이를 위해서는 마을조직도와 마을규약이 정비되어 있어야만 합니다. 그래야 마을 리더나 추진위원장들만이 아닌, 주민 모두의 사업이 될 수 있습니다. 마을조직도를 만들어 책임과 권한을 골고루 나누고, 마을규약을 정비해 갈등을 해소하며, 이를 통해 직접 민주주의를 실현하는 마을자치 시스템을 구축해야 합니다.

이를 돕기 위해 청양군 마을공동체지원센터는 전문가를 초빙해 마을조직, 마을규약, 법인 설립 등을 미리 학습해 두었습니다. 또 청양군 마을만들기협의회는 위원장 회의를 확대해 '청양군 마을만들기 대화마당'을 열었습니다. 읍면을 순회하면서 마을조직, 규약, 공동재산 등을 주제로 위원장들과 공동 학습을 하고 있습니다.

2021년 시범 사업으로 4개 마을을 대상으로 마을자치 시스템 구축에 대한 모델을 정립했고, 2022년부터는 농촌현장포럼 기존 프로세스에 마을자치 시스템 구축 모델을 추가하려고 준비 중입니다.

　마을만들기 방법론에서 가장 중요한 점은 사람이 중심이 되는 주민 주도 상향식 원칙에 충실하는 것입니다. 청양군은 우리 실정에 맞는 '함께이음' 정책을 통해 마을의 주인인 주민들의 적극적인 참여에 기반한 주민 주도와 민관 협치를 실행해 나갈 것입니다.

[필자 소개]

구자인 마을연구소 일소공도협동조합 소장 **gujain@hotmail.com**

1990년 초부터 마을만들기 방법론으로 지역 문제를 해결할 수 있다는 생각에 여러 학문을 공부하고 실천 현장을 돌아다녔다. 6년 반의 길지 않은 일본 유학생활을 거쳐 2004년 12월부터 10년간은 전북 진안군에서, 2015년 3월부터 6년간은 충남마을만들기지원센터장으로 농촌 마을 정책에 관여해 왔다. 2021년 3월부터는 현장으로 다시 돌아와 농촌 '면' 단위의 정책 협업과 현장 사례 만들기에 새롭게 도전하고 있다.

김광선 한국농촌경제연구원 연구위원 **yeskskim@krei.re.kr**

도시의 산업 특성과 산업 정책에 대해 공부하면서 서울연구원(구 서울시정개발연구원)에서 위촉 연구원 및 위촉 부연구위원으로 일했다. 2008년 2월부터 한국농촌경제연구원으로 자리를 옮긴 후 지금까지 농촌개발 · 농촌산업 · 농촌관광 · 농촌문화 등과 관련된 정책 연구를 하고 있다.

김승근 우석대학교 건축학과 교수 **kimlaud@naver.com**

농촌 마을의 공간 구조와 에코뮤지엄, 주민 참여 마을만들기에 관심을 갖고 기초 조사의 중요성을 강도 높게 주장하는 연구자다. 젊은 학생들에게 농촌의 DNA를 심어 주기 위해 농촌 마을 집 고쳐 주기 봉사 활동을 하고 있다. 마을의 유휴 시설인 마을회관을 공동 생활 홈으로 리모델링하는 작업(충북 괴산군 월문리 · 송면리 · 부흥리)을 하고 정책을 입안하여 추진했다.

김영란 목포대학교 사회복지학과 교수 **yrkim@mokpo.ac.kr**

기존 복지 체제가 지닌 한계와 현재 벌어지고 있는 인간과 환경의 생태 문제에 관심을 갖고 있다. 제도권 복지보다는 비공식적인 사람살이에서 복지의 가능성을 탐색하고, 자연주의적 · 여성주의적 · 인권적 사회복지 실천을 지향한다. 주로 질적 연구 방법을 활용해 농어촌 지역 사회와 주민 삶에 대한 현장 연구를 하며, 대학에서 학생들과 지역사회복지론, 사회복지정책론, 농어촌복지론, 사회문제론, 질적연구방법론 등을 공부하고 있다.

김영우 예산홍성환경운동연합 전 공동의장 *kyw3406@naver.com*

대학에서 농업경제학을 전공하고 졸업과 함께 고향 마을에 정착하여 공부방을 열고 아이들을 가르쳤다. 윤봉길 의사가 만든 '월진회' 실무자로 23년간 일했고, 마을 이장을 맡아 마을만들기 사업을 추진했다. 환경을 지키며 지속가능한 마을공동체를 만들고 싶어한다.

김옥선 홍성군 마을만들기지원센터 팀장 *someday1986@naver.com*

사람을 만나는 일은 삶에 대해 질문하는 일이다. 시골 마을을 다니며 마을에 질문을 건넨다. 어떻게 살아왔냐고, 지금은 괜찮냐고, 내일은 어떨 것 같냐고. 그 질문들이 쌓여 기록이 되고, 미래의 아카이브가 되기를 희망한다.

김정섭 한국농촌경제연구원 선임연구위원 *jskkjs@krei.re.kr*

2006년부터 한국농촌경제연구원에서 농업과 농촌의 정책 연구를 하고 있다. '마을학회 일소공도' 운영위원으로도 활동하고 있다. 농촌의 지속가능성을 화두 삼아 연구하고 있다. 적게 먹고, 삼천 권의 책을 읽고, 산책하고, 가끔 벗이 찾아오면 시절을 평하며 지내고 싶다. 그러나 뜻대로 되지 않는다는 걸 배우며 산다.

김정연 사회투자지원재단 이사 *jykim0628@daum.net*

1985년부터 한국농촌경제연구원에서 농촌정주생활권, 농촌지역종합개발, 농촌마을종합개발 관련 연구에 참여했다. 읍면 소재지(농촌 중심지)의 기능 활성화를 농촌 지역 발전의 핵심 요소 중 하나로 인식하고, 1996년 6월부터 현장 밀착 연구를 위해 충남연구원으로 옮겨 농촌중심지, 도시재생 관련 연구를 했다. 2002년부터는 지방소도읍육성정책(2002~2010) 및 농촌중심지 활성화정책(2013~)의 개발과 관리에 참여하고 있다.

노승복 청양군 지역활성화재단 마을공동체지원센터 센터장 *sbroh23@daum.net*

청양군 알프스마을에서 기획팀장으로 5년간 마을 활동을 하다가 2017년부터 중간지원조직인 마을만들기지원센터에서 마을만들기 지원 시스템 구축을 전담하고 있다. 2020년부터는 청양군 지역활성화재단에서 마을만들기, 사회적경제, 도시재생 등의 업무를 담당하고 있다.

박영혜 청양사회경제네트워크 상임이사 **moija21@hanmail.net**

여성문화예술기획의 연극 기획자이자 여행 기획자로 활동했다. 아이를 대안학교에 보내면서 마을만들기를 배웠고, 귀촌 후 대치초등학교 자모회장으로 학부모들과 뜻있고 재미있게 만났다. 청양로컬푸드협동조합에서 일했고, 지금은 청양사회경제네트워크 상임이사와 관광두레 PD로 일하고 있다.

박현미 NGF연구소 나는 대표 **a01092111348@gmail.com**

천안 북면 마을 주민이다. 10년 전 귀촌하여 마을 활동가로 일하고 있다. 충남형 주민자치회 시범 사업 대상지 중 예산군 · 성환읍 · 풍세면 · 백석동 · 성정1동의 주민자치회 전환과 주민총회 진행 과정을 도왔다.

복권승 사회적협동조합 공동체세움 이사 **dilletante@hanmail.net**

1995년부터 고향인 충남 청양에 귀촌해 지역 운동가로 활동해 왔다. 주민자치와 문화예술, 환경, 사회적경제 등의 영역 간 협력으로 농촌을 활성화하는 활동에 관심이 많다. 충남자치분권협의회 위원으로도 활동했다. 공간 공유와 마을 지리 학습 모임 '터무니연구소'를 운영하고 있다.

서정민 지역재단 지역순환경제센터 센터장 **jmsuh@krdf.or.kr**

주민 주도의 지역사회를 실현하기 위한 수단으로 주민자치와 내발적 발전, 지역 거버넌스와 혁신 등의 방법론을 공부하고, 현장에서 실천하기 위해 노력하고 있다. 1996년 《한국농어민신문》 기자로 농업과 농촌 현장을 누빈 경험을 토대로, 2001년부터 농정연구센터 연구실장으로 실천적 연구 활동에 참여했다. 2004년부터는 실천적 싱크탱크를 지향하는 지역재단 창립 멤버로 참여하여, 현재는 연구와 현장 지원 활동을 위해 힘쓰고 있다. 충남형 주민자치회 컨설턴트로도 참여하고 있다.

서광수 보령시 성주면 성주4리 이장 **t01088015969@hanmail.net**

2001년부터 마을 이장을 맡았다. 현재는 마을만들기 추진위원장, 마을기업 대표, 마을축제인 폐광문화축제 위원장, 양성평등 인형마당극단 대표 등을 맡아 일하고 있다.

안현경 마을연구소 일소공도협동조합 이사 **gnzang80@naver.com**

홍성군청 친환경농정발전기획단에서 임기제 공무원으로 일했다. 『마을독본』 편집위원, 광역 마을동아리지원사업 어드바이저로 일한다.

양도길 풀무농업고등기술학교 교장 **dogil63@hanmail.net**

2018년부터 풀무농업고등기술학교에서 교장 일을 하고 있으며 홍동면 주민이고 농사꾼이다. 1987년부터 인천, 서울, 충남에서 중고등학교 수학교사로 지냈고 2005년 홍동면으로 귀촌했다. 홍동중학교 근무 기간(2011~2016) 동안 학교 혁신과 마을교육공동체에 관심을 갖고 다양한 활동에 참여했다. 현재 충남마을교육공동체 지원위원회 위원이며, 지역에서 생산자협동조합과 생산지 지원을 위한 다양한 협동조합의 조합원과 이사로 활동 중이다.

유정규 의성군 이웃사촌지원센터 센터장 **yu0367@hanmail.net**

지역농업 조직화와 내발적 농촌 발전에 관한 연구와 현장 지원활동을 해 왔다. 2000년 8월부터 3년 2개월간 진안군청에서 계약직 공무원으로 일하면서 기초 단위로는 전국 최초의 주민주도 상향식 마을만들기 사업인 진안군 으뜸마을가꾸기사업을 총괄했다. 이후 농촌 주체 육성을 목적으로 설립된 (재)지역재단의 사무국장, 운영이사, 상임이사를 역임했다. 2016년 5월부터 2018년 말까지 서울과 지역의 상생 교류를 위한 서울시지역상생교류사업단장을 지냈고, 지금은 의성군 이웃사촌지원센터 센터장으로 일하고 있다.

이윤정 마을연구소 일소공도협동조합 책임연구원 **nappor@daum.net**

실내 디자인을 전공한 뒤 일본 유학을 거쳐 건축 박사 학위를 받았다. 2019년 충남마을만들기지원센터에서 일했고, 2021년 1월부터 마을연구소와 결합해 농촌 마을 공간 문제를 생각하며 해결책을 고심하고 있다.

이진천 춘천두레생협 이사 **leesky@naver.com**

전국귀농운동본부 상임대표를 지낸 이진천은 생태귀농학교 18기 수강생으로 농업과 농촌의 깊고 넓은 세계에 첫발을 디뎠다. 삼십 대에 귀농운동본부 상근 실무자로 일했고, 마흔 살 무렵 강원도 춘천으로 삶터를 옮겼다. 사십 중반에 춘천두레생협 이사장을 맡아 일하면서 비로소 춘천 사람이 된 일을 가장 자랑스럽게 여긴다. 지금도 지역에서 로컬푸드 · 생협 · 친환경농업 · 사회적경제 · 농정 등의 운동과 사업을 넘나들며 산다.

이창신 홍성군 마을만들기지원센터 센터장 **ddd333@hanmail.net**
2004년 (재)지역재단에 입사해 담당한 '농촌지역개발리더십육성과정' 교육을 통해 "교육이 사람을 변화시킬 수 있다"는 신념을 가졌다. 2004년부터 2014년까지 10년간 지역재단에서 배운 교육, 컨설팅, 연구, 네트워킹 활동을 지역에서 실천해보고자 2015년 홍성군으로 이사했다. 이후 (사)홍성지역협력네트워크 설립(2015)과 홍성군마을만들기지원센터 업무 위탁(2016)을 받아 마을만들기 분야에서 활동하고 있다. 최근에는 면 단위 논의 체계(주민자치회 등) 구축에 대한 논의와 실천에 관심을 갖고 있다.

정민철 협동조합 젊은협업농장 이사 **jmchul@gmail.com**
풀무학교 전공부에서 10년 동안 근무하던 중 2012년에 전공부를 졸업하는 두 청년과 함께 장곡면에서 '협동조합 젊은협업농장'을 시작했다. 이런 일이 필요하다는 제안은 많이 하면서 본인이 직접 하지 않는다는 비난을 듣고 객기로 학교를 그만두고, 배운 것과 무관하게 농장을 만드는 일에 덜컥 참여했다. 전직의 특성을 버리지 못해 농장이 교육 성격을 강하게 띠면서 사회적으로 관심을 받게 됐다. 젊은협업농장이 대단해서가 아니라, 한국 농업의 상상력과 전망의 부재를 반증한다는 생각이 들어 안타깝다고 생각한다.

조미형 협동조합 함께하는연구 연구자 **chomihyoung127@gmail.com**
빈곤 아동을 만나면서 시작한 아동복지 공부에서 사회복지를 만나, 사회복지 기관 행정 및 전달 체계, 지역사회 복지 분야에 관심을 가졌다. 2012년 6월부터 한국농촌경제연구원에서 농촌 복지를 만났다. 2018년 2월부터 연구자 공동체를 추구하는 협동조합을 꾸리고 있다.

최령 사단법인 생활환경디자인연구소 대표 **nais7@naver.com**
노인과 아동 등 사회적 약자를 고려한 주거 및 생활 환경을 실현하기 위한 연구와 현장 활동을 병행하고 있다. 거주자의 생활 양식에 기반한 주거와 생활 환경 구축에 관심을 갖고 유니버설디자인 보급과 확산, 커뮤니티 케어 기반 생활 환경 조성을 위한 계획가로 활동하고 있다. 연세대학교 밀레니엄환경디자인연구소 연구교수를 거쳐 2008년부터 사단법인 생활환경디자인연구소 대표로 일하고 있다.

최문철 홍성우리마을의료조합 사무국장 **joshua.choi@gmail.com**
동네에서 털보 또는 보루라고 불린다. 충남 홍성 풀무학교 생태농업전공부에서 농사와 마을살이를 배우다 이 마을에 눌러앉았다. '꿈이자라는뜰'에서 마을교사와 농장 일꾼으로 일하다가, 2018년 11월부터 홍성우리마을의료조합 사무국장 일을 겸하고 있다. 꿈이자라는뜰에서 살펴온 '장애와 농업의 연결'을 발판 삼아, 농업·농촌·농민과 돌봄의 연결을 촘촘하게 도모하고자 한다.

최성재 농촌디자인주식회사 대표 **houseeng@naver.com**
지역개발사업에서 하드웨어와 소프트웨어의 문제를 관계 문제로 보고, 두 영역 사이에서 중간 역할로서의 공간 디자인을 위해 노력한다. 건축공학을 전공하고, 2006년 귀농과 함께 전북 진안군 마을만들기 사업을 통해 마을만들기와 가치 있는 인연을 맺었다. 건축과 공간을 하드웨어로만 보지 않고, 소프트웨어적 접근을 통해 올바른 지역개발 모델을 만들어가려고 노력하고 있다.

하종중 아산시 월랑리 장수마을 위원장 **gnuni@hotmail.com**
2010년, '부모협동 강아지똥어린이집' 터전을 아산시 월랑리 장수마을로 옮기면서 마을공동체에 관심을 가졌다. 2014년부터 지금까지 월랑리 장수마을 위원장으로, 2019년부터 사회적 농업 특화 마을 조성을 위해 '사회적협동조합 꽃피우다'를 설립하고 초대 이사장을 겸하고 있다.

황민호 《옥천신문》 대표 **minho@okinews.com**
옥천 사람 황민호는 지역에서 뿌리박고 몸소 커뮤니티 저널리즘 실현을 사명으로 여기며, 기자뿐 아니라 주민으로 활동하려고 노력한다. 2002년 4월, 옥천신문사에 입사했고 청산면에서 3년간 살았던 경험과 신문사를 그만두고 소외 계층 급식 배달과 학교 급식 배달을 3년간 한 것이 큰 자양분이 됐다. 옥천에 커뮤니티 저널리즘 연구소와 센터, 학교 설립을 꿈꾸며 현재 옥천저널리즘스쿨을 운영하고 있다.

충남마을만들기지원센터

충남 광역의 농촌 마을정책을 지원하는 중간지원조직으로 2017년 7월부터 충남연구원 산하에 설치되어 운영되고 있습니다. '광역은 광역답게' 14개 시군 마을만들기지원센터를 지원하는 일에 집중하면서, 계간지 《마을독본》 발간과 월1회 시군 순회 대화마당 개최, 중간지원조직 상근자 심화교육 등 매년 5대 분야 15개 사업을 추진 중입니다. 다섯 명이 근무하는 '작지만 강한 조직'을 지향하면서 '농촌 마을정책의 민관협치 시스템 구축' 모델을 전국적으로 발신하고 있습니다.

주소 충남 홍성군 홍북읍 홍예공원로20 충남내포혁신플랫폼

전화 041-406-7406 **전송** 041-406-7407

홈페이지 www.cnmaeul.net

이메일 cnmaeul@gmail.com

편집위원회

위원장 구자인 마을연구소 일소공도협동조합

위 원 권영진 충남마을만들기협의회

노승복 청양군 지역활성화재단 마을공동체지원센터

안현경 마을연구소 일소공도협동조합

정명진 지역콘텐츠발전소

정석호 충남마을만들기지원센터

간 사 강성준

마을만들기 길라잡이 실천편

1판 1쇄 펴낸날 2021년 12월 30일

엮은이 충남연구원 충남마을만들기지원센터
펴낸이 장은성
만든이 김수진
인 쇄 대덕인쇄

출판등록일 2001.5.29(제10-2156호)
주소 (350-811) 충남 홍성군 홍동면 광금남로 658-7
전화 041-631-3914
전송 041-631-3924
전자우편 network7@naver.com
누리집 cafe.naver.com/gmulko

ISBN 979-11-88375-29-5 03300 값 17,000원